全国
"七五"普法
推荐教材

普及法律知识 弘扬法治精神

"七五"普法

学习读本

◎ 本书编写组

红旗出版社

红旗出版社
RED FLAG PRESS
推动进步的力量

图书在版编目(CIP)数据

“七五”普法学习读本 /《“七五”普法学习读本》编写组编．—北京：红旗出版社，2016.3
ISBN 978-7-5051-3753-0
Ⅰ．①七… Ⅱ．①七… Ⅲ．①法律－中国－基本知识
Ⅳ．①D920.5
中国版本图书馆CIP数据核字(2016)第065836号

书　　名　“七五”普法学习读本
编　　者　本书编写组
出 品 人　高海浩
责任编辑　廖晓文　　　封面设计　红汇·一品
出版发行　红旗出版社　　　地　　址　北京市沙滩北街2号
邮政编码　100727　　　编 辑 部　010-51631925
E-mail　hongqi1608@126.com
发 行 部　010-64037151
印　　刷　北京振兴源印务有限公司
开　　本　880毫米×1230毫米　1/32
字　　数　265千字　　　印　　张　11
版　　次　2016年5月北京第1版　2016年5月北京第1次印刷
ISBN　978-7-5051-3753-0　　　定　　价　29.00元

欢迎品牌畅销书项目合作　　　联系电话：010-84026619

CONTENTS 目录

第一章

法治与中国特色社会主义法治体系

【本章导读】

中国特色社会主义法治体系是一个全新的概念，从结构到内涵，从理论到实践，涵盖了全面推进依法治国、努力建设法治中国宏伟蓝图的方方面面，体现了全面推进依法治国是一项庞大的法治建设系统工程的重要思想。本章在区别法律体系与法治体系不同的基础上，重点介绍了中国特色社会主义法治体系的内容、建设原则以及建设路径。

第一节　法律体系与法治体系

“法治”一词很早就出现在古书中。《晏子春秋·谏上九》:“昔者先君桓公之地狭于今,修法治,广政教,以霸诸侯。”《淮南子·氾论训》:“知法治所由生，则应时而变；不知法治之源，虽循古终乱。”法治与人治是相对立的，是不同的治国理念。人治强调个人权力在法律之上，而法治理念正好与其相反。要法治就不要人治，要人治就没有法治。法治包含两个部分，即形式意义的法治和实质意义的法治,是两者的统一体。形式意义的法治,强调“以法治国”“依法办事”的治国方式、制度及其运行机制。实质意义的法治,强调“法律至上”“法律主治”“制约权力”“保障权利”的价值、原则和精神。形式意义的法治应当体现法治的价值、原则和精神，实质意义的法治也必须通过法律的形式化制度和运行机制予以实现，两者均不可或缺。

改革开放的头三十年，我们致力于中国特色社会主义法律体系的建设，在相当长的时间里，立法成为我国法治建设的重中之重，法治建设的主要任务就是要"有法可依"。经过几十年的不懈努力，2011 年 3 月 10 日，全国人民代表大会常务委员会委员长吴邦国同志向十一届全国人民代表大会四次会议作全国人大常委会工作报告时庄严宣布，一个立足中国国情和实际、适应改革开放和社会主义现代化建设需要、集中体现党和人民意志的，以宪法为统帅，以宪法相关法、民法商法等多个部门法为主干，由法律、行政法规、地方性法规与自治条例、单行条例等三个层次的法律规范构成的中国特色社会主义法律体系已经形成。

在新的历史条件下，进一步完善和提升中国特色社会主义法律体系依旧是法治建设的重要一环，但如何让其正确全面地实施成为当下更加迫切的现实需求，因为法律的生命在于实施，法治的要义是良法在社会生活中的一体遵行，所以法治绝不应停留在静态制度层面，而应当延伸到法的动态运行的整个过程。在全面建成小康社会的关键阶段，在全面深化改革的攻坚时期，党的十八届四中全会以依法治国为主题，吹响了建设社会主义法治国家的进军号。全会通过的《中共中央关于全面推进依法治国若干重大问题的决定》，是我国历史上第一个关于加强法治建设的专门决定。全面推进依法治国，总目标是建设中国特色社会主义法治体系，建设社会主义法治国家。这就是，在中国共产党领导下，坚持中国特色社会主义制度，贯彻中国特色社会主义法治理论，形成完备的法律规范体系、高效的法治实施体系、严密的法治监督体系、有力的法治保障体系，形成完善的党内法规体系，坚持依法治国、依法执政、依法行政共同推进，坚持法治国家、法治政府、法治社会一体建设，实现科学立法、严格执法、公正司法、全民守法，促进国家治理体系和治理能力现代化。党的十八届四中全会《决定》突破了以往社会主义"法律体系"的提法，提出了"社会主义法治体系"的新概念，其内涵也从法的制定延伸拓展到了法的实施、法的监督的全过程，表明我们党更加注重法的实际社会效果，更加注重法在实际运行中所体现的公平正义价值，而不仅仅是停留在“纸面上的法”。如果说法律体系是一个静态的概念，主要是从法律制度建设的角度、从立法的层面谈，那么法治体系就是一个动态的概念，包括立法、执法、司法完整的系统性的体系，从法律体系到法治体系实现了从制度到制度实践的飞跃。

第二节　中国特色社会主义法治体系的内容

社会主义法治体系涵盖了法律规范体系、法治实施体系、法治监督体系、法治保障体系和党内法规体系五方面的内容，其中，法律规范体系和党内法规体系是前提和基础，实施体系是核心和重点，监督和保障体系是支撑和保证，五大体系之间逻辑严密、协调统一，共同构成了依法治国的系统工程。以五大体系为支撑的社会主义法治体系，大大拓展了原有的社会主义法律体系的内涵，是一个全新的概念，是对中国特色社会主义法治理论的新发展，标志着我党对中国特色社会主义法治建设的认识进入全方位、系统化的新阶段，为建设社会主义法治国家、推进国家治理体系和治理能力的现代化指明了新方向。

一、完备的法律规范体系

完备的法律规范体系是依法治国的基础。但是，法治不是一成不变的，是一个不断完善、不断完备的过程。新一届党中央高举依法治国伟大旗帜，并于党的十八届四中全会上专题研究依法治国工作若干重大问题，其目的就是要为今后乃至更长时期推进依法治国统一思想、形成完备的法律规范体系，作出顶层设计，从而更好、更有效地指导依法治国工作。当然，完备的法律规范体系不是一朝一夕所能形成的，需要从中央到地方始终解放思想、实事求是，一切从实际出发，坚持中国特色社会主义制度，贯彻中国特色社会主义法治理论。当前，恪守原有单一的法律渊源已无法满足法治实践的需求，有必要适当扩大法律渊源，一方面，要加快完善法律、行政法规、地方性法规体系；另一方面，也要完善包括市民公约、乡规民约、行业规章、团体章程在内的社会规范体系。要充分发挥人大及其常委会在立法工作中的主导作用，抓住提高立法质量这个关键，牢固树立依法立法、为民立法、科学立法理念，尊重改革发展客观规律和法治建设内在规律，加强重点领域立法，做到立法主动适应改革和经济社会发展需要。充分发挥在立法工作中的主导作用，把握立项、起草、审议等关键环节，科学确定立法项目，协调做好立法工作，研究解决立法中的重点难点问题，建立健全立法工作格局，形成立法工作合力。地方性法规是我国法律体系的重要组成部分。地方立法关键是在本地特色上下功夫、在有效管用上做文章。

二、高效的法治实施体系

法治实施是一个系统工程。习近平总书记多次引用古人"世不患无法，而患无必行之法"和"天下之事，不难于立法，而难于法之必行"的名言，并强调指出："如果有了法律而不实施，束之高阁，或者实施不力、做表面文章，那制定再多法律也无济于事。"改革开放以来，我们党领导人民建设社会主义法治国家，形成了中国特色社会主义法律体系。但把这个法律体系以及新制定的法律实施到位，永远没有完成时，法治建设永远在路上。从实践来看，人民群众对法治建设意见最大的地方，就是有法不依和执法不严，就是法律实施问题。法治实施体系建设涉及制度、体制、机制建设，法治实施活动要依法进行，法治实施体系要依法构建。就行政执法而言，要尽快落实减少层次、整合队伍、提高效率的原则要求，合理配置执法力量，科学使用有限的执法资源；要推进综合执法，大幅减少市县两级政府执法队伍种类，在重点领域内推行综合执法，有条件的要推行跨部门综合执法，着力解决执法乱和执法散的问题；要完善市县两级政府行政执法管理，加强统一领导和协调，有效解决“九龙治水”等多头执法问题；要理顺行政强制执行体制和城管执法体制，加强城市管理综合执法机构建设，提高执法和服务水平及现代城市管理水平；要严格实行行政执法人员持证上岗和资格管理制度，不断提高执法人员能力素质，建设高素质的执法队伍，等等。就司法而言，要积极推进司法体制改革，优化司法职权配置，完善司法管理体制和司法权力运行机制，建设公正高效权威的司法制度和确保法律有效实施的司法体系。

三、严密的法治监督体系

无论是党的执政权，还是立法权、执法权和司法权，都具有权力的天然属性，那就是，缺乏监督的权力必然导致腐败。全面推进依法治国，要建立严密的法治监督体系，健全对权力运行的制约和监督，建立确保宪法法律得以有效实施的责任机制，真正做到将权力关进制度的笼子。当前，有法不依、执法不严、违法不究现象比较严重，执法司法不规范、不严格、不透明、不文明现象较为突出。严密的法治监督体系是宪法法律有效实施的重要保障。法律的生命力在于实施，法律的权威也在于实施。维护国家法治统一、尊严、权威，必须切实保证宪法法律有效实施，绝不允许任何人以任何借口任何形式以言代法、以权压法、徇私枉法。有效监督和制约公共权力，要在以下几个方面狠下功夫：要科学配置权力，使决策权、执行权、监督权相互制约又相互协调；要规范权力的运行，为权力的运行设定明确的范围、条件、程序和界限；要防止权力的滥用，为权力的行使设定正当目的及合理基准与要求。

四、有力的法治保障体系

法治保障体系既是法治体系的重要组成部分，又是支撑法治大厦的地基。它关乎法治各环节的有序运行，为法治总目标的实现提供不竭的力量源泉。有力的法治保障体系，要求在法律制定、实施和监督的全过程形成结构完整、机制健全、资源充分、富于成效的保障要素系统。一是坚持党的领导是全面推进依法治国的坚强政治保障。习近平总书记强调：“全面推进依法治国，方向要正确，政治保证要坚强。党的领导是社会主义法治最根本的保证。”形成有力的法治保障体系，必须旗帜鲜明地坚持党的领导。只有坚持党领导立法、保证执法、支持司法、带头守法，才能充分实现人民当家作主，真正把人民意志上升为国家意志，有序推进国家和社会生活法治化。二是中国特色社会主义制度是全面推进依法治国的牢固制度保障。“我们要建设的中国特色社会主义法治体系，本质上是中国特色社会主义制度的法律表现形式。”构建有力的法治保障体系，必须坚持人民代表大会这一根本政治制度，决不能搞“三权分立”；必须坚持中国共产党领导的多党合作和政治协商基本政治制度，决不能搞多党竞选、轮流坐庄。三是高素质法治工作队伍是全面推进依法治国的组织和人才保障。党的十八届四中全会《决定》指出：“全面推进依法治国，必须大力提高法治工作队伍思想政治素质、业务工作能力、职业道德水准，着力建设一支忠于党、忠于国家、忠于人民、忠于法律的社会主义法治工作队伍，为加快建设社会主义法治国家提供强有力的组织和人才保障。”四是中国特色法治文化是全面推进依法治国的丰厚文化保障。习近平总书记指出：“法治精神是法治的灵魂。人们没有法治精神、社会没有法治风尚，法治只能是无本之木、无根之花、无源之水。”“只有内心尊崇法治，才能行为遵守法律。只有铭刻在人们内心中的法治，才是真正牢不可破的法治。”中华民族有着悠久的法律文化传统，是现代法治生活建构的重要本土资源。善于汲取中华传统法律文化精华，借鉴国外法治有益经验，但决不照搬外国法治理念和模式，无疑有利于不断丰富和发展中国特色社会主义法治文化。

五、完善的党内法规体系

党内法规既是管党治党的重要依据，也是中国特色社会主义法治体系的重要组成部分。要在对现有党内法规进行全面清理的基础上，抓紧制定和修订一批重要党内法规，加大党内法规备案审查和解释力度，完善党内法规制定体制机制，形成配套完备的党内法规制度体系，使党内生活更加规范化、程序化，使党内民主制度体系更加完善，使权力运行受到更加有效的制约和监督，使党执政的制度基础更加巩固，为到建党100周年时全面建成内容科学、程序严密、配套完备、运行有效的党内法规制度体系打下坚实基础。

第三节　建设中国特色社会主义法治体系的原则

一、坚持党的领导

坚持中国共产党的领导，是全面推进依法治国，建设中国特色社会主义法治体系，建设社会主义法治国家的根本保证。党的领导与社会主义法治是一致的，社会主义法治必须坚持党的领导，党的领导必须依靠社会主义法治。只有在党的领导下依法治国、厉行法治，人民当家作主才能充分实现，国家和社会生活法治化才能有序推进。在建设社会主义法治国家过程中坚持党的领导，就是要坚持党领导立法、保证执法、支持司法、带头守法，把依法治国基本方略同依法执政基本方式统一起来，把党统揽全局、协调各方同人大、政府、政协、审判机关、检察机关依法依章程履行职能、开展工作统一起来，把党领导人民制定和实施宪法法律同党坚持在宪法法律范围内活动统一起来。

二、坚持中国特色社会主义法治发展道路

我国的国情和社会主义制度决定了我们必须坚持中国特色社

会主义法治发展道路，而不是其他发展道路。中国的法治必须基于中国的法治实践，必须凝聚中国社会的高度共识，在我国建立起植根并超越传统中华文明、符合中华民族和中国人民根本利益的法治，而不是简单地移植一种符合西方资本主义法治观念或者模式的法治。走中国特色社会主义法治道路，必须坚持中国特色社会主义的国家制度，立足我国的经济制度、经济社会发展现状，积极借鉴和吸收古今中外各种优秀法律文化成果。

三、坚持体现人民共同意志和根本利益

中国特色社会主义法治体系反映着最广大人民群众的共同意志和根本利益。建设中国特色社会主义法治体系的根本目的，就是要实现好、维护好、发展好最广大人民的利益。社会主义法治与全体人民的福祉息息相关。人民是法治的主体，是法治建设的重要参与者和推动力。因此，在建设中国特色社会主义法治体系过程中，要充分发挥人民群众的主体地位，坚持以人为本，始终把实现好、维护好、发展好最广大人民的根本利益作为出发点和落脚点。要正确把握最广大人民根本利益、现阶段群众共同利益、不同群体特殊利益的关系，正确反映和统筹兼顾不同方面群众的利益，着力解决人民最关心最直接最现实的利益问题。

四、坚持立足国情和科学借鉴西方法治文明

法治在总体上属于上层建筑，是由经济基础所决定并为经济基础服务的。在建设中国特色社会主义法治体系过程中，要始终坚持从我国国情和实际出发，把改革开放和社会主义现代化建设的伟大实践作为基础，紧紧围绕经济建设这个中心任务，紧紧围绕全面建成小康社会的奋斗目标，紧紧围绕全面深化改革这个主旋律建设中国特色社会主义法治体系。要正确把握改革发展稳定的关系，妥善处理法治体系稳定性与实践变动性的关系，妥善处理法治体系前瞻性与可行性的关系，确保法治体系建设进程与全面深化改革和推进国家治理现代化建设进程相适应。建设中国特

色社会主义法治体系，需要借鉴和吸收国外的有益经验。西方的法治经历数百年的历史发展，有些国家已经具有相对完整的体系，并对本国文明发挥着重要作用。尽管社会主义法治与资本主义法治有着本质区别，但其中有些做法也能为社会主义法治提供有益的借鉴。但是借鉴不意味着照搬，更不意味着“全面西化”。

五、坚持遵循法治建设规律

法治建设有其规律。要把法治作为历史现象、社会现象、文化现象来研究，深刻认识法治的社会本质、历史本质和文化本质，遵循国家治理规律，理性把握法治的作用和功能，将法治作为国家治理的基本方式，提高领导干部运用法治思维和法治方式的能力。要遵循法治发展规律，做到政府推进与社会演进相结合、顶层设计与基层创造相结合、自上而下与自下而上两条路径相结合。要遵循法治的运行规律，合理配置法治主体的结构，努力提高法治结构的功能，积极推进法治功能的强化和转化。

第四节　建设中国特色社会主义法治体系的路径

一、依法治国、依法执政、依法行政共同推进

依法治国是党领导人民治国理政的基本方式，要依照宪法和法律规定，通过各种途径和形式实现人民群众在党的领导下管理国家事务，管理经济文化事业，管理社会事务，保证国家各项工作都依法进行，逐步实现社会主义民主的制度化、法律化。依法执政是依法治国的关键，要坚持党领导人民制定法律、实施法律并在宪法法律范围内活动的原则，健全党领导依法治国的制度和工作机制，促进党的政策和国家法律互联互动。依法行政是依法治国的重点，要创新执法体制，完善执法程序，推进综合执法，严格执法责任，建立权责统一、权威高效的依法行政体制，加快

建设职能科学、权责法定、执法严明、公开公正、廉洁高效、守法诚信的法治政府，切实做到合法行政、合理行政、高效便民、权责统一、政务公开。

二、法治国家、法治政府、法治社会一体建设

法治国家、法治政府和法治社会是全面推进依法治国的“一体双翼”。法治国家是长远目标和根本目标，建设法治国家，核心要求是实现国家生活的全面法治化；法治政府是重点任务和攻坚内容，建设法治政府，核心要求是规范和制约公共权力；法治社会是组成部分和薄弱环节，建设法治社会，核心要求是推进多层次多领域依法治理，实现全体国民自己守法、护法。法治国家、法治政府、法治社会一体建设，要求三者相互补充、相互促进、相辅相成。

三、科学立法、严格执法、公正司法、全民守法相辅相成

十八大以来，党中央审时度势，提出了“科学立法、严格执法、公正司法、全民守法”的新十六字方针，确立了新时期法治中国建设的基本内容。科学立法要求完善立法规划，突出立法重点，坚持立改废释并举，提高立法科学化、民主化水平，提高法律的针对性、及时性、系统性、有效性，完善立法工作机制和程序，扩大公众有序参与，充分听取各方面意见，使法律准确反映经济社会发展要求，更好协调利益关系，发挥立法的引领和推动作用。严格执法，要求加强宪法和法律实施，维护社会主义法制的统一、尊严、权威，形成人们不愿违法、不能违法、不敢违法的法治环境，做到有法必依、执法必严、违法必究。公正司法，要求要努力让人民群众在每一个司法案件中都感受到公平正义，所有司法机关都要紧紧围绕这个目标来改进工作，重点解决影响司法公正和制约司法能力的深层次问题。全民守法，要求任何组织或者个人都必须在宪法和法律范围内活动，任何公民、社会组织和国家机关都要以宪法和法律为行为准则，依照宪法和法律行使权利或权力、履行义务或职责。

第二章

保障公民基本权利篇

【本章导读】

法治的基本精神是保障公民权利和限制公权力。公民权利保障法治化是党的十八届四中全会重要内容之一。大力宣传保障公民基本权利的法律法规，推动全社会树立尊重和保障人权意识，促进公民权利保障法治化，对推进法治中国建设具有重要意义。宪法是公民基本权利的保障书，本章在介绍宪法基础上，选择与公民日常生活联系密切的民法、刑法、物权法、婚姻法、继承法作了介绍，以增强公民的权利意识。

第一节　宪法

公民的基本权利是指由宪法规定的公民享有的主要的、必不可少的权利。众所周知，公民的法律权利名目繁多、范围广泛，既包括基本权利、也包括一般权利。但宪法作为国家的根本法，既不可能，也无必要对公民的各种权利进行规定，因此宪法所确认的只能是一些基本权利。

一、公民的基本权利和义务概述

（一）公民、国民和人民

“公民”是一个法律概念，指的是具有一国国籍，并根据该国宪法和法律规定享有权利，承担义务的人。我国宪法规定，凡是具有中华人民共和国国籍的人都是我国公民。

国民与公民的含义相同，只是不同国家或同一国家不同时期的使用习惯不同而已。我国1953年以前的法律称“国民”，后在1953年选举法和1954年宪法上，为与大多数国家相一致，改称“公民”。

人民是相对于敌人而言的政治概念，同公民是有区别的。

（二）公民基本权利和义务的概念

公民基本权利是指公民依照宪法享有的人身、政治、经济、文化等方面的基本权益。宪法是国家根本大法，不可能把公民的一切权利都规定进去，而只能规定最主要、最基本而又是公民不可缺少的权利。公民基本义务是指公民依照宪法应当履行的最主要、最基本的责任。宪法不可能将公民所有的义务都加以规定，也只能规定最基本、最主要的义务。

（三）我国公民基本权利和义务的主要特点

1. 公民权利和自由的广泛性

我国公民享有的权利和自由极其广泛。一方面，享有权利和自由的主体极其广泛。在我国，工人、农民、知识分子以及一切拥护社会主义的爱国者和拥护祖国统一的爱国者都能享有宪法赋予的权利和自由，受到限制的只是极少数的人。随着剥削阶级的消灭，专政范围的日益缩小，权利受到限制的人将越来越少。即使权利受到限制的人，除了被限制的那一部分权利以外，他们的其他合法权利还是受法律保护的。另一方面，公民享有的权利和自由的内容也是极其广泛，它包括政治、经济、文化、教育以及人身等各个方面。随着我国社会主义现代化建设事业的发展，我国公民享有的权利和自由的内容还将进一步扩大。

2. 公民权利和自由的现实性

公民权利和自由的现实性，主要表现在以下两个方面：一方面，宪法对公民基本权利和自由的规定是从实际出发，是实事求是的，它充分考虑了我国的国情，是从我国现阶段经济文化发展水平的实际状况出发的，因而是切实可行的。另一方面，宪法规定公民享有的权利和自由是有法律保障和物质保障的。法律保障就是为了使宪法规定的公民的基本权利和自由得以实现，国家特别制定具体的法律加以保障。例如，宪法规定公民的人格尊严不受侵犯，公民有批评和建议权，申诉、控告或者检举权等。如果公民的上述权利和自由受到侵犯或损害，可以追究刑事责任。物质保障是指国家提供一定的物质条件，使公民有可能行使宪法规定的权利和自由。例如，为了保证选举权的实现，选举法规定，选举经费由国库开支等。

3. 公民权利和义务的平等性

公民权利和义务的平等性是指我国公民平等享有宪法规定的权利，同时，又平等履行宪法规定的义务。在实现宪法规定的公民的基本权利和义务时，每个公民都不因民族、种族、性别、职业、家庭出身、宗教信仰、教育程度、财产状况和居住条件的不同而有所差别。

4. 公民权利和义务的一致性

公民权利和义务的一致性，具体表现在以下三个方面：①在我国，公民享有的权利和履行的义务是统一的，任何公民享有宪法和法律规定的权利，同时必须履行宪法和法律规定的义务，不允许任何公民只享受权利而不尽义务，不允许有超越于宪法和法律的特殊公民；②宪法把公民的劳动权和受教育权规定为既是公民的权利，又是公民的义务，权利和义务彼此结合，体现了权利和义务的一致性；③公民的个人利益和国家利益、集体利益根本上是一致的。公民的个人利益同国家利益、集体利益息息相关，一个公民只有自觉履行义务，加速国家的社会主义现代化建设，公民享有的各项权利才有可靠保障。因此，公民的权利和义务是相互制约和相互促进的，这也体现了权利和义务的一致性。

二、我国公民的基本权利

根据宪法的规定，我国公民享有以下基本权利和自由：

（一）平等权

我国《宪法》第三十三条第二款规定：“中华人民共和国公

民在法律面前一律平等。”平等权是指任何公民都平等地享有宪法和法律规定的各项权利，也都平等地履行宪法和法律规定的各项义务，任何公民，都平等地受到法律保护；任何公民的违法犯罪行为也都平等地依法予以追究和制裁；任何公民都不得有超越宪法和法律的特权。

（二）政治权利和自由

政治权利和自由，是指宪法和法律规定公民有权参加国家政治生活的民主权利，以及在政治上享有表达个人见解和意愿的自由。它是我国公民的一项极其重要的基本权利。我国宪法和法律规定的公民的政治权利和自由有：

1. 选举权和被选举权

选举权和被选举权体现了我国人民当家作主，管理国家的主人翁地位。我国《宪法》和《选举法》规定，凡年满 18 周岁的公民，不分民族、种族、性别、职业、家庭出身、宗教信仰、教育程度、财产状况、居住期限，都有选举权和被选举权，只有极少数依法被剥夺政治权利的人除外。这就体现了我国选举制度的民主性和平等性。

2. 政治自由

我国《宪法》规定，公民有言论、出版、集会、结社、游行、示威的自由。所以，公民的政治自由主要有以下几种：

（1）言论自由。它是指公民对于政治和社会的各项问题，有通过语言方式表达其思想和见解的自由。

（2）出版自由。它是指公民以出版物的形式表达其思想和见解的自由。

（3）结社自由。它是指公民为一定的宗旨，依照法定程序组织或参加具有持续性的社会团体的自由。

（4）集会、游行、示威的自由。集会自由是指公民为了共同的目的，临时集合在一定的场所，讨论问题或表达意愿的自由。游行自由是指公民在公共道路或露天场所进行的表达一定政治或经济上的要求、愿望的活动的自由。示威自由是指公民以游行、集会、静坐等方式表达强烈愿望，以示决心和力量的自由。

（三）宗教信仰自由

我国《宪法》规定，公民有宗教信仰自由。主要含义包括以下几方面：每个公民有信仰宗教的自由，也有不信仰宗教的自由；有信仰这种宗教的自由，也有信仰那种宗教的自由；在同一个宗教里，有信仰这个教派的自由，也有信仰那个教派的自由；有过去不信教现在信教的自由，也有过去信教现在不信教的自由。任何国家机关、社会团体和个人都不得强制公民信教或不信教，也不得歧视信教和不信教的公民。国家保护正常的宗教活动，但不允许任何人利用宗教进行破坏社会秩序、损害公民的身体健康和妨碍国家教育的活动。宗教团体和宗教事务要不受外国势力的支配。

（四）公民的人身自由

公民的人身自由也是公民最重要的基本权利之一。主要包括：

1. 人身自由不受侵犯的权利

我国《宪法》第三十七条规定："任何公民，非经人民检察院批准或者决定或者人民法院决定，并由公安机关执行，不受逮捕。禁止非法拘禁和以其他方法非法剥夺或者限制公民的人身自由，禁止非法搜查公民的身体。"

2. 公民的人格尊严不受侵犯

禁止用任何方法对公民进行侮辱、诽谤和诬告陷害。

3. 公民的住宅不受侵犯

禁止非法搜查或者非法侵入公民的住宅。

4. 公民的通信自由和通信秘密受法律保护

除因国家安全或者追查刑事犯罪的需要，由公安机关或者检察机关依照法律规定的程序对通信进行检查外，任何组织和个人不得侵犯公民的通信秘密。随意私拆别人信件是违法的。

侵犯公民的人身自由构成犯罪的，要受到刑事制裁。

（五）公民的监督权和取得赔偿权

我国《宪法》规定，公民对于任何国家机关和国家工作人员，有提出批评和建议的权利；对于任何国家机关和国家工作人员的违法失职行为，有向有关国家机关提出申诉、控告或者检举的权利，但不得捏造或者歪曲事实进行诬告陷害。对公民的申诉、控告或者检举，有关国家机关必须查清事实，负责处理。任何人不得压制和打击报复。由于国家机关和国家工作人员侵犯公民权利而受到损失的人，有依照法律规定取得赔偿的权利。

（六）公民的社会经济权利

公民的社会经济权利是指公民在经济生活和物质利益方面所享有的权利，是公民实现其他权利的物质保证。它包括公民的财产权、继承权、劳动权、休息权、物质帮助权、离退休人员的生活保障权等。

1. 财产权

财产权，是指公民个人有通过劳动和其他合法收入取得和占有财产的权利。《宪法》规定，公民的合法的私有财产不受侵犯。

2. 继承权

继承权，是指公民依照法律规定或者被继承人生前立下的合法有效的遗嘱，承受被继承人遗产的权利。对此，《宪法》《民法通则》和《继承法》中都有明确的规定。

3. 劳动权和义务

劳动权，是指有劳动能力的公民有获得工作并取得相应报酬的权利。我国宪法和劳动法规定，劳动是一切有劳动能力的公民的权利和义务。国家采取各种措施和途径，创造劳动就业的条件，加强劳动保护，改善劳动条件，提高劳动报酬，保障劳动权利的实现。

4. 休息权

休息权，是指劳动者为保护身体健康和提高劳动效率而休养生息的权利。我国宪法和劳动法规定，劳动者有休息的权利。国家采取各种措施，发展劳动者休息和休养设施，法律规定职工每周工作五天时间及休假制度，保障劳动者休息权利的实现。

5..物质帮助权

我国《宪法》规定，公民在年老、疾病或者丧失劳动能力的情况下，有从国家和社会获得物质帮助的权利。国家建立待业保险、养老保险、社会救济、公费医疗等社会保障制度，以保障公民享有和行使这一权利。

（七）特定人的权利

1. 离退休人员和军烈属的生活保障权

我国宪法和有关法规对企事业组织的职工和党政机关的工作人员的离退休制度，作了严格规定，国家采取一系列措施，保障离退休人员的生活水平不降低。此外，对残疾军人生活的保障，对烈士家属的抚恤，对军人家属的优待，对残疾军人的劳动就业、教育和生活，我国法律都作了规定，国家采取各种措施，保证这些规定的贯彻执行。

2. 妇女、婚姻、家庭、母亲、儿童和老人受国家保护

妇女、婚姻、家庭、母亲、儿童和老人受国家保护，这是我国社会主义制度优越于资本主义制度的重要表现。我国《宪法》第四十八条规定：“中华人民共和国妇女在政治的、经济的、文化的、社会的和家庭的生活等各方面享有同男子平等的权利。”国家制定和实施了妇女儿童权益保护法，将宪法规定的妇女权利进一步具体化，以保障妇女的各项权益特别是就业、求学、担任国家机关各级干部的权利和实现，禁止任何歧视和排斥妇女求职、求学的现象。

我国《宪法》规定，国家保护婚姻、家庭、母亲、儿童和老人。国家制定的婚姻法，规定结婚自由和离婚自由，任何人不得干涉

和破坏；规定夫妻双方有实行计划生育的义务；规定父母有抚养教育未成年子女的义务，成年子女有赡养扶助父母的义务；禁止虐待儿童和老人。虐待儿童和老人构成犯罪的，以及拐卖妇女和儿童的犯罪，法律严厉惩处。国家和集体组织大力发展社会福利事业，保障老人安度晚年。

3. 保护华侨、归侨和侨眷的正当权利和利益

这对于团结和调动广大爱国华侨、归侨和侨眷的积极性，支持和促进建设中国特色社会主义事业和改革开放，完成祖国统一大业有着非常重要的意义。

（八）公民的教育、科学、文化权利和自由

公民的教育、科学、文化权利和自由包括受教育权和进行科学研究、文学艺术创作和其他文化活动的自由。

受教育的权利是指公民享有在各类学校各种教育机构或通过其他方式学习文化科学知识，提高自己的文化业务水平的权利。我国宪法规定，公民有受教育的权利和义务。主要内容包括：①学习的权利，即以适龄儿童和少年为主的权利主体享有接受教育并通过学习在智力和品德方面得到发展的权利；②义务教育的无偿化。我国目前实行九年义务教育，根据《义务教育法》第二条的规定：“国家实行九年义务教育。义务教育是国家统一实施的所有适龄儿童、少年必须接受的教育，是国家必须予以保障的公益事业。实施义务教育，不收学费、杂费”；③教育机会的均等。我国《教育法》第九条第二款规定：“公民不分民族、种族、性别、职业、财产状况、宗教信仰等，依法享有平等的受教育机会。”

公民有进行科学研究、文学艺术创作和其他文化活动的自由。国家采取各种措施，制定和实施各种法律法规，保障公民享有和行使这些权利和自由，保障学术民主，提倡不同风格、不同学派，促进科学、艺术的繁荣和发展。对在科学研究、文学艺术创作有突出贡献的学者、专家实行重奖，发给特殊津贴。国家制定和实施了著作权法、专利法，以保障著作者和发

明发现者的著作权和专利权利，推进我国科学事业的发展，使作为第一生产力的科学技术在经济建设和改革开放中发挥更大的作用。

第二节　民法

一、民法的含义和调整对象

民法是我国法律体系中的一个重要法律部门。以法律主体地位的不同为标准，可将法律规范分为两类：一类是调整主体之间处于平等地位的法律规范；一类是调整主体之间处于不平等地位的法律规范，民事法律规范属于前者。

根据我国法律规定，可将民法定义为：民法是调整平等主体的公民、法人、其他组织之间的财产关系和人身关系的法律规范的总称。民法的调整对象是平等主体之间的财产关系和人身关系。

财产关系是指人们在产品生产、分配、交换和消费过程中形成的具有经济内容的关系。民法调整的财产关系是平等主体之间以自愿为基础的具体的财产关系，这种财产关系的特点是：①民事主体在民法上的地位是平等的；②这种财产关系一般是在自愿的基础上发生的；③这种关系一般是有偿的。民法调整的财产关系包括财产归属关系和财产流转关系。财产归属关系主要是财产所有关系，它是指因直接占有、使用、收益、处分财产而发生的社会关系。财产流转关系是指因财产交换而发生的社会关系。财产流转关系通常是有偿的，但也包括一些无偿的关系，例如财产的借用关系、赠与关系。

人身关系是指没有财产内容、带有人身属性的社会关系。人身关系体现的是人们精神上和道德上的利益，包括人格关系和身份关系。这种人身关系的特点是：①主体地位平等；②与人身不可分离；③不直接体现财产关系；④民法确认的人身关系以民法方法予以保护。

二、民法的基本原则

民法的基本原则是民事立法、民事司法和民事活动的基本准则。民法基本原则是民法调整的社会关系的本质和特征的集中反映。我国民法的基本原则是：平等原则、自愿原则、公平原则、诚实信用原则、公序良俗原则、禁止权利滥用原则。

平等原则是指当事人在民事活动中的地位平等。具体内容包括：①自然人的民事权利能力一律平等；②民事主体在民事法律关系中法律地位平等；③民事主体平等的受法律保护，在适用法律上一律平等。

自愿原则是指民事主体在从事民事活动时，体现自己的意志，做真实意思表示，通过自己的内心真实意愿来设立、变更和终止民事法律关系。内容包括：①设立民事法律关系的自愿；②选择行为内容和相对人的自愿；③选择行为方式的自愿；④违反自愿原则的民事行为不受法律保护。

公平原则是指在民事活动中以利益均衡作为价值判断标准，用来衡量民事主体之间的物质利益关系，确定民事主体的民事权利义务及民事责任承担等。公平原则是公平观念在民法上的体现。当民法规范缺乏规定时，可以根据公平原则来设立、变更和终止民事法律关系；法官也应根据公平原则作出合理的判决。

诚实信用原则是一高度抽象的概念，其内涵和外延具有很大的伸缩性。具体内容包括：①民事主体在民事活动中以诚实信用的方式行使权利和履行义务；②在合同解释上，应依诚实信用原则；③依诚实信用原则弥补法律规定之不足。诚实信用原则和公平原则一样赋予司法人员一定的自由裁量权。

公序良俗原则是指民事主体的行为应当遵守公共秩序，符合善良风俗，不得违反国家的公共秩序和社会的一般道德。

禁止权利滥用原则是指民事主体在进行民事活动中必须正确

行使民事权利，不得损害他人和社会公共利益。

三、民事法律关系

（一）民事法律关系的概念

民事法律关系，是由民事法律规范所调整的社会关系，也是由民事法律规范确认和保护的社会关系。其含义如下：

第一，民事法律关系是民事法律规范调整财产关系和人身关系所形成的社会关系。民事法律关系是法律关系中的一种。一定的社会关系通过民事法律规范调整，才形成民事法律关系。民事法律规范对平等主体的财产关系和人身关系调整，使这些关系成为法律关系。凡符合民事法律规定的，则予以保护；违反民事法律规定的，则不予保护，有些时候还要给当事人以民事制裁，从而发挥民事法律规范的作用。

第二，民事法律关系是基于民事法律事实而形成的具体的社会关系。民事法律规范公布后，它只是抽象地表明法律保护什么。有了民事法律规范，又有了民事主体的行为和有关事实，才能形成民事法律关系。

第三，民事法律关系是以民事权利义务为内容的社会关系。民事法律规范对社会关系的调整，是通过将民事主体之间的财产关系和人身关系转化为民事权利义务实现的。民事权利的实现和民事义务的履行，是以国家的强制力为保障的。具有民事权利义务的社会关系就是民事法律关系。

（二）民事法律关系的主体

民事法律关系的主体简称民事主体，是指参加民事法律关系，在民事法律关系中享有民事权利或者承担民事义务的人，亦称民事法律关系的当事人。依我国法律规定，民事法律关系的主体为自然人和法人。个体工商户、农村承包经营户、合伙组织和其他组织可以比照自然人和法人享有民事主体资格。国家在特殊的情况下，也可成为民事法律关系的主体。

1. 自然人

自然人是基于自然规律出生的人。自然人是相对于法人而言的，包括本国自然人，也包括外国人和无国籍人。

自然人的民事权利能力，是指自然人依法享有民事权利和承担民事义务的资格。自然人的民事权利能力始于出生。因出生这一自然事实的完成，自然人当然取得民事权利能力，而无需履行任何法定手续。自然人的民事权利能力终于死亡。死亡是自然人民事权利能力消灭的唯一原因。自然人死亡后，自然不能成为权利的享有者和义务的承担者，其权利能力自然消灭，民法上讲的死亡包括生理死亡和宣告死亡。宣告死亡是人民法院依法对下落不明的失踪人推定死亡的一种制度。宣告死亡与生理死亡的法律后果是相同的。

自然人的民事行为能力，是指自然人能以自己的行为取得民事权利承担民事义务的资格。民事行为能力以意思能力为前提。所谓意思能力是指自然人可以判断自己的行为后果的能力。自然人具备意思能力需要达到一定的年龄且智力正常。

《民法通则》按照不同年龄阶段和理智是否正常，将自然人的民事行为能力分为三类：完全的民事行为能力、限制的民事行为能力和无民事行为能力。

完全的民事行为能力是指自然人通过自己独立的行为行使民事权利、履行民事义务的能力。《民法通则》规定，18 周岁以上的成年人是完全民事行为能力人，同时还规定 16 周岁以上而不满 18 周岁以自己劳动收入为主要生活来源的人视为完全民事行为能力人。

限制民事行为能力又称不完全民事行为能力，是指自然人在一定范围内具有民事行为能力，超出一定范围便不具有相应的民事行为能力。10 周岁以上的未成年人和不能完全辨认自己行为的精神病患者是限制民事行为能力人。

无民事行为能力是指自然人不具有以自己的行为取得民事权

利和承担民事义务的能力。不满 10 周岁的未成年人和不能辨认自己行为的精神病患者是无民事行为能力人，由他（她）的法定代理人代理民事活动。

2. 法人

法人是与自然人相对应的民事主体。法人是具有民事权利能力和民事行为能力，依法独立享有民事权利和承担民事义务的社会组织。

根据《民法通则》的规定，法人应具备以下基本条件：

（1）依法成立。首先，法人的设立合法，其设立的目的、宗旨要符合国家和社会公共利益的要求，其组织机构、设立方式、经营范围、经营方式等要符合国家法律和政策的要求；其次，法人的成立程序符合法律、法规的规定。

（2）有必要的财产和经费。法人作为独立的民事主体，要独立进行各种民事活动，独立承担民事活动的后果，因此，法人应有必要的财产和经费。所谓必要是指法人的财产或经费应与法人的性质、规模等相适应。

（3）有自己的名称、组织机构和场所。法人应该有自己的名称，通过名称的确定使自己与其他法人相区别。法人是社会组织，法人的意思表示必须依靠法人组织机构来完成，每一个法人都应该有自己的组织机构。法人应该有自己的场所。作为法人的场所，可以是自己所有的，也可以是租赁他人的。

（4）能独立承担民事责任。法人依法以其经营管理或所有的财产对法人的债务承担责任，而不是由其他组织、个人代替或连带承担责任。一旦企业法人的财产不能偿清其债务，只能通过破产程序免除其债务。

《民法通则》以法人的活动性质为标准，将法人分为企业法人、机关法人、事业单位法人和社会团体法人。企业法人是指以营利为目的，独立从事商品生产和经营活动的法人。机关法人是指依法享有国家赋予的行政权力，并因行使职权的需要而享有相应的民事权利能力和民事行为能力的国家机关。机关法人包括权力机关法人、行政机关法人、司法机关法人和军事机关法人。事业单位法人是指为了社会公益事业目的，从事文化、教育、卫生、体育、新闻等公益事业的单位。社会团体法人是指自然人或法人自愿组成，为实现会员共同意愿，按照其章程开展活动的非营利性社会组织。

法人的民事权利能力，是指法人依法享有民事权利和承担民事义务的资格。法人的民事权利能力从法人成立时产生，到法人终止时消灭。法人民事权利能力的内容是与法律、法规和章程规定的该组织的宗旨和业务范围相一致的。法人进行民事活动不得违反其宗旨和超越其业务范围。在需要超出其业务范围时，应通过法定程序变更。

法人的民事行为能力，是指法人能以自己的行为取得民事权利和承担民事义务的资格。法人的民事行为能力的范围、成立、终止时间和民事权利能力是一致的。法人是一种社会组织，其民事行为能力不可能受年龄、精神健康状况的限制，但应受其经营范围的限制。

（三）民事法律关系的客体

民事法律关系的客体，是指民事法律关系主体享有的民事权利和承担的民事义务所共同指向的对象，即各种物质利益和非物质利益。民事法律关系建立的目的，总是为了保护某种利益、获取某种利益，或分配转移某种利益，因此，民事法律关系客体所承载的利益，才是民事权利和民事义务联系的中介。

民事法律关系的客体包括：①物。物权是对物直接支配的权利，物权关系的客体是各种物，但以有体物为限，包括动产和不动产；②行为。债权是请求特定人为一定给付的行为，这种行为通常体现财产利益，所以，债务人的作为和不作为是债权的客体；③智力成果。知识产权是对智力成果享有的权利，智力成果是知识产权的客体。④非物质利益。人身权的客体为非物质利益，亦称精神利益，人格权的客体是人格利益，自由权的客体是自由价值，身份权的客体是身份利益；⑤有价证券。有价证券与物不是同一概念，有价证券通常为权利凭证，它既可以成为物权的客体，又可以成为债权的客体。

四、民事法律行为

民事法律行为是指公民或法人设立、变更、终止民事权利和民事义务的合法行为。民事法律行为具有以下特征：①应是民事主体实施的以发生民事法律后果为目的的行为；②应是以意思表示为构成要素的行为，这是民事行为和事实行为的根本区别，也是民事法律行为的重要特征。民事行为是一种表示行为；③应是合法行为。只有合法的民事行为才能发生当事人预期的民事法律后果。违法的民事行为不是民事法律行为，不能得到法律的认可和保护。

（一）民事法律行为的有效要件

民事法律行为的有效要件，是指已经成立的民事行为能够按照意思表示的内容而发生法律效果所应当具备的法定条件。包括：①行为人具有相应的民事行为能力；②行为人的意思表示要真实。意思表示真实是指行为人在自觉、自愿的基础上做出符合其内在意志的表示行为；③标的须合法。标的合法指标的不违法，即不违反法律的强制规范；④标的须可能和确定。民事行为的标的自始确定或能够确定，如标的不能确定则民事行为无效。

（二）无效的民事行为

无效的民事行为指行为人所实施的民事行为不符合法定有效条件，不能产生行为人预期的法律后果的民事行为。无效的民事法律行为具有以下特征：①无效的民事行为欠缺民事法律行为根本性生效要件；②无效的行为不发生民事法律行为的固有效力；③其无效是自始、确定和自然的。

根据《民法通则》第五十八条规定，无效的民事行为有下列几种：①无民事行为能力人实施的；②限制民事行为能力人依法不能独立实施的；③一方以欺诈、胁迫的手段或乘人之危，使对方在违背真实意思的情况下所为的；④恶意串通，损害国家、集体或第三人利益的；⑤违反法律或社会公共利益的；⑥经济合同违反国家指令性计划的；⑦以合法形式掩盖非法目的的。

无效的民事行为，从行为开始时起就没有法律约束力。

无效的民事行为可分为全部无效的民事行为和部分无效的民事行为。部分无效的民事行为是指民事行为的一部分内容不具备民事法律行为的有效要件时，该部分民事行为不具有效力。例如自然人之间的借款超出法律规定的最高利息时，借款合同仍然有效，但约定利率超出法定最高限额的部分无效。

（三）可变更、可撤销的民事行为

可变更、可撤销的民事行为又称相对无效的民事行为，是指依照法律的规定，可以因行为人自愿的撤销行为而自始归于消灭的民事行为。

可变更、可撤销的民事行为具有以下特点：①在撤销前，其效力已发生，如果未撤销，其效力不消灭；②可撤销的民事行为的效力消灭，以撤销行为为条件；③可撤销的民事行为的撤销，应由撤销权人为之，非撤销权人不得主张其效力消灭；④可撤销的民事行为的撤销权人，对权利的行使拥有选择的自由，撤销权人可以撤销其行为，也可以通过承认的表示使撤销归于消灭；⑤可撤销的民事行为一经撤销，其效力溯及于行为的开始，即被撤销的民事行为从行为开始时无效。

根据《民法通则》第五十九条规定，可变更或者撤销的民事行为主要有两种：①行为人对行为内容有重大误解的；②显失公平的。

（四）效力未定的民事行为

效力未定的民事行为，是指民事法律行为之效力有待于第三人意思表示，在第三人意思表示前，效力处于不确定状态的民事行为。效力未定的民事行为有以下特征：①效力未定的民事行为的效力是不确定的；②效力未定的民事行为的效力确定取决于享有形成权的第三人的行为；③效力未定的民事行为其效力确定后，效力溯及于行为成立时。

效力未定民事行为包括以下几种类型：

1. 无权处分行为

无权处分行为是指无处分权人以自己名义对他人权利标的所为之处分行为，该行为若经有权利人同意，效力溯自处分之时起有效；若有权利人不同意，则效力确定为无效。

2. 欠缺代理权的代理行为

无代理权人所为之"代理行为"对本人是没有效力的，但若本人事后追认，就成为名正言顺的"代理行为"，对本人发生效力；若本人否认，则该行为对行为人生效。在本人承认与否认前，该行为的效力处于不确定状态。

3. 债务承担

债务承担是债的效力不变而由第三人承受债务的民事法律行为。由于债务承担的效果是更换债务人，而新债务人的清偿能力影响到债权人利益，故债务承担须经债权人同意始对债权人生效，在债权人同意之前，债务承担行为处于效力不确定状态。

4. 限制行为能力人待追认的行为

这是指限制民事行为能力人事实超越其民事行为能力范围的行为，这类行为若获法定代理人追认，即变为有效法律行为，反之，为无效民事行为。

效力未定民事行为的效果取决于有形成权的第三人的行为，一般有以下三种情况：

1. 追认

这是指追认权人实施的使他人效力未定行为发生效力的补助行为。追认属于单方民事法律行为，其作用在补助效力未定行为所欠缺的法律要件。在无权处分，追认权属于处分权人；在无权代理，追认权属于本人（即被代理人）；在债务承担，追认权属于债权人；在限制民事行为能力人实施的待追认行为，追认权属于法定代理人。

2. 催告权

这是指相对人告知事实并催促追认权人在给定的期间内实施追认的权利。合同法规定相对人可以催告法定代理人在一个月内予以追认。法定代理人未作表示的，视为拒绝追认。合同被追认之前，善意相对人有撤销的权利。撤销应当以通知的方式作出。根据规定，相对人催促追认权人行使追认权时，可以给予一个月的追认期间，若在此期间不追认的，视为拒绝追认。

3. 撤销权

这是指效力未定行为的相对人撤销其意思表示的权利。撤销权的法律要件是：①撤销权的发生须在追认权人未予追认前，追认权一旦行使，效力未定行为已生效，相对人不得行使该项撤销权；②撤销之意思必须以明示的方式作出；③相对人须为善意，即对效力未定行为欠缺生效要件没有过失。

五、代理

代理是代理人在代理权限内以被代理人的名义与第三人进行民事法律行为，而这种行为产生的法律后果直接由被代理人承担的一种法律制度。代理制度是现代社会生活中不可缺少的法律制度。

代理的法律特征是：①代理人在代理权限之内实施代理行为；②代理人以被代理人的名义实施代理行为；③代理行为必须是具有法律意义的行为；④代理行为须直接对被代理人发生效力。

代理由于产生的根据不同，可分为委托代理、法定代理、指定代理三种。委托代理是代理人根据被代理人的委托而进行的代理。在委托代理中，委托合同是委托代理的基础，而委托代理人进行代理活动必须有被代理人授权，否则就不能享有代理权。法定代理是基于法律的直接规定而产生的代理。例如，父母是未成年子女的法定代理人。指定代理是根据主管机关或人民法院的指定而产生的代理。例如，在没有法定代理人的情况下，对担任无民事行为能力或限制民事行为能力的精神病人的监护人有争议的，有精神病人的所在单位或者住所地的居民委员会、村民委员会和人民法院在近亲属中指定代理人，就是指定代理。

六、民事权利

民事权利是法律赋予民事主体自己可以进行某种行为，或者要求他方进行某种行为、不进行某种行为的资格。民事权利受国家法律保护。享有权利的人当自己的权利不能实现的时候，有权要求国家加以保护。民事权利和民事义务是相互依存、相互联系的，它们是民事法律关系的核心。

民事权利可以从不同角度划分为不同的种类。按照是否具有财产内容可以把民事权利分为财产权和人身权。按照义务人是否特定，可以把民事权利分为绝对权和相对权。按照其作用不同，可以把民事权利分为支配权、请求权、形成权。按照两个并存权力的主从关系，可以把民事权利分为主权和从权。

（一）财产所有权

财产所有权是一种重要的财产权，它是指所有人依法对自己的财产享有的占有、使用、收益和处分的权利。财产所有权主要具有三个特点：①财产所有权是一种最充分的物权。在法律规定的范围内，所有人享有占有、使用、收益和处分的全部权利。而其他物权都是建立在他人所有权之上的权利，在行使占有、使用、收益和处分权利时要受到所有人一定的限制；②所有人对所有物有直接支配的权利；③财产所有权具有排他性。这一特征表现在两个方面：一是对同一物不能同时设立两个互不相容的所有权。二是除法律规定以外，所有人行使所有权时，其他任何人不得加以干涉和妨碍。

1. 我国财产所有权的类型

（1）国家财产所有权

国家财产所有权是指国家对于全民所有的财产享有的占有、使用、收益和处分的权利。国家财产所有权是社会主义全民所有制关系在法律上的表现，是巩固、发展、保护全民所有制的法律武器。健全国家财产所有权制度，有利于保护国家财产，防止和制裁侵吞国家财产的违法行为。从所有权的主体看，国家是国家财产的统一的唯一的所有权主体，任何地方、部门、单位或者个人都不能同国家分享这种所有权。对国家财产的经营管理，国家采取所有权与经营权相分离的方式，把国家财产授予全民所有制企业和事业单位来经营管理。

（2）劳动群众集体财产所有权

集体所有权是劳动群众集体组织占有、使用、收益和处分财产的权利，它是劳动群众集体所有制在法律上的表现。在我国，劳动群众集体组织所有权没有全国性的统一的主体。各个劳动群众集体组织都是独立的集体所有权的主体。它们相互之间是平等的相互合作关系，集体组织应该是具有法人资格的主体。在法律上，劳动群众集体所有的财产和集体组织成员的个人财产是分开的。集体组织的某个成员或某部分成员都不能成为劳动群众集体组织所有权的主体。《民法通则》第七十四条规定：“集体所有的财产受法律保护，禁止任何组织或者个人侵占、哄抢、私分、破坏或者非法查封、扣押、冻结、没收。”

（3）社会团体所有权

社会团体所有权是指各类团体对其财产享有的占有、使用、收益和处分的权利。在我国，社会团体种类很多，包括人民群众团体、社会公益团体、文艺团体、学术研究团体、宗教团体等。《民法通则》第七十七条规定：“社会团体包括宗教团体的合法财产受法律保护。”任何组织和个人都不得随意侵占、破坏社会团体的合法财产。宗教团体作为社会团体的一种，依法享有财产所有权。法律保护各类社会团体的财产所有权，对于切实贯彻党和国家的各项政策，发展我国的科学文化教育事业，促进国家的安定团结，发展国际间的交往等都是十分必要的。

（4）公民个人所有权

公民个人所有权是公民依法享有的占有、使用、收益和处分其生产资料和生活资料的权利，是公民个人所有制在法律上的表现。在我国，公民个人所有权分为两类：即公民个人生产资料所有权和公民个人生活资料所有权。《民法通则》第七十五条规定："公民的合法财产受法律保护，禁止任何组织或者个人侵占、哄抢、破坏或者非法查封、扣押、冻结、没收。"公民依法对其所有的生产资料和生活资料享有完全的占有、使用、收益和处分的权利。公民在法律规定的范围内行使其生产资料所有权，从事正当的生产经营活动，或利用其生活资料满足个人的需要，都受法律的保护。公民在其所有权受到侵犯时，有权要求侵权行为人停止侵害、返还财产、排除妨害、恢复原状、赔偿损失，或依法向人民法院提起诉讼。

2. 财产所有权的内容

所有权关系和其他民事法律关系一样，具有三个要素。即所有权关系的主体、内容和客体，所有权关系的主体是指所有权关系中享有权利和承担义务的人，所有人是所有权关系的权利主体，所有人以外的不特定的任何人是所有权关系的义务主体。所有权关系的客体是物。所有权关系的内容是指所有人享有的权利和义务主体所承担的义务。所有人在法律规定的范围内对其财产享有占有、使用、收益和处分的权利。

所谓占有是指人对物的事实上的控制。占有是对物进行使用，或者流通的前提条件。使用是指使用人按财产的性能加以利用，通过使用可以使物充分发挥其使用价值。收益是指运用财产所取得的经济收入。处分是决定所有物的命运。所有人对自己的财产可以采取如以转让的形式进行法律上的处分，也可以将自己的财产消耗掉，进行事实上的处分。处分权是所有权中最核心的权利。

所有人行使占有、使用、收益和处分的权利不是绝对的，只能在法律规定的范围内行使。为了保护公共利益和其他公民的合法权利，法律对所有权的行使进行了必要的限制，如法律规定行使所有权必须符合环境保护和生态平衡的要求，行使所有权不得破坏名胜古迹、国家规定的风景区、旅游区、自然保护区和依法保护的寺庙以及其他宗教建筑。

3. 财产所有权的保护

所有人按照法律规定取得的财产所有权是受法律保护的。当然，只有取得了所有权后，才谈得上受法律保护的问题。在这里，财产所有权取得的时间问题是非常重要的。《民法通则》规定，按照合同或者其他合法方式取得财产的，财产所有权从财产交付时起转移，法律另有规定或者当事人另有约定的除外。

对所有权的保护不是某一个法律部门的事情，它需要运用刑法、行政法、民法等不同法律部门的不同法律手段进行保护。民法对所有权的保护的方法，主要有以下几种：①确认所有权。当财产归属发生争议时，财产所有人有权请求人民法院解决争议的财产的归属问题。确认所有权是民法保护所有权的一种独立的方法，是对所有权保护的前提；②恢复原状。所有人的财产被非法破坏，如有恢复的可能，所有人有权请求人民法院责令侵害人进行恢复，恢复财产本来面目；③返还原物。所有人的财产被他人非法占有时，有权请求人民法院责令非法占有人返还被占有的原物；④排除妨碍。由于他人的不法行为妨碍了所有人依法行使其所有权时，所有人可以请求人民法院责令侵权人清除其妨碍；⑤赔偿损失。所有人的财产因他人的过错造成灭失或者毁损时，所有人有权请求人民法院责令侵害人进行经济赔偿。对于所有权的侵犯无论是否进行刑事制裁或者行政制裁，都必须进行民事制裁。

4. 共有

在所有权关系中，权利主体可以是单一的，也可以是多数的。

两个或两个以上的自然人或法人对同一财产享有所有权，叫做共有。共有可分为按份共有和共同共有。

按份共有。按份共有是指两个或两个以上的所有人，分别按照预先确定的财产份额对共有财产享有权利和承担义务的一种共有关系。

共同共有。共同共有是指共有人对全部财产都享有同等的权利，承担同等义务的一种共有形式。只要共同共有关系存在，共有人就不能划分出共有财产中哪些财产是属于自己的，只有共有关系终止时，才能通过协商或法院判决，确定每一个共有人应得的份额。

（二）债权

债是特定当事人之间的一种民事法律关系。债作为一种法律关系，应包括主体、内容和客体三要素。债的主体即债的当事人，包括债权人与债务人。债权人是指在债的关系中享有权利的一方当事人；债务人是指在债的关系中负有义务的一方当事人。债的内容是债权和债务。债权是债权人享有的请求债务人为特定行为的权利。债权是请求权而不属于支配权。债务是债务人满足债权人请求的义务。债的客体是债务人应为的特定行为即给付。

1. 债权的发生

引起债的发生的法律事实有多种，在各国法上，可发生债的法律事实主要有：合同、不当得利、无因管理、侵权行为等。

合同。合同是平等主体的自然人、法人、其他组织之间设立、变更、终止民事权利关系的协议。合同依法成立后，即在当事人之间产生债权债务关系，因此合同是债的发生根据。

不当得利。不当得利是指没有合法根据而获利使他人利益受到损失的事实。依法律规定，取得不当利益的一方当事人应将其所取得的利益返还给受损失的一方，受损失一方当事人有权请求取得利益的一方返还其不当得到的利益。因此，不当得利为债的发生原因，基于不当得利而产生的债称为不当得利之债。

无因管理。无因管理，是指没有法定的约定或约定的义务，为避免他人利益受损失而对他人的事务进行管理或者服务的行为。无因管理一经成立，管理人与本人之间也就发生债权债务关系，管理人有权请求本人偿还管理所支出的必要费用，本人有义务偿还。无因管理为法律规定的债的发生原因。因无因管理所产生的债称为无因管理之债。

侵权行为。侵权行为是指不法地侵害他人的合法权益应负民事责任的行为。在民事活动中民事主体的合法权益受法律的保护，任何人都负有不得非法侵害义务。行为人不法侵害他人的财产权利或人身权利的，应依法承担民事责任。受侵害的当事人一方有权请求侵害人赔偿损失，侵害人负有赔偿损失的义务。因此，因侵权行为的实施在受害人与侵害人间形成债权债务关系，侵权行为也是债的发生原因。

2. 债权的分类

债可以从不同角度划分成不同的种类。

以债的标的不同，可分为特定之债和种类之债；依当事人有无选择权，可以划分为简单之债和选择之债；对于多数人之债，根据多数人一方当事人相互之间的权利义务关系，可分为按份之债和连带之债。

3. 债的履行

债的履行是指债务人按照合同的约定或者法律的规定履行其义务。《民法通则》第八十四条第二款规定：“债权人有权要求债务人按照合同的约定或者依照法律的规定履行义务。”可见，债的履行是债的最主要的效力。因为只有债务人履行了自己的义务，债权人的债权才能实现，债权人的利益才能得到满足，所以，债的履行从债权人方面说是债权的实现。

债的履行有以下含义：①债的履行是债务人所为的特定行为；②债的履行是债务人履行其全部义务的行为；③债的履行要求债权人予以协助；④债的履行是债消灭的主要原因。债务人全面正确地履行了义务，债权也就全部实现，债即因目的达到而实现，从经济上说，交易完成。因此，债的履行是债消灭的原因，并且是最常见、最正常的债的消灭原因。

债的履行从债务人履行的情况上，可分为以下几种情形：①完全正确的履行。又称为适当履行，须是当事人按照合同的约定或者法律的规定由适当的主体，在适当的时间、适当的地点，以适当的方式履行全部债务，也就是履行主体、标的、数量、质量、履行期限、履行方式、履行地点等都符合合同的约定或者法律的规定。因此，完全正确的履行应是债的履行的正常状态。当事人是否完全正确即适当履行债，是决定其是否承担债务不履行责任的标准;②不适当履行。债的不适当履行是指当事人虽有履行行为，但其履行不符合合同的约定或者法律规定。比如迟延履行，就是指未能按照合同约定的期限履行；③债的不履行。指债务人根本就没有履行债务，包括履行不能与拒绝履行两种情形。履行不能是指债务人不能履行其义务，拒绝履行是指债务人能够履行而拒不履行义务。拒绝履行是一种能履行债务而不履行的违法行为，其构成须具备以下条件：第一，须债务人负有债务而且能够履行债务。第二，须债务人表示不履行。至于债务人不履行的意思表示为明示还是默示,则在所不问。债务人不履行的意思表示多为故意，但也可出于过失。例如,其因过失而不知债务的存在而表示不履行。第三，须债务人的不履行为违法的。如果债务人对于债务的履行有权拒绝，则其表示不履行为合法的，不能构成拒绝履行。

为了保证债的履行，法律规定了担保制度。担保是督促债务人履行债务，保证债权实现的一种法律制度。债的担保形式主要有：保证、定金、抵押权、留置权四种。

（三）人身权

人身权是指与权利主体不能分离，而又没有直接财产内容的权利。人身权可以分为人格权和身份权两种。人格权是民事主体固有的，为了维护民事主体基本地位而必须的一种人身权，包括生命权、健康权、身体权、名誉权、肖像权、姓名权、名称权、隐私权等。身份权不是每个民事主体所固有的，而是民事主体在政治上、法律上取得某种身份后所享有的一种权利，包括荣誉权、监护权、亲属权、继承权等。

1. 生命健康权

包括生命权和健康权两项内容。

生命权是以自然人的生命安全的利益为内容的权利。世界上大多数国家的立法中都将生命权作为一种独立的权利。生命的存在和生命权的享有，是每个人的最高人身利益，生命安全是自然人从事民事活动和其他一切活动的前提和基本要求。因此法律赋予每个自然人以生命权，禁止任何机关、单位和个人非法剥夺他人的生命。

健康权是自然人依法享有的以保持其身体机能安全为内容的权利，健康包括肉体组织和生理及心理机能三个方面，无论对哪一方面的侵害，都构成对自然人健康的侵害。

2. 身体权

身体权是以自然人保持其身体器官的完整性为内容的权利。身体是生命的物质载体，是生命得以产生和延续的最基本条件，由此决定了身体权对自然人至关重要。

3. 名誉权

名誉权是自然人或法人就其自身特性所表现出来的社会价值而获得社会公正评价的权利。在法律上，名誉就是社会公众对某一民事主体的道德品质、才干、声望、信誉和形象等各方面的综合评价。如果由于行为人的过错影响了人们对某一民事主体的正确评价，并使该民事主体遭受了精神上的痛苦或物质上的损失，该行为就构成了侵害名誉权的行为。对于侵害名誉权的行为，公民、法人有权要求停止侵害、恢复名誉、消除影响、赔礼道歉，并可以请求赔偿损失。此外，还可以依法追究侵权人的行政责任和刑事责任。

4. 肖像权

肖像权是自然人对自己的肖像享有利益并排斥他人侵害的权利。肖像权所保护的客体是肖像上所体现的人格利益，它直接关系到自然人的人格尊严及其形象的社会评价，是自然人所享有的一项重要人格权。肖像权的基本内容包括三项：制作专有权、使用专有权、利益维护权。构成侵害肖像权的民事责任，必须具备两个要件：一是未经许可而制作或使用他人肖像；二是无正当理由。侵害肖像权的民事责任包括停止侵害、消除影响、赔礼道歉、赔偿损失。

5. 姓名权和名称权

姓名权是自然人依法享有的决定、变更和使用自己的姓名并得以排除他人干涉或非法使用的权利。在法律上姓名的意义主要表现在两个方面：一是姓名是使自然人特定化的社会标志；二是姓名是自然人维持其个性所必不可少的要素，其性质与生命、名誉、肖像、隐私等一样，是自然人作为人所必须具有的人格利益。根据《民法通则》第九十九条的规定，侵害姓名权的行为包括以下几种：干涉、盗用、假冒。根据《民法通则》第一百二十条规定，侵害姓名权，受害人可以要求侵害人停止侵害、恢复名誉、消除影响、赔礼道歉，并可以要求赔偿损失，可以是赔偿财产损失也可以是赔偿非财产损失。

名称权是指特定团体依法享有的决定、使用、变更以及依照法律规定转让自己的名称，并排除他人的非法干涉及不当使用的权利。名称权的内容具体包括以下几项：名称设定权、名称使用权、名称变更权、名称转让权。侵害名称权的行为主要表现为非法使用他人名称、转让名称后继续使用原名称等行为。对于侵害名称权的行为，除了受到民法的调整，还会涉及到不正当竞争法等有关经济法律规范。

6. 荣誉权

荣誉权是指公民或法人因所获得的各种嘉奖而享有的一种权

利。荣誉权不能转让也不能继承。

七、民事责任

民事责任是民事法律责任的简称，指的是民事主体违反民事义务所应承担的民事法律后果。从我国的民事立法中看，民事责任体现出两种涵义：一是指民事主体行为的民事法律后果，包括民事义务，如《民法通则》所规定的企业法人对其法定代表人的经营活动所应承担的民事责任；二是指债务不履行或侵权行为的民事法律后果。

从法律制度的意义上说，民事责任是关于确立民事责任的原则、条件和形式等法律规范的体系，是我国民法体系的重要组成部分。作为法律责任的一种，民事责任具有法律责任的共性，但同时也具有自己的特征：民事责任是违反民事义务所应承担的法律后果，故以民事义务的存在为前提，无义务即无责任；民事责任主要表现为财产责任；民事责任的范围与损失的范围相一致；民事责任是一种对违法行为的强制措施。

（一）民事责任的构成条件

构成民事责任一般必须具备下面四个条件：①行为人必须具有违法性；②必须有损害事实；③违法行为与损害的后果之间有直接的必然的因果关系；④行为人主观上必须有过错。过错是行为人的一种心理状态，它可分为故意或过失。

（二）民事责任的归责原则

民事责任的归责原则指的是：

1. 过错责任原则

是指当事人的主观过错是承担民事责任的必备要件的归责原则。过错是行为人决定其行动的一种故意或过失的主观心理状态。没有过错就不承担责任，谁有过错谁就承担责任，双方都有过错，则双方按过错大小各自承担相应的民事责任；如果是当事人以外的第三人的过错，就应该由第三人承担民事责任。

2. 无过错责任原则

在这一原则下，当事人主观上并无过错，但是根据法律的特别规定，应承担民事责任。无过错责任原则的适用必须是法律规定的特定范围。主要指的是《民法通则》规定的情况：从事高度危险活动致人损害的行为；污染环境致人损害的行为；饲养动物致人损害的行为；产品不合格致人损害的行为。我国实行的是有条件的、相对的无过错责任原则，在出现法定免责事由时，有关当事人可全部或部分免除其民事责任。如不可抗力的自然灾害，及时采取合理措施仍不能避免造成环境污染的，免于承担责任。

3. 公平责任原则

造成他人损害，当事人双方都无过错，他人的损害由当事人双方来分担的原则。这种情况往往是行为人均无过错，而又不属于适用无过错原则的范围，但如不补偿受害人的损失又显失公平的，法院可根据具体情况和公平观念，要求当事人分担损害后果。

（三）民事责任的种类

民事责任主要包括违约责任、侵权责任、不履行法定义务的民事责任。

违约责任，又称违反合同的民事责任。是指合同当事人因违反合同债务所应承担的责任。作为保障债权实现及债务履行重要措施的违约责任制度与合同债务联系密切。一方面，违约责任是债务不履行所导致的结果，是以债务存在为前提的；另一方面，违约责任是在债务人不履行债务时，国家强制债务人履行债务和承担责任的法律表现。因此，违约责任和合同债务的关系可以归结为：债务是责任发生的前提，责任是债务不履行的结果。违约责任具有以下特点：①违约责任是当事人不履行债务所导致的结果。构成违约，必须存在有效成立的合同关系，而且存在债务人不履行债务的事实；②违约责任具有相对性。违约责任只能发生在特定的合同当事人之间，只有守约方才能基于合同向违约方提出请求或提起诉讼，与合同无关的第三人不能依据合同对违约方提出请求或诉讼；③当事人可以预先约定违约责任。当事人根据合同自由原则，在法律规定的范围内，对违约责任预先约定。例如预先约定违约金的数额幅度，预先约定损害赔偿额的计算方法，预先设定免责条款等。当然，当事人对违约责任的预先约定必须公正合理，否则将会被宣告无效或被撤销。

侵权责任，全称为侵权的民事责任。是指行为人不法侵害他人的人身权、财产权时依法所应承担的民事责任。侵权责任可分为一般侵权责任和特殊侵权责任；单独侵权责任和共同侵权责任。

一般的侵权责任应具备以下条件：①损害事实的客观存在；②行为的违法性；③违法事实与损害事实之间的因果关系；④行为人的过错。

另外，我国法律还规定了下列情况应免除民事责任：①不可抗力；②受害人的过错；③受害人的同意；④第三人的过错；⑤意外事件；⑥自助行为。

特殊侵权行为包括：①国家机关及其工作人员职务侵权；②产品致人损害的民事责任；③高度危险作业致人损害的民事责任；④环境污染致人损害的民事责任；⑤地面施工致人损害的民事责任；⑥建筑物致人损害的民事责任；⑦动物致人损害的民事责任；⑧被监护人致人损害的民事责任。

不履行法定义务的民事责任。是指因当事人不履行法律规定的义务而承担的民事责任。包括不返还不当得利而应承担的责任、不履行无因管理中的相关义务所应承担的责任以及缔约上的过失责任等。

（四）承担民事责任的方式

承担民事责任的方式主要有：停止侵害，排除妨碍，消除危险，返还财产，恢复原状，修理、重作、更换，赔偿损失，支付违约金，消除影响、恢复名誉，赔礼道歉等。

八、诉讼时效

时效在民法上是指一定的事实状态持续经过一定的时间而导致一定民事法律后果的制度。时效包括三个方面的内容：一定事实状态的存在，如权利的不行使、财产的占有等；该事实状态持续达一定的期间；发生一定的法律后果，即引起民事法律关系的变化，比如权利的消灭或权利失去诉讼保护，权利的取得等。

根据时效的不同法律后果，可将其分为取得时效和消灭时效。我国民法目前尚未建立取得时效制度，而仅在《民法通则》中规定了诉讼时效制度。诉讼时效是指权利不行使达一定期间而失去诉讼保护的制度。我国民法上的诉讼时效有如下特点：诉讼时效以权利人不行使法定权利的事实状态的存在为前提；诉讼时效届满并不消灭实体权利；诉讼时效具有强制性和普遍性。诉讼时效可分为普通诉讼时效和特别诉讼时效。普通诉讼时效期间为两年。特别诉讼时效适用于特定民事法律关系的诉讼时效，其特殊性在于只能适用于法律特别规定的民事法律关系；其期间不同于普通诉讼时效。

诉讼时效的中止。在诉讼时效完成以前，因发生一定事由，使权利人不能行使权利，因而暂停计算诉讼时效期间，待中止事由消除后，继续计算诉讼时效期间。事由包括不可抗力、其他障碍（权利被侵害的无民事行为能力人、限制民事行为能力人没有法定代理人，或者法定代理人死亡、丧失代理权，或者法定代理人本人丧失行为能力等）。

诉讼时效的中断。在诉讼时效进行中，因发生一定法定事由而使已经经过的时效期间统归无效，待中断事由消除后，诉讼时效期间重新起算。事由有三种：提起诉讼；当事人一方提出要求；当事人一方同意履行义务。

诉讼时效的延长。这是为了在特殊情况下保护权利人而设置的制度。关于诉讼时效延长的事由和延长的时间法律无明文规定。实践中，法院对诉讼时效的延长应严格掌握，以免违背设立诉讼时效制度的目的。

第三节　物权法

物权法是规范财产关系的民事基本法律。物权法作为民法的重要组成部分，通过确立物权归属和利用的基本规则，规范市场主体因物的归属和利用而产生的财产关系，保障市场主体的权利，维护市场经济秩序，为我国社会主义市场经济服务。

一、物权法的基本原则

（一）基本经济制度与社会主义市场经济原则

《宪法》规定，坚持公有制为主体、多种所有制经济共同发展。要巩固和发展公有制经济，鼓励、支持和引导非公有制经济的发展，就要实行社会主义市场经济。实行社会主义市场经济最重要的一条就是要保障市场主体的平等地位和发展权利，这是实行市场经济的前提。作为规范平等主体之间因物的归属和利用而产生的财产关系的物权法，物权关系的主体具有平等的法律地位是物权法调整的平等财产关系存在的前提。因此，物权法将实行社会主义市场经济与保障一切市场主体的平等法律地位和发展权利作为基本原则，作为物权法的核心，始终贯穿并体现在整部物权法之中。

（二）物权平等保护原则

民法是调整平等主体之间的财产关系和人身关系的法律，作为民法重要组成部分的物权法，是调整平等主体之间因物的归属和利用而产生的财产关系的法律。物权法平等保护各个民事主体的物权是民法调整的社会关系的性质决定的。对于民法的平等原则，《民法通则》已有明确规定：民法调整平等主体的公民之间、法人之间、公民和法人之间的财产关系和人身关系。当事人在民事活动中的地位平等。民事活动应当遵循自愿、公平、等价有偿、诚实信用的原则。因此，物权法规定了对国家、集体和私人的物权平等保护的原则。

（三）物权法定原则

物权法定原则，指的是能设立哪些种类的物权，只能由法律规定，当事人之间不能创立；设立物权的方式以及物权的具体内容，一般也只能由法律规定，当事人之间的约定和法律规定不一致时不发生效力。物权是一项重要的民事权利，物权制度属于民事基本制度。依照立法法的规定，民事基本制度只能由法律规定。而且，物权不同于债权，债权的权利义务发生在当事人之间，遵循自愿原则，具体内容是由当事人约定的。物权是“绝对权”“对世权”，物权的权利人行使权利是排他性的，对所有其他人都有约束力，物权调整的权利人和义务人之间的关系与合同当事人之间的权利义务关系不同，物权的义务人有成千上万。物权内容不能由权利人一个人说了算，也不能由一个权利人和几个义务人说了算，对权利人和成千上万义务人之间的规范只能由法律规定。

（四）物权公示原则

物权公示原则有两方面内容：一是物权人享有物权、物权的内容变更或者物权消灭以什么方式确定，包括物权的设立、变更、转让和消灭的方式问题，称为物权变动；二是由于物权是排他的“绝对权”“对世权”，要求权利人以外的义务人负有不作为的义务，因此必须让广大的义务人清楚地知道谁是权利人，不应该妨碍谁。而且，权利人转让自己的物时，也要让买主知道他有无资格转让该物。这都要求以令公众信服的特定方式确定，让大家很容易、很明白地知道该物是谁的，以维护权利人和社会公众的合法权益。这是物权的公信问题。物权变动的规则与物权公信实际上是物权公示原则的两个方面。物权公示的主要方法是：不动产物权的设立、变更、转让和消灭经过登记发生效力，动产物权的设立、转让通过交付发生效力。

二、所有权

所有权是所有权人对自己的不动产或者动产，依法享有占有、使用、收益和处分的权利。

（一）国家财产所有权

国家财产所有权是指国家对于全民所有的财产享有的占有、使用、收益和处分的权利。国家财产所有权是社会主义全民所有制关系在法律上的表现，是巩固、发展、保护全民所有制的法律武器。国家财产所有权包括国家专有所有权和非国家专有所有权。国家专有的财产由于不能为他人所拥有，因此不能通过交换或者赠与等任何流通手段转移所有权，这与非专有的国家财产的性质不同。非专有的国家财产是可以流转的，如国家用于投资的财产。

（二）劳动群众集体财产所有权

集体所有权是劳动群众集体组织占有、使用、收益和处分其财产的权利，它是劳动群众集体所有制在法律上的表现。在我国，劳动群众集体组织所有权没有全国性的统一的主体。各个劳动群众集体组织都是独立的集体所有权的主体。它们相互之间是平等的相互合作关系，集体组织应该是具有法人资格的主体。在法律上，劳动群众集体所有的财产和集体组织成员的个人财产是分开的。集体组织的某个成员或某部分成员都不能成为劳动群众集体组织所有权的主体。

（三）私人所有权

私人所有权是私人依法享有的占有、使用、收益和处分其生产资料和生活资料的权利。私人是对国家、集体相对应的物权主体，不但包括我国的公民，也包括在我国合法取得财产的外国人和无国籍人。不仅包括自然人，还包括个人独资企业、个人合伙等非公有制企业。私人对其合法的收入、房屋、生活用品、生产工具、原材料等不动产和动产享有所有权。私人在法律规定的范围内行使其生产资料所有权，从事正当的生产经营活动，或利用其生活资料满足个人的需要，都受法律的保护。私人在其所有权受到侵犯时，有权要求侵权行为人停止侵害、返还财产、排除妨害、恢复原状、赔偿损失，或依法向人民法院提起诉讼。

（四）社会团体所有权

社会团体所有权是指各类团体对其财产享有的占有、使用、收益和处分的权利。在我国，社会团体种类很多，包括人民群众团体、社会公益团体、文艺团体、学术研究团体、宗教团体等。社会团体依法所有的不动产和动产，受法律保护。任何组织和个人都不得随意侵占、破坏社会团体的合法财产。法律保护各类社会团体的财产所有权，对于切实贯彻党和国家的各项政策，发展我国的科学文化教育事业，促进国家的安定团结，发展国际间的交往等都是十分必要的。

三、用益物权

用益物权是权利人对他人所有的不动产或者动产，依法享有占有、使用和收益的权利。用益物权制度是物权法律制度中一项非常重要的制度，与所有权制度、担保物权制度等一同构成了物权制度的完整体系。

（一）土地承包经营权

物权法规定农村集体经济组织实行家庭承包经营为基础、统分结合的双层经营体制，赋予农民长期而有保障的土地使用权，维护农村土地承包当事人的合法权益，促进农业、农村经济发展和农村社会稳定。土地承包经营权人依法对其承包经营的耕地、林地、草地等享有占有、使用和收益的权利，有权从事种植业、林业、畜牧业等农业生产。土地承包经营权人依照农村土地承包法的规定，有权将土地承包经营权采取转包、互换、转让等方式流转。

（二）建设用地使用权

建设用地使用权是用益物权中的一项重要权利。出让人通过设立建设用地使用权，使建设用地使用权人对国家所有的土地享有占有、使用和收益的权利，建设用地使用权人可以利用该土地建造建筑物、构筑物及其附属设施。建设用地包括住宅用地、公共设施用地、工矿用地、交通水利设施用地、旅游用地、军事设施用地等。建筑物主要是指住宅、写字楼、厂房等。构筑物主要是指不具有居住或者生产经营功能的人工建造物，比如道路、桥梁、隧道、水池、水塔、纪念碑等；附属设施主要是指附属于建筑物、构筑物的一些设施。由于我国土地所有权不允许流转，因此，建设用地使用权具有实现土地流转的功能。

（三）宅基地使用权

宅基地使用权是一种带有社会福利性质的权利，是农民的安身之本。宅基地归集体所有，作为集体成员的农民享有使用权。这是宅基地使用权能够成为用益物权的根本。宅基地的用途是建造住宅及其附属设施。根据土地管理法和国家的有关规定，土地的利用必须符合国家对土地的用途管制。所以农民取得宅基地，必须依法办理有关手续，不得超量多占，也不得违反有关规划，改变土地用途。

（四）地役权

地役权是一种独立的物权，在性质上属于用益物权的范围，是按照合同约定利用他人的不动产，以提高自己不动产效益的权利。需要利用他人土地才能发挥效用的土地，称需役地（即地役权人的土地）；提供给他人使用的土地，称供役地。通过设定地役权，需役地人使自己的地产充分增值，供役地人以闲置的不动产资源从租金获得收益，于人于己，双赢互利，各得其所，一方面最大限度地满足了各方之需，另一方面充分发挥了地产的社会经济效益。

四、担保物权

担保物权是以直接支配特定财产的交换价值为内容，以确保债权实现为目的而设定的物权。

（一）抵押权

抵押权是指为担保债务的履行，债务人或者第三人不转移财产的占有，将该财产抵押给债权人，债务人不履行到期债务或者发生当事人约定的实现抵押权的情形，债权人有权就该财产优先受偿的权利。

抵押法律关系的当事人为抵押人和抵押权人，客体为抵押财产。抵押人指为担保债的履行而提供抵押财产的债务人或者第三人。抵押权人指接受抵押担保的债权人。抵押财产指抵押人提供的，用于担保债务履行的特定的物。

实现抵押权必须符合法律规定的条件。实现抵押权应当具备以下条件之一：一是债务清偿期满，债务人不履行义务。清偿期未满，抵押权人无权拍卖抵押财产优先受偿。二是发生当事人约定的实现抵押权的情形。当双方约定的实现抵押权的条件成熟，即使债务清偿期没有届满，抵押权人也有权拍卖、变卖抵押财产优先受偿。

（二）质权

1. 动产质权

债务人或者第三人将其动产交给债权人占有并实际控制的行为被称之为质押，质权人因质押而取得的权利为质权，质权是担保物权的一种。债务人或者第三人将其质物交由债权人占有，是为了担保债权的实现。质权人占有质物实际上是取得了质物上的交换价值，在一般情况下，其只能占有质物，而不能使用、收益，因此，质权人的标的不是物的使用价值，而是物的交换价值。由于动产质权的设定是以担保特定债权的实现为目的，因此，当债务履行期届满，债务人不履行债务时，或者出现债务人与债权人约定实现质权的情形出现时，质权人有权就质物折价或者拍卖、变卖该质物的价款优先受偿。

2. 权利质权

权利质权是指以出质人提供的财产权利为标的而设定的质

权。权利质权的标的是出质人提供的作为债权担保的权利。

（三）留置权

留置权是指在债务人不履行到期债务时，债权人有权依照法律规定留置已经合法占有的债务人的动产，并就该动产优先受偿的权利。这时，债权人便为留置权人，占有的动产便为留置财产。在债务履行期限届满，债务人仍不履行债务时，债权人可以与债务人协议以留置物折价，也可以依法拍卖、变卖留置物。

五、占有

占有过程中，被占有的不动产或者动产的使用、收益以及损害赔偿责任该如何确定，因有权占有和无权占有的区别而存在差别。对于因合同等债的关系而产生的占有，按照合同约定；合同没有约定或者约定不明确的，依照合同法等有关法律的规定。占有人因使用占有的不动产或者动产，致使该不动产或者动产受到损害的，恶意占有人应当承担赔偿责任。不动产或者动产被占有人占有的，权利人可以请求返还原物及其孳息，但应当支付善意占有人因维护该不动产或者动产支出的必要费用。

第四节　刑法

自古以来，刑法就在各国的法律体系中扮演着重要的角色。它是规定犯罪、刑事责任和刑罚的法律，是掌握政权的统治阶级为了维护本阶级政治上的统治和经济上的利益，根据其阶级意志，规定哪些行为是犯罪并应当负刑事责任，给予犯罪人何种刑事处罚的法律。我国刑法的任务包括四个方面：一是保卫国家安全、人民民主专政政权和社会主义制度；二是保护社会主义经济基础；三是保护公民的人身权利、民主权利和其他权利；四是维护良好的社会秩序。本节主要介绍了刑法的基本概念，介绍了犯罪和刑罚的概念与主要内容。

一、刑法的概念和任务

（一）刑法的概念

刑法是规定哪些行为是犯罪和对犯罪人进行何种刑罚处罚的法律规范的总称。刑法是国家的基本法律之一，是国家法律体系的重要组成部分。

刑法有狭义和广义之分。狭义的刑法，是指规定犯罪与刑罚的一般原则和各种具体犯罪与刑罚的法律规范的刑法典，我国刑法于1979年7月1日第五届全国人民代表大会第二次会议通过，此后，经过多次修订，2015年8月29日第十二届全国人民代表大会常务委员会第十六次会议通过《中华人民共和国刑法修正案（九）》，自2015年11月1日起施行。广义的刑法，是指一切刑法规范的总和，它除了刑法典之外，还包括单行刑事法规以及非刑事法律中的刑法规范。

（二）刑法的任务

我国刑法的任务是用刑罚的方法同一切犯罪行为作斗争，以保卫国家安全，保卫人民民主专政的政权和社会主义制度，保护国有财产和劳动群众集体所有的财产，保护公民私人所有的财产，保护公民的人身权利、民主权利和其他权利，维护社会秩序、经济秩序，保障社会主义建设事业的顺利进行。具体说来，刑法的任务有以下四项：

第一，运用刑罚手段保卫国家安全，保卫人民民主专政的政权和社会主义制度。这是我国刑法的首要任务。

第二，运用刑罚手段保护国有的财产和劳动群众集体所有的财产，保护公民私人所有的财产，维护社会主义市场经济秩序，打击经济领域的犯罪，是我国刑法的重要任务。

第三，运用刑罚手段保护公民的人身权利、民主权利和其他权利，同一切侵犯公民的人身权利、民主权利和其他权利的犯罪行为作斗争，保护公民的合法权益不受侵犯，使公民享有的合法权利得到切实的保障，是刑法的另一重要任务。

第四，运用刑罚手段维护社会秩序。同一切破坏社会秩序的犯罪行为作斗争，使人民群众有一个良好安定的生活和工作条件，创造一个稳定的社会环境，保障社会主义建设事业的顺利进行。

二、刑法的基本原则

刑法的基本原则，是贯穿于全部刑法规范、对定罪量刑和刑罚的执行具有指导作用的准则。它是指导和制约全部刑事立法和刑事司法的基本准则。我国《刑法》的基本原则有：

（一）罪刑法定原则

《刑法》第三条规定：“法律明文规定为犯罪行为的，依照法律定罪处刑；法律没有明文规定为犯罪行为的，不得定罪处刑。”这条规定确立了我国刑法的罪刑法定原则。其基本含义是“法无明文规定不为罪”“法无明文规定不处罚”。就是说，对于什么行为是犯罪和犯罪所产生的具体法律后果，都必须由刑法条文作出具体规定。

（二）法律面前人人平等原则

法律面前人人平等是我国宪法确立的社会主义法治的基本原则，我国刑法进一步将其确立为刑法的基本原则。《刑法》第四条规定：“对任何人犯罪，在适用法律上一律平等。不允许任何人有超越法律的特权。”这就是说，任何人犯罪，都应当受到刑法的追究，具有同样性质和情节的犯罪人，在定罪量刑上应一视同仁，依法处罚。

（三）罪刑相应原则

《刑法》第五条规定：“刑罚的轻重，应当与犯罪分子所犯罪行和承担的刑事责任相适应。”这就是我国刑法规定的罪刑相应原则，其基本要求是：犯罪与刑罚之间应当保持内在对应的均衡关系，具体要求是，按照犯罪事实、犯罪的性质和情节，以及社会危害性的大小，承担相应的刑事责任，做到有罪当罚、无罪不罚、轻罪轻罚、重罪重罚、一罪一罚、数罪并罚、罚当其罪，从而使罪刑相适应。

三、刑法的效力范围

刑法的效力范围，即刑法的适用范围，具体指的是刑法在什么时间、什么地域和对什么人具有效力。

（一）刑法的地域效力

《刑法》第六条规定："凡在中华人民共和国领域内犯罪的，除法律有特别规定的以外，都适用本法。"中国领域是指我国国境以内的全部区域，包括领陆、领水、领空。

犯罪的行为或者结果有一项发生在我国领域内的，就认为是在中国领域内犯罪，包括三种情况：①犯罪行为与结果都发生在我国领域内；②犯罪行为发生在我国领域内，而犯罪结果发生在我国领域外；③犯罪行为发生在我国领域外，而犯罪结果发生在我国领域内。上述三种情况，均适用我国《刑法》。

凡在中华人民共和国船舶或者航空器内犯罪的，也适用我国《刑法》，我国均有刑事管辖权。

根据我国承认的1961年《维也纳外交关系公约》的规定，各国驻外大使馆、领事馆及其外交人员不受驻在国司法管辖而受本国的司法管辖。据此，在我国驻外大使馆或公使馆、总领事馆内犯罪的，也都适用我国《刑法》。

（二）刑法对人的效力

1. 刑法对我国公民的效力

我国公民在我国领域内犯罪的，一律适用我国《刑法》。我国公民在我国领域外犯刑法规定之罪的，也适用我国《刑法》，但是按照我国《刑法》规定的最高刑为3年以下有期徒刑的，可以不予追究。我国的国家工作人员或者军人如果在我国领域外犯罪，则不论其所犯之罪按照我国《刑法》规定的最高刑是否为3年以下有期徒刑，都适用我国《刑法》，追究其刑事责任。

凡在我国领域外犯罪，依照我国《刑法》应当负刑事责任的，虽然经过外国审判，仍然可以依我国《刑法》追究，但是在外国已经受到刑罚处罚的，可以免除或者减轻处罚。

2. 刑法对外国人的效力

刑法所说的外国人，是指具有外国国籍的人和无国籍人。外国人在我国领域内犯罪的，除法律有特别规定的以外，都适用我国《刑法》。这里的特别规定，主要是指根据国际惯例各国之间在外交上的一种对等的安排。我国《刑法》规定，享有外交特权和豁免权的外国人的刑事责任，通过外交途径解决。

外国人在我国领域外对我国国家或者公民犯罪，按照我国《刑法》规定的最低刑为3年以上有期徒刑的，可以适用我国《刑法》，但是按照犯罪地的法律不受处罚的除外。

对于我国缔结或者参加的国际条约所规定的罪行，我国在所承担条约义务的范围内行使刑事管辖权的，也适用我国《刑法》。

（三）刑法的时间效力

刑法的时间效力，是指刑法的生效时间、失效时间以及是否具有溯及既往的效力。

1. 刑法的生效时间和失效时间

刑法的生效时间，一般有两种方式：一是从刑法公布之日起生效，二是刑法公布之后经过法律规定的一段时间再生效。

刑法的失效时间，也有两种方式：一是由国家立法机关明确宣布某些法律失效。二是自然失效，即由于新法施行后代替了同类内容的旧法；或者由于原来特殊的立法条件已经消失，旧法也就自行失效。

2. 刑法的溯及力

刑法的溯及力是指新的刑事法律制定后，对它生效前未经审判或者判决尚未确定的行为是否适用的问题，如果适用，这一法律就有溯及力；如果不适用，就没有溯及力。

我国刑法在溯及力问题上采取的是“从旧兼从轻”的原则。

在新刑法实施以前，依照当时的法律已经作出的生效判决，继续有效。

四、犯罪的概念和特征

一般地说，所谓犯罪，是指刑法所规定的危害统治阶级利益和社会秩序而应处以刑罚的行为。

我国《刑法》第十三条规定："一切危害国家主权、领土完整和安全，分裂国家、颠覆人民民主专政的政权和推翻社会主义制度，破坏社会秩序和经济秩序，侵犯国有财产或者劳动群众集体所有的财产，侵犯公民私人所有的财产，侵犯公民的人身权利、民主权利和其他权利，以及其他危害社会的行为，依照法律应当受刑罚处罚的，都是犯罪，但是情节显著轻微危害不大的，不认为是犯罪。"这是我国《刑法》对犯罪概念的科学规定，是我们认定犯罪，划分罪与非罪界限的法律依据。

犯罪具有以下特征：

第一，犯罪是危害社会的行为，即具有一定的社会危害性。

犯罪是危害社会的行为，即具有一定的社会危害性，这是犯罪的最本质的特征。犯罪必须具有一定的社会危害性，这是构成犯罪的前提条件，是否具有社会危害性，是区分罪与非罪的关键所在。犯罪的社会危害性表现为犯罪侵犯了《刑法》所保护的社会主义社会关系。判断具体行为罪与非罪的主要界限，是该行为是否具有社会危害性及其轻重大小。行为的社会危害性是刑事违法性和应受刑罚惩罚性的基础。

第二，犯罪是触犯刑律的行为，即具有刑事违法性。

犯罪是具有一定的社会危害性的行为，但危害社会的行为并不都是犯罪行为，只有危害社会的行为触犯刑法时，才构成犯罪，刑事违法性是社会危害性在刑法上的表现，是刑法对该行为的否定性法律评价。只有当行为既具有社会危害性，又具有刑事违法性时，才能被认定为犯罪。犯罪是触犯刑律的行为，因此，要注意把犯罪行为和一般违法行为，犯罪行为和仅仅违反社会主义道德的行为区别开来。

第三，犯罪是应受刑罚处罚的行为，即具有应受刑罚处罚性。

犯罪是危害社会触犯刑法的行为，其行为产生的后果就是应当受刑罚处罚，这包含两点含义：①刑罚处罚是犯罪的必然结果；②只有具有一定的社会危害性，又触犯刑律的犯罪行为，才能适用刑罚处罚。对于一般违法但没有构成犯罪的行为，不能适用刑罚。

犯罪的这三个基本特征是紧密相联，不可分割的。一定的社会危害性是犯罪的最基本特征，刑事违法性是对犯罪行为在刑法上的一种否定性评价，应受刑罚处罚性是犯罪行为产生的必然后果。

五、犯罪构成

犯罪构成，是指我国《刑法》所规定的、决定某一具体行为社会危害性及其程度而为该行为构成犯罪所必需的一切客观和主观要件的总和。犯罪构成是犯罪概念的具体化。任何一个犯罪都可以由许多事实特征来说明，在许多个事实特征中，只有对行为的社会危害性及其程度具有决定意义，而为该行为成立犯罪所必需的那些事实特征，才是犯罪构成的要件。任何一种犯罪的成立都必须同时具备四个要件，即犯罪客体、犯罪客观方面、犯罪主体和犯罪主观方面。

（一）犯罪客体

犯罪客体，是指我国《刑法》所保护而为犯罪行为所侵犯的社会主义社会关系。犯罪客体是犯罪构成的必备要件之一，某种行为如果没有或者不可能危害《刑法》所保护的任何一种社会关系，那就不可能构成犯罪。

犯罪客体分为三种，即一般客体、同类客体和直接客体。

犯罪的一般客体，是指犯罪所共同侵犯的客体，即我国《刑法》所保护的整个社会主义社会关系。

犯罪的同类客体，是指某一类犯罪所共同侵犯的客体，也即《刑法》所保护的社会主义社会关系的某一部分或者某一方面。犯罪的同类客体是我国《刑法》犯罪分类的基础，我国《刑法》分则正是根据同类客体的不同，将犯罪划分为十大类。

犯罪的直接客体，是指某一种犯罪所直接侵犯的具体的社会主义社会关系，也即《刑法》所保护的社会主义社会关系的某个具体部分。犯罪的直接客体是区分罪与非罪、此罪与彼罪的关键。例如，同样是针对他人的犯罪，杀人罪危害的直接客体是他人的生命权，而故意伤害罪危害的直接客体是他人的健康权。

（二）犯罪客观方面

犯罪客观方面，是指犯罪活动的外在表现，包括危害行为、危害结果，以及犯罪的时间、地点和方法等。危害行为是一切犯罪构成的必备要件；危害结果是绝大多数犯罪构成的要件；犯罪的时间、地点、方法仅仅是某些犯罪构成的要件。

1. 危害行为

犯罪必须是一种危害社会的行为。危害社会的行为，在整个犯罪构成中居核心的地位。危害行为的具体表现形式是多种多样的，但基本形式有两种，即作为的危害行为与不作为的危害行为。所谓作为的危害行为，是指犯罪人用积极的行为实施我国《刑法》所禁止的危害社会的行为，其特点是“不当为而为之”。大多数犯罪表现为作为的危害行为。所谓不作为的危害行为，是指犯罪人有义务实施并且能够实施某种积极行为却未实施而危害社会的消极行为。其特点是“当为而不为”。不作为的危害行为在客观方面需要具备三个条件：①行为人负有实施某种积极行为的义务，主要是法律明文规定的特定义务，职务上或业务上要求履行的义务，由行为人先行的行为，而使法律所保护的某种权益处于危险状态所产生的义务；②行为人有履行特定义务的实际可能而未履行；③行为人未履行特定义务的不作为，侵犯了《刑法》所保护的客体，具有严重的社会危害性。

2. 危害结果

刑法中的危害结果，是指危害行为给社会主义社会关系造成损害的结果。广义的危害结果，是指由行为人的危害行为所引起的一切对社会的损害。它包括属于犯罪构成要件的结果和不属于犯罪构成要件的结果。狭义的危害结果，是指作为犯罪构成要件的结果。我国《刑法》规定的犯罪多数要求有实际的危害结果。少数并不要求有实际的危害结果，只要已经实施了危害行为，就可以认定为犯罪。有些犯罪是以危害结果的大小作为划分罪与非罪的界限，还有些是以发生某种严重后果的危险作为构成犯罪的要件。

3. 危害行为与危害结果之间的因果关系

一个人只能对自己的危害行为及其造成的危害结果承担责任。因此，当危害结果发生时，要使某人对该危害结果承担刑事责任，就必须查明他所实施的危害行为和危害结果之间存在因果关系，即危害结果是由危害行为引起的关系。只有当二者之间确实存在着内在的必然因果关系时，行为人才承担刑事责任，但也不能把因果关系和刑事责任混为一谈。虽然某一危害结果在客观上确实是某人的行为造成的，但行为人主观上既无故意也无过失，仍不能构成犯罪。

4. 犯罪的时间、地点和方法

对于多数犯罪来说，犯罪的时间、地点和方法不是犯罪构成的要件。但犯罪的时间、地点和方法往往影响到犯罪行为本身社会危害程度的轻重大小，对于正确地量刑，仍有重要意义。对于某些特定的犯罪来说，如非法狩猎罪等，犯罪的时间、地点和方法是犯罪构成的要件。

（三）犯罪主体

犯罪主体，是指实施危害社会的行为，依法应当负刑事责任的自然人和单位。包括自然人犯罪主体和单位犯罪主体。

自然人犯罪主体是指达到刑事责任年龄，具有刑事责任能力，实施危害社会的行为，触犯刑法，依法应当受到刑罚处罚的人。自然人成为犯罪主体必须达到刑事责任年龄，具有刑事责任能力。

刑事责任年龄，是刑法所规定的行为人对自己的犯罪行为负刑事责任必须达到的年龄。我国《刑法》规定，犯罪时已满 16 周岁的人,应当负刑事责任;犯罪时已满 14 周岁不满 16 周岁的人，犯故意杀人、故意伤害致人重伤或者死亡、强奸、抢劫、贩卖毒品、放火、爆炸、投毒罪的应当负刑事责任；不满 14 周岁的人实施危害社会的行为不负刑事责任。已满 14 周岁不满 18 周岁的人犯罪,应当从轻或者减轻处罚。因不满 16 周岁不予刑事处罚的，责令他的家长或者监护人加以管教；在必要的时候，也可以由政府收容教养。已满 75 周岁的人故意犯罪的，可以从轻或者减轻处罚；过失犯罪的，应当从轻或减轻处罚。

刑事责任能力，是指行为人所具备的刑法意义上辨认和控制自己行为的能力。只有行为人达到刑事责任年龄、具备刑事责任能力，才能成为犯罪主体，追究其刑事责任。我国《刑法》规定，精神病人在不能辨认或者不能控制自己行为的时候造成危害结果，经法定程序鉴定确认的，不负刑事责任，但是应当责令他的家属或者监护人严加看管和医疗；在必要的时候，由政府强制医疗。间歇性的精神病人在精神正常的时候犯罪，应当负刑事责任。尚未完全丧失辨认或者控制自己行为能力的精神病人犯罪的，应当负刑事责任，但是可以从轻或者减轻处罚。醉酒的人犯罪，应当负刑事责任。又聋又哑的人或者盲人犯罪，可以从轻、减轻或者免除处罚。

单位犯罪主体是指实施了危害社会的行为依法应当负刑事责任的公司、企业、事业单位、机关、团体。单位犯罪必须有刑法的明文规定。

单位犯罪的主体，是公司、企业、事业单位、机关、团体。单位犯罪不仅包括法人所实施的犯罪，也包括非法人单位所实施的犯罪。单位犯罪必须是经过单位决策机构或主要负责人的决定。

单位犯罪一般来说是为单位牟取非法利益，以单位名义实施的危害社会的行为。单位实施的危害社会的行为，必须是法律明文规定为单位犯罪的，单位才成为犯罪主体，应当负刑事责任。单位犯罪既有故意犯罪，又有过失犯罪。多数是故意犯罪，少数属于过失犯罪。

我国《刑法》第三十一条规定:“单位犯罪的,对单位判处罚金，并对其直接负责的主管人员和其他直接责任人员判处刑罚。本法分则和其他法律另有规定的，依照规定。”据此，对于单位犯罪，有两种处罚方式，一种是“双罚制”，即对单位判处罚金，并对其直接负责的主管人员和其他直接责任人员判处刑罚。一种是“单罚制”，即仅处罚单位直接负责的主管人员和其他直接责任人员，不处罚单位。

（四）犯罪主观方面

犯罪主观方面，是指犯罪主体对自己所实施的犯罪行为及其危害结果所持的心理态度。包括犯罪的故意和犯罪的过失、犯罪的动机和目的等因素。

1. 犯罪的故意

犯罪的故意，是指行为人明知自己的行为会发生危害社会的结果，并且希望或者放任这种结果发生，因而构成犯罪的一种心理态度。犯罪的故意分为直接故意和间接故意。直接故意，是指行为人明知自己的行为会发生或者可能危害社会的结果，并且希望这种结果发生的心理态度。间接故意，是指行为人明知自己的行为可能发生危害社会的结果，并且放任这种结果发生的心理态度。故意犯罪，应当负刑事责任。

2. 犯罪的过失

犯罪的过失，是指行为人应当预见自己的行为可能发生危害社会的结果，因为疏忽大意而没有预见，或者已经预见而轻信能够避免，以致发生这种结果的一种心理态度。犯罪的过失分为过于自信的过失和疏忽大意的过失。过于自信的过失，是指行为人已经预见到自己的行为可能发生危害社会的结果，但轻信能够避免，以致发生这种结果的心理态度。疏忽大意的过失，是指行为人应当预见到自己的行为可能发生危害社会的结果，因为疏忽大意而没有预见，以致发生这种结果的心理态度。应当预见，是行为人在行为时负有预见到行为可能发生危害结果的义务。没有预见到，是指行为人在行为当时没有想到自己的行为可能发生危害结果的无认识状态。过失犯罪，法律有规定的才负刑事责任。

3. 犯罪的目的

犯罪的目的，是犯罪人通过实施犯罪行为希望达到的结果。犯罪的目的只存在于直接故意犯罪当中，在间接故意犯罪当中，行为人对于他所放任的犯罪结果没有目的，但可能有其他犯罪目的或者非犯罪目的。犯罪目的对认定犯罪性质和量刑有重要意义，在某些犯罪中，犯罪目的是构成犯罪的必要条件，如《刑法》中的一些条款明确规定必须“以营利为目的”才能构成特定的犯罪。

4. 犯罪的动机

犯罪的动机，是指推动或者促使犯罪人实施犯罪行为的内心起因，如为报私仇而杀人，报私仇就是杀人的动机。犯罪动机在我国《刑法》当中一般不是犯罪构成的必要要件，犯罪动机如何不影响犯罪的性质。但是，犯罪动机反映不同的社会危害性及其程度，因此，它是量刑需要考虑的重要因素。

行为在客观上虽然造成了损害结果，但却不是出于故意或者过失，而是由于不能抗拒或者不能预见的原因所引起的，不是犯罪。这就是我国刑法理论上所说的意外事件。“不能抗拒”的原因引起损害结果，是指行为人遇到了不可抗拒的力量，使他无法避免这种损害结果的发生。“不能预见”的原因引起损害结果，是指行为人对其行为发生损害结果不但没有预见到，而且根据当时的主观条件和客观环境，他也不能预见到。在意外事件中，行为人缺乏犯罪构成的主观方面要件，不能构成犯罪。

六、正当防卫和紧急避险

正当防卫和紧急避险都是排除犯罪性的行为，即这两种行为在形式上似乎符合某种犯罪构成，但实质上既不具有社会危害性，也不具有刑事违法性，而且是对社会有益的行为，因此是应该加以鼓励的行为。

（一）正当防卫

我国《刑法》第二十条规定：“为了使国家、公共利益、本人或者他人的人身、财产和其他权利免受正在进行的不法侵害，而采取的制止不法侵害的行为，对不法侵害人造成损害的，属于正当防卫,不负刑事责任。”正当防卫是法律赋予公民的一项权利，其意义在于及时有效地保障国家、公共利益、公民本人或他人的合法权益免受正在进行的不法侵害，鼓励公民见义勇为，积极地同不法侵害行为作斗争。正当防卫必须具备下列条件：

第一，防卫的目的必须是为了使国家、公共利益、本人或者他人的人身、财产和其他合法权利免受正在进行的不法侵害。为了维护某种非法利益而实行所谓的防卫，则是一种违法行为，构成犯罪的，应当依法追究其刑事责任。

第二，必须是对不法侵害行为实行防卫。所谓不法侵害行为，不仅包括犯罪行为，也包括一般违法侵害行为；在相互斗殴过程中,双方行为均属不法,不承认他们之间有正当防卫的权利。此外，应该特别指出的是，故意挑逗他人对自己进行侵袭，然后以“正当防卫”为借口对他人加以危害的行为，属于“防卫挑拨”，而不是正当防卫。对任何合法的行为，如执行命令的行为、正当防卫的行为和紧急避险的行为等都不能实行所谓“正当防卫”。

第三，必须是对正在进行的不法侵害实行防卫。所谓“正在进行的不法侵害”含义有二：①指侵害行为在客观上确实存在，不是主观想象的或者推测的。把实际上并不存在的侵害行为误认为存在，因而错误地实行防卫，造成他人无辜的损害。这种情况被称为“假想防卫”；②指侵害行为正在进行，而不是指侵害行为已经结束或者尚未发生。只有在侵害行为已经开始且还没有结束，并使法律所保护的权益处于直接危险的状态下，才有权实行正当防卫。

第四，必须是针对进行不法侵害者本人实行防卫。“不法侵害者”包括共同进行不法侵害的共同犯罪人。“造成损害”主要是指对不法侵害者的人身损害，但也包括对其财产或者其他权益的损害。

第五，正当防卫不能明显超过必要限度造成重大损害。在防卫过程中明显超过必要限度造成重大损害的，属防卫过当，应当负刑事责任，但是应当减轻或者免除处罚。

我国《刑法》第二十条规定:“对正在进行行凶、杀人、抢劫、强奸、绑架以及其他严重危及人身安全的暴力犯罪，采取防卫行为，造成不法侵害人伤亡的，不属于防卫过当，不负刑事责任。”据此规定，对正在进行的严重危及人身安全的上述几种严重暴力犯罪，实行防卫行为不存在过当问题。

（二）紧急避险

紧急避险，是指为了使国家、公共利益、本人或者他人的人身、财产和其他权利免受正在发生的危险，不得已而采取的损害另一较小合法权益，保护较大的合法权益的行为。根据《刑法》规定，紧急避险必须具备下列条件：

第一，必须是为了使国家、公共利益、本人或者他人的人身、财产和其他合法权利免受正在发生的危险而采取的。紧急避险的目的是牺牲较小的合法权益以保护较大的合法权益。为了保护某种非法利益而进行所谓的紧急避险，则是一种违法行为。构成犯罪的，应依法追究其刑事责任。

第二，必须是对正在发生的危险而采取的。如果危险尚处于潜在状态，或者危险已经排除，都不能实行紧急避险。否则，就是“避险不适时”，由此而造成损害的，应当承担相应的责任。紧急避险只能在危险已经发生而又尚未解除这一时间条件下进行。

危险的来源有很多方面，可能来自自然界的力量，如火灾、洪水、狂风、巨浪、地震、严寒等；也可能来自动物的侵袭，如牛马践踏、猛兽追扑等。

第三，必须是在迫不得已的情况下采取的。就是说行为人找不到任何其他方法排除危险，出于迫不得已而采取紧急避险行为。如果当时还有其他方法可以避险，行为人却不采取，而给无辜的第三者合法权益造成了不应有的损害，其行为不属于紧急避险，构成犯罪的还要负刑事责任。

第四，紧急避险不能超过必要限度，造成不应有的损害。一般说来，人身权利大于财产权利；人身权利中生命权为最高权利；财产权利的大小，可以用财产的价值大小来衡量。紧急避险造成的损害必须小于所避免的损害。紧急避险行为所损害的利益，既不能大于也不能等于所要保护的合法权益。紧急避险如果超过必要限度，造成不应有的损害的，应当负刑事责任，但是应当减轻或者免除处罚。

《刑法》中关于避免本人危险的规定，不适用于职务上、业务上负有特定责任的人。

七、犯罪预备、未遂和中止

犯罪的预备、未遂和中止在刑法学上通常被称为犯罪的停止形态，它们只能存在于故意犯罪中，是指犯罪的行为人在故意犯罪过程中，因主、客观原因而停止下来的不同犯罪状态。

（一）犯罪预备

我国《刑法》第二十二条规定：“为了犯罪，准备工具、制造条件的，是犯罪预备。”犯罪预备的特征有：①行为人已经开始实行犯罪的预备行为。即为了实行犯罪准备工具的行为和制造便利条件的行为；②行为人尚未着手犯罪的实行行为，在犯罪预备阶段停止下来。如果行为人已经着手实行犯罪，那就不再是犯罪预备；③行为人在犯罪预备阶段停止下来，未能着手实行犯罪，是由于行为人意志以外的原因所致。

我国《刑法》规定，对于预备犯，可以比照既遂犯从轻、减轻处罚或者免除处罚。

（二）犯罪未遂

我国《刑法》第二十三条规定："已经着手实行犯罪，由于犯罪分子意志以外的原因而未得逞的，是犯罪未遂。"犯罪未遂的特征有：①行为人已经着手实行犯罪。所谓已经着手实行犯罪，是指行为人已经开始实施《刑法》分则规定的具体犯罪构成要件中的犯罪行为。犯罪分子是否"已经着手"，是区别犯罪未遂与犯罪预备的主要标志；②犯罪没有得逞。所谓犯罪没有得逞，是指犯罪分子的行为没有完成我国《刑法》规定的具体犯罪构成的全部要件，犯罪没有得逞，是区别犯罪未遂与犯罪既遂的主要标志；③犯罪没有得逞是由于犯罪分子意志以外的原因。这一特征是犯罪未遂与犯罪中止的主要区别。

对于未遂犯，可以比照既遂犯从轻或者减轻处罚。

（三）犯罪中止

我国《刑法》第二十四条规定："在犯罪过程中，自动放弃犯罪或者自动有效地防止犯罪结果发生的，是犯罪中止。"犯罪中止有两种情况，即自动放弃犯罪的犯罪中止和自动有效地防止犯罪结果发生的犯罪中止。这两种犯罪中止的特征是：

第一，自动放弃犯罪的犯罪中止，必须同时具备的特征有：时空性，即行为人必须是在犯罪过程中放弃犯罪；自动性，即行为人必须是自动放弃犯罪；彻底性，即行为人必须彻底放弃正在进行的犯罪。

第二，自动有效地防止犯罪结果发生的犯罪中止，除具备自动放弃犯罪的犯罪中止的时空性、自动性和彻底性三个特征外，还要求具备有效性的特征，即行为人还必须采取积极的行为来防止和避免犯罪结果的发生。

我国《刑法》规定，对于中止犯，没有造成损害的，应当免除处罚；造成损害的，应当减轻处罚。

八、共同犯罪

（一）共同犯罪的概念

共同犯罪是指二人以上共同故意犯罪。二人以上共同过失犯罪，不以共同犯罪论处。构成共同犯罪，必须具备下列条件：

1. 犯罪主体必须是二个以上的达到刑事责任年龄、具有刑事责任能力的自然人或单位

具体有三种情形：①二个以上达到刑事责任年龄、具有刑事能力的自然人构成的共同犯罪；②二个以上的单位构成的共同犯罪；③达到刑事责任年龄、具有刑事责任能力的自然人和单位构成的共同犯罪。

2. 共同犯罪必须是二人以上有共同的故意

每个共同犯罪人都不仅认识到自己在实施某种犯罪，而且认识到还有其他共同犯罪人和自己一起在共同实施这种犯罪。每个共同犯罪人对他们共同犯罪行为会发生的犯罪结果，都是明知并且抱着希望或者放任其发生的态度。

3. 共同犯罪必须是二人以上有共同的犯罪行为

共同犯罪人为了完成一个共同的犯罪，他们的犯罪行为是紧密联系，互相配合的，每个共同犯罪人的犯罪行为都是共同犯罪活动的有机组成都分。共同犯罪行为，既可以表现为共同的作为，也可以表现为共同的不作为，还可以表现为作为与不作为的结合。

犯罪人之间虽然有共同故意，但无共同行为，或者各个犯罪人之间的行为在客观上存在联系，但在主观上无共同故意，都不能成立共同犯罪。如二人以上是共同过失行为造成一个危害结果；二人以上先后故意实施相关的犯罪，但彼此主观上并没有共同的联系；二人以上同时实施故意犯罪，但彼此主观上并没有共同的联系；过失帮助他人实施故意犯罪等，都不能按共同犯罪处理。

（二）共同犯罪的形式

共同犯罪的形式，是指二人以上共同犯罪的结构或者共同犯罪人之间结合的方式。共同犯罪的形式，分为一般共同犯罪和犯罪集团。一般共同犯罪，是指二人以上为实施特定犯罪而事前或临时结合的无特殊组织形式的共同犯罪。

犯罪集团，是指三人以上为共同实施犯罪而组成的较为固定的犯罪组织。犯罪集团具有下列特征：①主体必须是由三人以上组成；②具有一定的组织性；③具有共同实施某种犯罪的目的性；④具有相对的固定性；⑤具有严重的社会危害性。犯罪集团历来是刑法打击的重点。

（三）共同犯罪人的种类

我国《刑法》根据各个共同犯罪人在共同犯罪中所处的地位和所起的作用，以及对社会的危害程度不同，每个人应当承担的刑事责任不同，把共同犯罪人分为主犯、从犯、胁从犯和教唆犯。

1. 主犯

是指组织、领导犯罪集团进行犯罪活动的或者在共同犯罪中起主要作用的犯罪分子。对组织、领导犯罪集团的首要分子，按照集团所犯的全部罪行处罚。对于组织、领导犯罪集团的首要分子以外的主犯，应当按照其所参与的或者组织、指挥的全部犯罪处罚。

2. 从犯

是指在共同犯罪中起次要或者辅助作用的犯罪分子。对于从犯，应当从轻、减轻处罚或者免除处罚。

3. 胁从犯

是指被胁迫参加犯罪的犯罪分子。对于被胁迫参加犯罪的，应当按照他的犯罪情节减轻处罚或者免除处罚。

4. 教唆犯

是指故意唆使他人实施犯罪的犯罪分子。教唆犯必须有教唆他人实施犯罪的故意。如果由于言行不慎，无意中引起他人的犯罪意图的，不能认为是教唆犯。我国《刑法》规定，教唆他人犯罪的，应当按照他在共同犯罪中所起的作用处罚。教唆不满18周岁的人犯罪的，应当从重处罚。如果被教唆的人没有犯被教唆的罪，对于教唆犯，可以从轻或者减轻处罚。

九、刑罚

刑罚，是由《刑法》明文规定的，人民法院依法惩罚犯罪分子的一种最严厉的法律制裁方法。刑罚的基本特征是：①刑罚只能适用于犯罪分子。对违反党纪、政纪的人，对只有一般违法行为而没有构成犯罪的人，都不能适用刑罚；②刑罚由《刑法》明文规定。按照罪刑法定的原则，不仅犯罪需要有成文刑法明确作出规定，而且刑罚也必须由刑法明文作出规定；③刑罚是一种最严厉的法律制裁方法。它不仅可以剥夺犯罪分子的政治权利和财产权利，而且还可以限制和剥夺犯罪分子的人身自由，甚至剥夺犯罪分子的生命。其他法律制裁方法，都不可能达到刑罚制裁的严厉程度；④刑罚只能由人民法院依照法定程序适用。其他任何国家机关、公司、企业、事业单位、人民团体和个人都无权适用刑罚。

我国《刑法》规定，刑罚分为主刑和附加刑。主刑有管制、拘役、有期徒刑、无期徒刑和死刑。附加刑有罚金、剥夺政治权利和没收财产。

对于犯罪的外国人，可以独立适用或者附加适用驱逐出境。

（一）主刑

主刑，是对犯罪分子适用的主要刑罚方法。主刑的特点是只能独立适用，不能附加适用。对于一个犯罪，只能适用一个主刑，不能同时适用两个或两个以上主刑。主刑包括如下几类：

1. 管制

管制，是指由人民法院判决，对犯罪分子不予关押，但限制其一定自由，由公安机关执行的一种刑罚。对于被判处管制的犯罪分子，在劳动中应当同工同酬。管制的期限，为3个月以上2年以下。数罪并罚时管制最高不能超过3年。管制的刑期，从判决之日起计算，判决以前先行羁押的，羁押1日折抵刑期2日。

2011年《刑法修正案（八）》对管制作了修改："对判处管制的犯罪分子，依法实行社区矫正。"同时增加一款规定："判处管制，可以根据犯罪情况，同时禁止犯罪分子在执行期间从事特定活动，进入特定区域、场所，接触特定的人。"如果违反了禁制令，由公安机关依照《中华人民共和国治安管理处罚法》的规定处罚。

2. 拘役

拘役，是指短期剥夺犯罪分子的人身自由，并就近执行的一种刑罚。拘役是介于管制与有期徒刑之间的主刑，主要适用于罪行较轻，需要短期关押的犯罪分子。拘役的期限为1个月以上6个月以下，数罪并罚时，拘役最高不能超过1年。判决之前先行羁押的，羁押1日折抵刑期1日。

3. 有期徒刑

有期徒刑，是指剥夺犯罪分子一定期限的人身自由，并强制其劳动改造的一种刑罚。有期徒刑是我国刑罚中适用最广泛的一种刑罚。有期徒刑的期限为6个月以上15年以下。数罪并罚时，有期徒刑可以超过15年，但有期徒刑总和刑期不满35年的，最高不能超过20年，有期徒刑总和刑期在35年以上的，最高不能超过25年。有期徒刑的刑期从判决之日起计算，判决执行以前先行羁押的，羁押1日折抵刑期1日。

4. 无期徒刑

无期徒刑，是指剥夺犯罪分子的终身自由，并强制其劳动改造的一种刑罚。无期徒刑的特点是剥夺犯罪分子终身自由，但是，并不是说犯罪分子没有改过自新、重新回到社会的机会，只要罪犯参加劳动，接受教育和改造，在服刑期间如果符合法定条件，可以减刑或者假释。在国家发布特赦令的情况下，符合特赦条件也可以被特赦释放。

5. 死刑

死刑，是指剥夺犯罪分子生命的一种刑罚。它是我国刑罚中最严厉的一种刑罚。死刑只适用于罪行极其严重的犯罪分子。犯罪的时候不满 18 周岁的人和审判的时候怀孕的妇女，不适用死刑。2011 年《刑法修正案（八）》增加一条："审判的时候已满 75 周岁的人，不适用死刑，但以特别残忍手段致人死亡的除外。"

判处死刑缓期执行的，在死刑缓期执行期间，如果没有故意犯罪，2 年期满以后，减为无期徒刑；如果确有重大立功表现，2 年期满以后，减为 25 年有期徒刑；如果故意犯罪，查证属实的，由最高人民法院核准，执行死刑。

对被判处死刑缓期执行的累犯以及因故意杀人、强奸、抢劫、绑架、放火、爆炸、投放危险物质或者有组织的暴力性犯罪被判处死刑缓期执行的犯罪分子，人民法院根据犯罪情节等情况可以同时决定对其限制减刑。

（二）附加刑

附加刑，是补充主刑适用的刑罚。它既可以附加适用，也可以独立适用。一个主刑不仅可以适用一个附加刑，而且对于同一犯罪和同一犯罪人可以同时适用两个以上的附加刑。附加刑包括如下几类：

1. 罚金

罚金，是指人民法院判处犯罪分子和犯罪的单位向国家缴纳一定金钱的一种刑罚。人民法院判处罚金，应当根据犯罪情节决定罚金数额。

罚金在判决指定的期限内一次或者分期缴纳。期满不缴纳的，强制缴纳。对于不能全部缴纳罚金的，人民法院在任何时候发现被执行人有可以执行的财产，应当随时追缴。如果由于遭遇不能抗拒的灾祸缴纳确实有困难的，可以酌情减少或者免除。

2. 剥夺政治权利

剥夺政治权利，是指剥夺犯罪分子参加国家管理和政治活动权利的一种刑罚。剥夺政治权利，是指剥夺选举权和被选举权；剥夺言论、出版、集会、结社、游行、示威等自由权利；剥夺担任国家机关职务的权利以及剥夺担任国有公司、企业、事业单位和人民团体领导职务的权利。对于危害国家安全的犯罪分子应当附加剥夺政治权利；对于故意杀人、强奸、放火、爆炸、投毒、抢劫等严重破坏社会秩序的犯罪分子，可以附加剥夺政治权利。

剥夺政治权利的期限，除《刑法》第五十七条规定外，为 1 年以上 5 年以下。判处管制附加剥夺政治权利的，剥夺政治权利的期限与管制的期限相等，同时执行。《刑法》第五十七条规定："对于被判处死刑、无期徒刑的犯罪分子，应当剥夺政治权利终身。在死刑缓期执行减为有期徒刑或者无期徒刑减为有期徒刑的时候，应当把附加剥夺政治权利的期限改为 3 年以上 10 年以下。"

3. 没收财产

没收财产，是指将犯罪分子个人所有财产的一部分或全部强制无偿地收归国有的一种刑罚。没收全部财产的，应当对犯罪分子个人及其扶养的家属保留必需的生活费用。在判处没收财产的时候不得没收属于犯罪分子家属所有或者应有的财产。没收财产以前犯罪分子所负的正当债务，需要以没收的财产偿还的，经债权人请求，应当偿还。

十、刑罚的具体适用

（一）量刑

量刑，是指人民法院依据《刑法》，在认定行为人构成犯罪的基础上，确定对犯罪人是否判处刑罚、判处何种刑罚以及判处多重刑罚的刑事司法活动。对犯罪分子决定刑罚的时候，应当根据犯罪的事实、犯罪的性质、情节和对于社会的危害程度，依照《刑法》的有关规定判处。

犯罪分子具有刑法规定的减轻处罚情节的，应当在法定刑以下判处刑罚；刑法规定有数个量刑幅度的，应当在法定量刑幅度的下一个量刑幅度内判处刑罚。

（二）累犯

被判处有期徒刑以上刑罚的犯罪分子，刑罚执行完毕或者赦免以后，在5年以内再犯应当判处有期徒刑以上刑罚之罪的，是累犯，应当从重处罚，但是过失犯罪和不满18周岁的人犯罪的除外。

危害国家安全犯罪、恐怖活动犯罪、黑社会性质的组织犯罪的犯罪分子，在刑罚执行完毕或者赦免以后，在任何时候再犯上述任一类罪的，都以累犯论处。

（三）自首和立功

1. 自首

自首分为一般自首和特别自首。

一般自首是指《刑法》第六十七条第一款规定的情形：“犯罪以后自动投案，如实供述自己的罪行的，是自首。”一般自首必须具备的条件是：①犯罪分子必须自动投案。自动投案，是指犯罪分子在犯罪之后，归案之前，出于本人的意志而向司法机关或者有关机关承认自己实施了犯罪，并自愿置于有关机关的控制之下，等待进一步交待犯罪事实，并最终接受人民法院裁判的行为；②犯罪分子必须如实供述自己的罪行，即供述自己实施并应由本人承担刑事责任的全部罪行。

特别自首是指我国《刑法》第六十七条第二款规定的情形：“被采取强制措施的犯罪嫌疑人、被告人和正在服刑的罪犯，如实供述司法机关还未掌握的本人其他罪行的，以自首论。”

犯罪嫌疑人虽不具有前两款规定的自首情节，但是如实供述自己罪行的，可以从轻处罚；因其如实供述自己罪行，避免特别严重后果发生的，可以减轻处罚。

对于自首的犯罪分子，可以从轻或者减轻处罚。其中，犯罪较轻的，可以免除处罚。

2. 立功

立功，是指犯罪分子有揭发他人犯罪行为，查证属实的，或者提供重要线索，从而得以侦破其他案件的行为。立功分为一般立功和重大立功。

犯罪分子有一般立功表现的，可以从轻或者减轻处罚，有重大立功表现的，可以减轻或者免除处罚。

（四）数罪并罚

数罪并罚，是指一人犯数罪，人民法院对犯罪分子在法定时间界限内所犯的各罪，分别定罪量刑后，按照法定的并罚原则和方法，酌情决定其应执行的刑罚的制度。

判决宣告以前一人犯数罪的，除判处死刑和无期徒刑的以外，应当在总和刑期以下、数刑中最高刑期以上，酌情决定执行的刑期，但是管制最高不能超过3年，拘役最高不能超过1年，有期徒刑总和刑期不满35年的，最高不能超过20年，总和刑期在35年以上的，最高不能超过25年。

数罪中有判处附加刑的，附加刑仍须执行，其中附加刑种类相同的，合并执行，种类不同的，分别执行。

（五）缓刑

缓刑，是指人民法院对于被判处拘役、3年以下有期徒刑的犯罪分子，根据犯罪分子的犯罪情节和悔改表现，认为暂缓执行原判刑罚确实不致再危害社会的，规定一定的考验期，在考验期限内不再犯新罪或者符合法定的其他条件，原判刑罚就不再执行的刑罚制度。若被判刑的犯罪分子在考验期限内既没有犯新罪，又没有发现漏罪，也没有违反法律、行政法规或者有关规定的行为，缓刑考验期满，原判的刑罚就不再执行并公开予以宣告。对于累犯,不适用缓刑。被宣告缓刑的犯罪分子,如果被判处附加刑,附加刑仍须执行。

对于被判处拘役、3年以下有期徒刑的犯罪分子，同时符合下列条件的，可以宣告缓刑，对其中不满18周岁的人、怀孕的妇女和已满75周岁的人，应当宣告缓刑：①犯罪情节较轻；②有悔罪表现；③没有再犯罪的危险；④宣告缓刑对所居住社区没有重大不良影响。

宣告缓刑，可以根据犯罪情况，同时禁止犯罪分子在缓刑考验期限内从事特定活动，进入特定区域、场所，接触特定的人。

被宣告缓刑的犯罪分子，如果被判处附加刑，附加刑仍须执行。

对于累犯和犯罪集团的首要分子，不适用缓刑。

对宣告缓刑的犯罪分子，在缓刑考验期限内，依法实行社区矫正，如果没有《刑法》第七十七条规定的情形，缓刑考验期满，原判的刑罚就不再执行，并公开予以宣告。

被宣告缓刑的犯罪分子，在缓刑考验期限内，违反法律、行政法规或者国务院有关部门关于缓刑的监督管理规定，或者违反人民法院判决中的禁止令，情节严重的，应当撤销缓刑，执行原判刑罚。

（六）减刑

被判处管制、拘役、有期徒刑、无期徒刑的犯罪分子，在执行期间，如果认真遵守监规，接受教育改造，确有悔改表现的，或者有立功表现的，可以减刑。

有下列重大立功表现之一的犯罪分子，应当减刑：①阻止他人重大犯罪活动的；②检举监狱内外重大犯罪活动，经查证属实的；③有发明创造或者重大技术革新的；④在日常生产、生活中舍己救人的；⑤在抗御自然灾害或者排除重大事故中，有突出表现的；⑥对国家和社会有其他重大贡献的。

减刑以后实际执行的刑期，不能少于下列期限：①判处管制、拘役、有期徒刑的，不能少于原判刑期的 1/2；②判处无期徒刑的，不能少于 13 年；③人民法院依照《刑法》第五十条第二款规定限制减刑的死刑缓期执行的犯罪分子，缓期执行期满后依法减为无期徒刑的，不能少于 25 年，缓期执行期满后依法减为 25 年有期徒刑的，不能少于 20 年。

（七）假释

假释，是指对被判处有期徒刑、无期徒刑的犯罪分子，在执行一定刑期之后，如果认真遵守监规，接受教育改造，确有悔改表现，假释后不致再危害社会，而附有条件地将其提前释放的一种刑罚制度。

被判处有期徒刑的犯罪分子，执行原判刑期1/2以上，被判处无期徒刑的犯罪分子，实际执行13年以上，如果认真遵守监规，接受教育改造，确有悔改表现，假释后不致再危害社会的，可以假释。如果有特殊情况，经最高人民法院核准，可以不受上述执行刑期的限制。对累犯以及因故意杀人、爆炸、抢劫、强奸、绑架等暴力犯罪被判处10年以上有期徒刑、无期徒刑的犯罪分子，不得假释。

对犯罪分子决定假释时，应当考虑其假释后对所居住社区的影响。对假释的犯罪分子，在假释考验期限内，依法实行社区矫正，如果没有《刑法》第八十六条规定的情形，假释考验期满，就认为原判刑罚已经执行完毕，并公开予以宣告。

假释的犯罪分子，在假释考验期限内，有违反法律、行政法规或者国务院有关部门关于假释的监督管理规定的行为，尚未构成新的犯罪的，应当依照法定程序撤销假释，收监执行未执行完毕的刑罚。

（八）时效

刑法中的时效，又称追诉时效，是指依法对犯罪分子追究刑事责任的有效期限。

我国《刑法》第八十七条规定："犯罪经过下列期限不再追诉：①法定最高刑为不满5年有期徒刑的，经过5年；②法定最高刑为5年以上不满10年有期徒刑的，经过10年；③法定最高刑为10年以上有期徒刑的，经过15年；④法定最高刑为无期徒刑、死刑的，经过20年。如果20年以后认为必须追诉的，须报请最高人民检察院核准。"

在人民检察院、公安机关、国家安全机关立案侦查或者在人民法院受理案件后，逃避侦查或者审判的，不受追诉期限的限制。

被害人在追诉期限内提出控告，人民法院、人民检察院、公安机关应当立案而不予立案的，不受追诉期限的限制。

追诉期限从犯罪之日起计算；犯罪行为有连续或者持续状态的，从犯罪行为终了之日起计算；在追诉期限以内又犯罪的，前罪的追诉期限从犯后罪之日起计算。

第五节　婚姻法

一、婚姻法的概念和特点

婚姻法是我国的基本法律之一，是调整婚姻家庭关系的基本法律规范，与每个人的生活密切相关。

婚姻是一定社会制度所确认的男女两性结合的一种社会形式。婚姻法是规定婚姻家庭关系的发生和终止，以及基于这些关系而产生的权利和义务的法律规范的总称。我国现行《婚姻法》是 1980 年 9 月 10 日五届人大第三次会议通过的。2001 年 4 月 28 日第九届全国人大常委会第二次会议通过了对该法的修正案。

婚姻法调整的对象是婚姻家庭方面的人身关系以及由此产生的财产关系。其中人身关系是主要的，财产关系是依人身关系为转移的。婚姻法有以下两个特点：首先，婚姻法具有适用的普遍性。婚姻家庭是一种普遍存在的社会关系。在一国之内，婚姻法是适用于全体公民的普遍法，而不是只适用于部分公民的特殊法。当然，这并不排除法律对某些问题的特殊规定。其次，婚姻法具有伦理性。婚姻家庭关系既是法律关系，又是伦理关系。我国法律和社会主义道德的一致性，在婚姻家庭领域表现的特别明显。法律为婚姻家庭关系的主体规定的权利义务，都是婚姻家庭道德的必然要求。

二、婚姻法的基本原则

我国《婚姻法》第二条规定：“实行婚姻自由、一夫一妻、男女平等的婚姻制度。保护妇女、儿童和老人的合法权益。实行计划生育。”这些内容是调整我国婚姻家庭关系的基本原则。

（一）婚姻自由原则

是指当事人有权依法根据个人的意愿决定自己的婚姻，任何人不得强制和干涉。这是宪法赋予公民的一项基本权利。婚姻自由包括结婚自由和离婚自由两个方面。

结婚自由是指男女双方完全自愿，自主缔结婚姻关系的权利。不许任何人包括父母加以干涉。

离婚自由是指男女双方有决定解除婚姻关系的自由。在夫妻双方感情已完全破裂的情况下，任何一方都有权提出离婚，并通过法定程序要求解除婚姻关系的权利。任何人不得加以干涉和阻碍。

（二）一夫一妻原则

一夫一妻制是指一男一女结为夫妻的婚姻制度，要求任何人只有一个配偶，不得同时有两个或更多的配偶，反对任何形式的一夫多妻或一妻多夫的婚姻。

婚姻法规定禁止重婚。所谓重婚，是指有配偶与他人结婚，或者明知他人有配偶而与之结婚的行为。重婚不但在法律上无效，而且还要受到法律的制裁。《婚姻法》第三条规定“禁止有配偶者与他人同居”。

（三）男女平等原则

男女平等是指男女两性在婚姻关系和家庭生活各方面都享有平等权利，负有平等的义务。我国《宪法》第四十八条规定：“中华人民共和国妇女在政治的、经济的、文化的、社会的和家庭的生活等各方面享有同男子平等的权利。”其主要包括以下内容：首先，婚姻权利平等。即在结婚和离婚方面，男女双方的权利和义务是平等的。其次，夫妻在人身关系和财产关系方面的权利和义务是平等的。再次，父母抚养、教育子女的权利和义务是平等的。

最后，其他不同性别的家庭成员在家庭中的权利和义务是平等的。

（四）保护妇女、儿童和老人的合法权益原则

妇女、儿童和老人是社会中的弱势群体，强调对他们的保护，对于维护他们的合法权益有特殊意义。保护妇女、儿童和老人的合法权益是婚姻法的一项基本原则，也是社会主义精神文明的一个重要标志。我国《婚姻法》第三条第二款规定：“禁止家庭暴力。禁止家庭成员间的虐待和遗弃。”

保护妇女的合法权益是男女平等原则的重要补充。目前男女两性在婚姻家庭中的地位还存在着某些实际的差别。重男轻女的现象在一些人的头脑中依然存在。因此，从实际出发，对妇女的合法权益加以特殊的保护是完全必要的。我国《婚姻法》规定，妇女在怀孕期间、分娩 1 年内或中止妊娠后 6 个月内，男方不得提出离婚。此外，离婚时分配共同财产，人民法院根据财产的具体情况，应根据照顾女方和子女权益的原则来处理等。这些无不体现了特别保护妇女权益的原则。

儿童是祖国的未来，保护儿童的合法权益是整个社会的任务，也是家庭的重要职能。为了保护儿童的合法权益，《婚姻法》规定：父母有抚养教育子女的义务，禁止溺婴、弃婴和其他残害婴儿的行为；子女有继承父母遗产的权利，非婚生子女、养子女享有和婚生子女同等的权利。

尊敬老人是中华民族的传统美德。保护老人的合法权益也是社会和家庭的一项重要责任。为了保护老人的合法权益，我国《婚姻法》规定，子女有赡养扶助父母的义务，对失去子女的祖父母、外祖父母，有负担能力的孙子女、外孙子女有赡养的义务。

（五）实行计划生育原则

计划生育就是指有计划地调整人口增长速度，控制人口的增长率，提高人口的素质。实现计划生育的基本要求，就是晚婚、晚育、优生、优育。实行计划生育是夫妻双方的共同义务。计划生育是我国的一项基本国策，也是婚姻法的一项基本原则。

三、结婚

结婚是男女双方依照法律规定的条件和程序，确立夫妻关系的重要法律行为。结婚必须符合法定的条件和程序，否则，就得不到国家的承认和法律的保护。

（一）结婚的法定条件

按照我国《婚姻法》的规定，结婚条件分为必须具备的条件和禁止性的条件。

1. 结婚的必备条件

首先，必须男女双方完全自愿。婚姻的主体必须是异性男女，我国法律不允许同性结婚。男女双方是否结婚、与谁结婚，应当完全由当事者本人决定。

其次，必须达到法定婚龄。《婚姻法》第六条规定："结婚年龄，男不得早于22周岁，女不得早于20周岁。晚婚晚育应予鼓励。"这种法律规定的结婚最低年龄，叫做法定年龄。法律提倡晚婚，而不是强制晚婚，如果男女双方已达婚龄，又符合其他结婚条件，要求结婚的，应予登记，任何单位和个人不得随意干涉，也不能擅自提高结婚年龄标准。

再次，必须符合一夫一妻制，实行一夫一妻制，禁止重婚，男女一方或双方已有配偶的不得结婚。

2. 禁止结婚的条件

首先，有法律规定的亲属关系的人之间禁止结婚。《婚姻法》规定，直系血亲和三代以内的旁系血亲禁止结婚。血亲主要是指出于同一祖先，有血缘关系的亲属。我国禁止结婚的血亲有两类：一是直系血亲。直系血亲是指与自己有直接血缘关系的亲属，即生育自己和自己生育的上下各代亲属，包括父母子女间，祖父母、外祖父母与孙子女、外孙子女间。二是旁系血亲，是指与自己有间接血缘关系的亲属，即除直系血亲以外，在血缘上与自己出于同源的亲属，如自己的同胞兄弟姐妹、堂兄弟姐妹、叔、伯、姑、舅、姨等。三代以内旁系血亲是指从自己算起往上数三代的血亲，包括:同源于父母的兄弟姐妹(含同父异母、同母异父的兄弟姐妹);同源于祖父母的堂兄弟姐妹之间或姑表兄弟姐妹之间;同源于外祖父母的姨表或舅表兄弟姐妹之间;不同辈的叔、伯、姑、舅、姨与侄(侄女)、甥(甥女)之间。禁止近亲结婚是优生学的需要,也是民族健康发展和社会进步的需要。

其次,患有医学上认为不应当结婚的疾病,禁止结婚。为了男女双方的健康和婚姻家庭的幸福,患有医学上禁止结婚的疾病尚未治愈的应以对双方负责的态度自觉的依法办事。结婚前应积极的进行婚前检查。以避免婚后出现不必要的纠纷。《婚姻法》规定,婚前患有医学上认为不应当结婚的疾病,婚后尚未治愈的,属无效婚姻。

(二)结婚法定程序

1. 结婚登记

结婚的法定程序即法律规定的男女建立结婚关系所必须履行的程序。我国采取法律婚,即实行婚姻登记制度。《婚姻法》第八条规定:"要求结婚的男女双方必须亲自到婚姻登记机关进行结婚登记。符合本法规定的,予以登记,发给结婚证。取得结婚证,即确立夫妻关系。"婚姻登记包括结婚登记、离婚登记和复婚登记。

2. 结婚登记机关

办理结婚登记的机关,在城市是市辖区、不设区的市人民政府的民政部门,在农村是乡、民族乡、镇的人民政府。

3. 结婚登记程序

结婚登记大致分为申请、审查和登记三个环节。

申请。中国公民在中国境内申请结婚必须双方亲自到一方户口所在地的婚姻登记机关申请结婚登记。填写结婚申请书。申请时,应持本人身份证、户口证明以及婚前健康检查证明等证件。

审查。婚姻登记机关对当事人的申请应当进行审查,查明结婚申请是否符合结婚条件,必要时,可要求当事人提供有关证明材料。

登记。结婚登记机关对符合结婚条件的，应当予以登记，并发给结婚证。如果申请结婚登记的当事人受单位或他人干涉，不能获得所需证明时，结婚登记机关查明确实符合结婚条件，应当予以登记。

（三）无效婚姻和可撤销婚姻

1. 无效婚姻

无效婚姻是违反结婚法定条件的婚姻。《婚姻法》规定有下列情形之一的婚姻无效：重婚的；有禁止结婚的亲属关系的；婚前患有医学上认为不应当结婚的疾病，婚后尚未治愈的；未到法定婚龄的。

对于无效婚姻，当事人以及利害关系人可以向婚姻登记机关或人民法院提出该婚姻无效；婚姻登记机关或人民法院应当宣告该婚姻无效。

2. 可撤销婚姻

可撤销婚姻是指一方因受胁迫结婚的，受胁迫方可以向婚姻登记机关或人民法院请求撤销该婚姻。

3. 无效婚姻及可撤销婚姻的法律后果

无效婚姻或可撤销婚姻，自始无效。当事人之间不具有夫妻的权利和义务，但同居期间所有的财产，除重婚的以外，按共同财产分割；有过错的一方，可以少分或不分财产。当事人所生的子女，适用婚姻法有关父母子女之间的权利和义务的规定。

四、家庭关系

家庭关系是社会关系的重要组成部分，包括夫妻关系、父母子女关系和其他成员关系。

（一）夫妻关系

夫妻关系是指由合法婚姻而产生的男女之间的人身和财产方面的权利义务关系。它是家庭的基础和核心。我国《婚姻法》规定，夫妻在家庭中地位平等，任何一方都不能只享受权利而不承担义务，或只承担义务而不享受权利，这是处理婚姻关系的基本原则。

1. 夫妻间的人身关系

（1）姓名权。我国《婚姻法》第十四条规定：“夫妻双方都有各用自己姓名的权利。”双方都可以保持自己姓名的独立，不因结婚而改变。双方所生子女可以随父姓，也可以随母姓。

（2）夫妻都有参加生产、工作、学习和社会活动的自由。一方不得对他方加以限制和干涉。这是夫妻家庭地位平等的具体体现。

（3）夫妻都有实行计划生育的义务。计划生育是婚姻法的一项基本原则，也是我国的一项基本国策。夫妻双方都有义务实行计划生育，而不是单方的义务。

2. 夫妻财产关系

夫妻财产包括夫妻共同财产、个人特有财产和约定财产。

夫妻对于共同所有的财产，享有平等的处理权。《婚姻法》规定：夫妻在婚姻关系存续期间所得的财产归夫妻共同所有。夫妻共同财产包括：工资，奖金；从事生产、经营的收益；知识产权的收益；继承或赠与所得的财产，但遗嘱或赠与合同中确定只归夫或妻一方的财产除外；其他应当归共同所有的财产。

夫妻共同财产不包括夫或妻个人特有财产、子女的财产和其他家庭成员的财产。《婚姻法》规定，有下列情况之一的为夫妻一方财产，双方另有规定的除外：一方的婚前财产；一方因身体受到伤害获得的医疗费、残疾人生活补助费等费用；遗嘱或赠与合同中确定只归夫或妻一方的财产；一方专用的生活用品；其他应当归一方的财产。

约定财产。夫妻可以约定婚姻关系存续期间所得的财产以及婚前财产归各自所有，共同所有，部分各自所有，部分共同所有。该约定对双方都有约束力。夫妻对婚姻关系存续期间的财产约定归各自所有的，夫或妻一方对外所负的债务，第三人知道该约定的，以夫或妻一方所有的财产清偿。

夫妻有相互继承遗产的权利，夫妻双方相互继承遗产的权利是以夫妻间的人身关系为前提的。夫妻一方死亡后，另一方有继承一方遗产的权利。

夫妻有相互扶养的义务。扶养是指夫妻双方在物质上和生活上的相互扶助、互相供养。当一方因患病、年老等引起生活困难时，对方应承担扶养义务。如果一方不履行扶养义务，需要扶养的一方有向人民法院提起诉讼，要求对方给付扶养费的权利。

（二）父母子女关系

父母子女关系也称亲子关系，是指父母子女之间基于身份而产生的权利义务关系。可分为自然血亲的父母子女关系和拟制血亲的父母子女关系。自然血亲是基于出生的事实而发生的，自然血亲的子女包括婚生子女和非婚生子女。拟制血亲是指彼此本无血缘关系，但法律因其符合一定的条件，确认其与自然血亲具有同等权利义务关系。拟制血亲的父母子女关系包括养父母与养子女，继父母与继子女关系。我国《婚姻法》规定，养父母与养子女、继父母与受其抚养教育的继子女之间的权利义务关系适用《婚姻法》关于父母子女关系的规定。

1. 父母有抚养教育子女的义务；子女对父母有赡养扶助的义务

我国《婚姻法》第二十一条规定："父母对子女有抚养教育的义务。"同时还规定："父母不履行抚养义务时，未成年的或不能独立生活的子女，有要求父母付给抚养费的权利。"这一规定表明，父母对未成年子女的抚养教育义务是无条件的，不得随意推诿的。而对成年子女则是有条件的，对于不能独立生活的或生活有困难的成年子女，父母应根据需要负担其生活费或适当给予物质帮助。同样《婚姻法》也规定，子女对父母有赡养扶助的义务，子女不履行赡养扶助义务时，无劳动能力的或生活有困难的父母，有要求子女给付给赡养费的权利。《婚姻法》还规定，子女应当尊重父母的婚姻权利，不得干涉父母再婚以及婚后的生活；子女对父母的赡养义务，不因父母的婚姻关系变化而终止。

2. 夫妻有保护和教育未成年子女的权利和义务；在未成年子女对国家、集体或他人造成损害时，父母有承担民事责任的义务

3. 父母和子女有相互继承遗产的权利

父母子女关系适用于婚生父母子女、非婚生父母子女、养父母子女、继父母和受其抚养教育的继子女之间的关系。

（三）其他家庭成员之间的关系

1. 祖父母、外祖父母与孙子女、外孙子女间的抚养或赡养义务

我国《婚姻法》第二十八条规定："有负担能力的祖父母、外祖父母，对于父母已经死亡或父母无力抚养的未成年的孙子女、外孙子女，有扶养的义务。"由此可见，祖父母、外祖父母对孙子女、外孙子女的抚养义务是有条件的。同样，有负担能力的孙子女、外孙子女，对于子女已经死亡或子女无力赡养的祖父母、外祖父母，有赡养的义务。

2. 兄弟姐妹之间的抚养义务

《婚姻法》规定，有负担能力的兄、姐，对于父母已经死亡或父母无力抚养的未成年的弟、妹，有扶养的义务。由兄、姐扶养长大的有负担能力的弟、妹，对于缺乏劳动能力又缺乏生活来源的兄、姐，有扶养的义务。

五、离婚

离婚是指夫妻双方依照法律程序、协议或由法院判决解除婚姻关系的法律行为。离婚不仅直接涉及夫妻双方的人身关系、财产关系发生的变化，而且还涉及子女的抚养教育和亲属关系等问题，对家庭和社会也会造成一定的影响。因此，妥善正确的处理离婚问题，对保护夫妻双方的合法权益，促进社会安定，有着重要的意义。

（一）离婚的条件和程序

离婚有两种不同的法律程序，男女双方自愿离婚的，需依行政程序办理离婚登记。一方要求离婚的，可由有关部门进行调解

或直接向人民法院提起诉讼。

1. 协议离婚

协议离婚是指夫妻双方自愿解除婚姻关系，并对离婚后子女抚养和夫妻财产的处理达成协议的，经过我国有关行政部门认可即可解除婚姻关系。

协议离婚必须具备的条件：当事人双方必须为合法夫妻关系；双方当事人具有完全民事行为能力；当事人双方自愿离婚；必须对子女的抚养教育达成一致的协议；必须对夫妻共同财产进行适当处理。

协议离婚的程序：当事人申请离婚的必须双方亲自来到婚姻登记机关申请离婚；婚姻登记机关对离婚协议进行审查，对符合离婚条件的予以登记，发给离婚证。

2. 诉讼离婚

诉讼离婚是指夫妻双方对离婚或离婚后子女抚养或财产分割等问题不能协议达成共识，夫妻一方向人民法院提起离婚诉讼，由人民法院依法审理，以调解或判决方式结案的离婚制度。

调解是在人民法院审判人员的主持下，本着夫妻双方当事人达成协议的一种方式。调解必须经双方自愿，依法进行；调解无效，依法进行判决。根据事实和法律，可以判决离婚，亦可以判决不准离婚。

判决离婚的法律条件。夫妻感情已破裂，调解无效，这是我国判决离婚的法律条件。如果夫妻双方感情确已破裂，又无和好的可能，则应准予离婚。《婚姻法》列举了调解无效，准予离婚的几种情况：①实施家庭暴力或虐待、遗弃家庭成员的；②重婚或有配偶与他人同居的；③有赌博、吸毒等恶习屡教不改的；④因感情不和分居满两年的；⑤其他导致夫妻感情破裂的情形。若一方被宣告失踪，另一方提出离婚的，应准予离婚。

3. 有关离婚的特别规定

我国《婚姻法》规定，现役军人的配偶要求离婚，须得军人同意。但现役军人有重大过错的，不在此限。这体现了对现役军人这一特殊群体婚姻家庭的保护，对安定军心、巩固国防、维护军人的合法权益具有重要的意义。同时在一定程度上也保护了现役军人配偶离婚自由的合法权益。

（二）离婚后的父母子女关系

父母与子女的关系，不因父母离婚而消除。离婚后，父母对子女仍有抚养和教育的权利和义务。

《婚姻法》第三十七条规定："离婚后，一方抚养的子女，另一方应负担必要的生活费和教育费的一部或全部，负担费用的多少和期限的长短，由双方协议；协议不成时，由人民法院判决。"抚育费应定期给付，有条件可一次性给付，一般是至子女 18 周岁为止。

《婚姻法》规定，离婚后，不直接抚养子女的一方有探视子女的权利，另一方有协助的义务。行使探视权利的方式、时间由当事人协商，协商不成时，由人民法院依法判决。父或母探视子女，不利于子女身心健康的，由人民法院依法中止其探视的权利；中止的事由消失后，应当恢复探视的权利。

（三）离婚时的财产分割

离婚时，夫妻双方的共同财产由双方协议处理；协议不成时，任何一方都有权向法院提起诉讼，由人民法院根据财产的具体情况，照顾女方和子女权益的原则判决。具体按如下原则处理：①夫妻双方书面约定婚姻关系存续期间财产归各自所有，一方因抚养子女、照料老人、协助另一方工作等付出较多义务时，离婚时可以向另一方请求补偿；②夫妻共同财产，原则上均等分割；③离婚时，原为夫妻共同生活所欠的债务，以共同财产偿还。如果共同财产不足清偿的，或财产归各自所有的，有双方协议清偿，协议不成时，由人民法院判决；④离婚时，一方隐藏、转移、变卖、毁损夫妻共同财产，或伪造债务企图侵占另一方财产的，人民法院可以依照妨碍民事诉讼的规定予以制裁。分割夫妻共同财产时，有上述行为的一方，可以少分或不分财产。离婚后，发现有上述行为的，另一方可以向人民法院提起诉讼，请求再次分割共同财产；⑤离婚时如一方生活困难，另一方应从其住房等个人财产中给予适当的帮助。具体办法由双方协议解决，协议不成时，由人民法院判决。

第六节　继承法

一、继承法的概念和基本原则

（一）继承法的概念

继承从法律上讲是指财产继承，即公民死亡后依法或依其生前所立的合法遗嘱，将其遗留的个人合法财产和其他合法权益转移给他人所有的一种法律制度。

继承法是调整财产继承关系的法律规范的总称。遗留财产的死者，是被继承人；依法或依遗嘱取得财产的人，是继承人。被继承人遗留的个人合法财产和其他合法权益，叫做遗产；继承人依照法律规定或依被继承人生前所立遗嘱的指定而取得遗产的权利，叫做继承权。

（二）继承法的基本原则

1. 继承权男女平等原则

继承权男女平等原则是指：被继承人不论男女有同样的处分自己遗产的权利；同一顺序的继承人不分男女都享有平等的继承权；夫妻双方都有继承对方遗产的权利。

2. 养老育幼原则

养老育幼是中华民族的传统美德，继承法也把它作为一项基本的原则，规定对生活有特殊困难的缺乏劳动能力的继承人，分配遗产时应当适当予以照顾，应当为未出生的胎儿保留继承份额。

3. 和睦团结、互谅互让的原则

在继承财产时，继承人应本着互谅互让、和睦团结的精神，友好协商，妥善处理遗产继承问题。分割遗产时，应适当考虑各继承人的实际经济状况，与被继承人的关系，对家庭的贡献等各种因素，互相协商来确定各继承人的继承份额。对生活有困难或缺乏劳动能力的继承人，分配遗产时，应当予以照顾。

4. 权利和义务一致的原则

主要表现在：一是继承人的范围、继承顺序的划分，除因血缘关系和亲属关系外，还有权利义务关系。一般情况下，第一顺序继承人与被继承人之间的生活依赖程度以及所尽扶养义务要大于第二顺序的继承人，所以优先继承；继父母与继子女之间的继承权根据双方是否形成抚养关系来确定；丧偶的儿媳对公婆、丧偶的女婿对岳父母尽了主要赡养义务人的，列为第一顺序继承人；在同一顺序中，对被继承人尽了主要赡养义务的继承人，可多分遗产。二是有扶养能力而不尽扶养义务的继承人，应当不分或少分遗产。三是继承人对被继承人有遗弃、虐待、甚至故意杀害的行为的，其依法丧失继承权。

二、遗产的概念和范围

遗产是指公民死亡时遗留下来的个人合法财产和其他合法权益。遗产是继承人继承的标的或对象，是继承法律关系的客体，不仅包括财产权利（积极财产），也包括财产义务（消极财产）。遗产具有如下法律特征：①遗产是公民死亡时遗留的财产。公民死亡包括自然死亡和宣告死亡。公民活着时，其财产不是遗产；②遗产是公民个人的财产。公民个人财产包括公民个人单独所有的财产，也包括公民与他人共有财产中应属该公民所有的份额；③遗产是公民的合法财产。非法侵占的国家的、集体的或者其他公民的财产，以及依照法律规定不允许公民所有的财产，不能成为遗产。

遗产范围就是遗产内容所涉及的范围。《继承法》规定遗产范围包括：①公民的收入；②公民的房屋、储蓄和生活用品；③公民的林木、牲畜和家禽；④公民的文物、图书资料；⑤法律允许公民所有的生产资料；⑥公民的著作权、专利权中的财产权利；⑦公民的其他合法财产。

此外，公民个人承包应得的收益可以继承。个人承包，依照法律允许有继承人继续承包的，按承包合同办理。公民生前承包的山林、养殖等，其死亡时，尚未取得承包收益的，可把死者生前对承包投入的资金和所付出的劳动及其孳息和增值，有关单位或继续承包人合理折价、补偿，其价额作为遗产。

根据法律、法规和司法解释，下列财产不能纳入遗产范围：

第一，国家或集体职工因公死亡、革命军人牺牲或病故、公民因交通事故或其他意外事故而死亡时，有关国家机关、企事业单位、社会团体依照国家制定的劳动保险法规定、革命军人牺牲与病故抚恤的规定、交通安全法规定或其他有关法律规定，给予受该死者生前抚育、扶助和赡养的家属一定金额的抚恤费和其他生活补助费。

第二，人身保险金。按照保险法的规定，被保险人如果指定了第三人为其人身保险合同的收益人时，如果被保险人死亡，收益人可直接请求保险人向其支付保险金，该保险金不列入被保险人遗产范围。当然，如果被保险人没有指定受益人的，该保险金仍属被保险人遗产范围内。

应该说明的是，如果家庭财产未分割，应先分割，确定哪些财产属死者所有，只有属死者的那份财产才能列入遗产范围。死者生前赠与他人的财产也不能列入遗产范围。只有使用权而没有所有权的财产，不能当做遗产（如租赁的房屋、承包地、自留地、鱼塘等）。经国家有关机关鉴定认为应由国家保存的文物、档案、文件、物件等，应归国家所有，不能列入遗产。上交国家后，有关机关给予的报酬，可列入遗产范围。与人身相联系的权利、义务不能列入遗产范围（如死者生前由国家给予的抚养费、残废扶助费等）。死者死后家属所领取的抚恤金、家庭生活困难补助金，是国家用来抚恤和帮助死者扶助生活困难的家庭和依靠死者生活的未成年人和丧失劳动能力的亲属的，也不属于遗产范围。如果是夫妻一方死亡，夫妻共同生活时的一些生活必需品，原则上不应作为遗产分割，应留给死者生前的配偶继续使用。

三、继承开始的时间

（一）继承开始的时间

继承从被继承人死亡时开始。因失踪被宣告死亡的，从法院判决中确定的失踪人死亡之日开始。

（二）丧失继承权的情况

在继承人有下列情况下，继承人丧失对遗产的继承权：①继承人故意杀害被继承人的。继承人故意杀害被继承人，不论既遂还是未遂，都会丧失继承权。因过失导致被继承人死亡的，不丧失继承权；②为争夺遗产而杀害其他继承人的。如果不是为了争夺遗产而杀害其他继承人的，不丧失继承权；③遗弃被继承人的，或虐待被继承人情节严重的；④伪造，篡改或者销毁遗嘱，情节严重的。

四、遗产的分割

（一）遗产分割的概念

遗产分割是指各共同继承人之间按其应继承份额分配遗产的行为。遗产分割只能发生在数名继承人共同继承的场合，如果只有一个继承人，就无所谓遗产的分割。遗产分割的标的是遗产，应以分割时现存的遗产为限。

（二）遗产分割的原则和方法

1. 遗产分割的原则

（1）互谅互让、协商分割。继承人应当本着互谅互让、和睦团结的精神，协商处理继承问题。遗产分割的时间、办法和份额，由继承人协商确定。协商不成的，可以由人民调解委员会调解或者向人民法院提起诉讼。

（2）应当保留胎儿的继承份额。遗产分割时，应当保留胎儿的继承份额。胎儿出生时是死体的，保留的份额按照法定继承办理。

（3）不损害遗产的效用。分割遗产中的房屋、生产资料和特定职业所需要的财产时，应依据有利于发挥其使用效益和继承人的实际需要，兼顾各继承人的利益进行处理。

2. 遗产分割的方法

遗产分割时，为充分发挥遗产效用，可根据遗产的性质、种类、使用方法等情况，采用以下方法进行分割：①实物分割。当遗产为可分物时，可按各继承人继承的份额，对遗产进行实际分割，使各继承人取得其应得部分的实物；②折价分割、适当补偿。对不宜分割的遗产，可采取折价分割、适当补偿的方法进行分割。对既不能实物分割，又无法折价分割的遗产，可采取共有的形式。

（三）遗产分割的效力

1. 遗产分割的效力始于继承开始之时

遗产分割的过程，就是共同继承人将其应继承份额从共同财产中特定化的过程。遗产分割后，各共同继承人的应继承份额从共同财产中分离出来，为各继承人实际取得而占有。至此，财产共有关系消灭。

2. 各共同继承人相互间对遗产的担保责任

《继承法》对遗产分割后各共同继承人相互间对遗产的担保责任未予规定，但现实生活中，往往出现遗产分割后，某继承人分得的遗产有瑕疵，或被追夺，或债权不能被偿付等情况。为维护各共同继承人应得的利益，使遗产的分割公平合理，各共同继承人相互之间对分得的遗产应承担一定的担保责任。在遗产分割后，如某继承人分得的遗产有瑕疵，或被追夺，或债权不能被偿付时，他有权请求其他共同继承人重新按各应继承份额分割遗产，而其他共同继承人则负有按其请求重新分割遗产，对该继承人予以补偿的义务。

五、法定继承

（一）法定继承的概念和特点

法定继承是指继承人的范围、继承顺序以及遗产分配的原则，均是按照法律规定处理的一种继承方式，又叫做无遗嘱继承。

法定继承有以下特点：法定继承是以一定的人身关系为前提的，也就是以被继承人与继承人之间的婚姻、家庭和血缘关系为依据而成立的继承关系；法定继承人的范围，继承顺序和遗产分配的原则都是由法律做出规定，除被继承人生前依法以遗嘱方式改变外，其他人没有权力变更。

有下列情况之一者，可适用法定继承：①被继承人生前没有遗嘱或遗赠的；②有遗嘱，但未处分财产；③遗嘱继承人或受遗赠人先于被继承人死亡；④遗嘱继承人或受遗赠人放弃继承；⑤无效遗嘱或部分无效遗嘱所处分的财产；⑥遗嘱继承人丧失继承权的；⑦胎儿为死体的，为其保留的份额也按法定继承处理。

（二）法定继承人的顺序和范围

法定继承的顺序，就是法定继承人继承遗产的先后次序。这是根据继承人与被继承人的血缘关系的远近及经济上相互依赖程度决定的。《继承法》规定，遗产按下列顺序继承：第一顺序为配偶，子女，父母；第二顺序为兄弟姐妹，祖父母，外祖父母。继承开始以后，由第一顺序继承人继承，第二顺序继承人不继承。没有第一顺序继承人继承的，由第二顺序继承人继承。同一顺序的继承人之间有平等的继承权。婚生子女、非婚生子女、养子女和有抚养关系的继子女具有同等的继承权。另外，《继承法》第十二条规定：“丧偶儿媳对公、婆，丧偶女婿对岳父、岳母，尽了主要赡养义务的，作为第一顺序继承人。”

（三）代位继承和转继承

代位继承是指被继承人的子女先于被继承人死亡，被继承人的子女的晚辈直系血亲可以代替被继承人的子女继承其应继承的遗产。在代位继承关系中，已先于被继承人死亡的继承人，简称被代位人；代替被代位人继承遗产的人，叫代位继承人。

代位继承人只限于被继承人子女先于被继承人死亡的情况。代位继承人只能是被代位人的晚辈直系血亲，被继承人的旁系亲属或长辈直系血亲都没有代位继承权。代位继承人只能继承被代位继承人应继承的份额。

代位继承只适用于法定继承。遗嘱继承人、受遗赠人先于被继承人死亡的，不适用代位继承。遗产中的有关部分应按法定继承来处理。

转继承是指被继承人死亡后，继承人还没来得及接受遗产就死亡的，他所应继承的份额转归他人继承，又称再继承、连续继承。转继承必须是继承人在继承开始以后，遗产分割前死亡，并且继承人没有丧失或放弃继承权的，才可适用转继承。

六、遗嘱继承

（一）遗嘱

1. 遗嘱的概念和特征

遗嘱是指遗嘱人生前在法律允许的范围内，按照法律规定的方式对其遗产或其他事务所作的个人处分，并于遗嘱人死亡时发生效力的法律行为。

2. 遗嘱成立的必备条件

（1）立遗嘱人必须具有完全民事行为能力。无行为能力或者限制行为能力人所立遗嘱无效。遗嘱人立遗嘱时有行为能力，后来丧失了行为能力，不影响遗嘱的效力。

（2）遗嘱必须是遗嘱人本人真实意思的表示。立遗嘱是遗嘱人按自己的意愿处分自己身后财产的法律行为。因受胁迫、欺骗所立遗嘱不能反应遗嘱人的真实意愿，所立遗嘱无效。

（3）遗嘱人必须按法定的程序和方式立遗嘱，遗嘱内容必须合法。

（4）如果取消或减少法定继承人中未成年人、无劳动能力又无生活来源的人，以及未出生的胎儿对遗产的应继承份额，那也是无效的。

3. 遗嘱的形式

（1）公证遗嘱。公证遗嘱是经过国家公证机关办理了公证手续的遗嘱。遗嘱人必须亲自到有管辖权的公证机关或请公证人员到现场办理遗嘱公证，不能委托他人代为办理。

（2）自书遗嘱。自书遗嘱是由遗嘱人亲自书写的遗嘱，须由遗嘱人亲自签名，注明年、月、日。

（3）代书遗嘱。代书遗嘱是委托他人代笔书写的遗嘱。应当由遗嘱人指定两个以上的见证人在场，由其中一人代书，注明年、月、日，代书人宣读遗嘱，遗嘱人认定无误后，由代书人、其他见证人和遗嘱人签名。

（4）录音遗嘱。录音遗嘱是以录音形式制作的遗嘱。录音遗嘱应当由两个以上的见证人在场见证。

（5）口头遗嘱。口头遗嘱是在危急情况下，遗嘱人用口述的方式所立的对其遗产进行处分的遗嘱。口头遗嘱应由两个以上见证人在场见证。危急情况解除后，遗嘱人能够用书面或者录音形式立遗嘱的，所立的口头遗嘱无效。

遗嘱人立遗嘱后，如果认为原立遗嘱不妥有权利加以变更或撤销。遗嘱人以不同形式立有数份内容相抵触的遗嘱时，其中有公证遗嘱的，以最后所立公证遗嘱为准；没有公证遗嘱的，以最后一份遗嘱为准。自书、代书、录音、口头遗嘱都不能撤销、变更公证遗嘱。撤销遗嘱后未立新遗嘱的，其财产按法定继承的方式办理。

（二）遗嘱继承

遗嘱继承是指按照遗嘱人生前所立的遗嘱确立遗产的继承人及遗产处理的一种继承方式。遗嘱继承中，遗产的继承人及其继承遗产的数额都是由被继承人在遗嘱中指定的，因此，遗嘱继承也称“指定继承”。立遗嘱的被继承人叫做遗嘱人，接受遗嘱的指定继承人叫做遗嘱继承人。遗嘱继承和法定继承都是继承方式，但应首先按遗嘱的规定进行遗嘱继承；在没有遗嘱或遗嘱被法院判决无效时，才按法定继承方式进行。

遗嘱继承具有如下法律特征：

第一，遗嘱继承是单方法律行为。公民设立遗嘱不需要征得继承人或其他组织和个人的意见，只要本人通过一定的形式做出意思表示，就发生法律效力。遗嘱人根据自己的意愿，还可以变更或撤消所立的遗嘱，无须他人商议。

第二，遗嘱是遗嘱人死后生效的法律行为。遗嘱是遗嘱人生前所为的法律行为，然而这种法律行为在生前只是对个人财产进行了预先处分，它的法律效力应当从遗嘱人死亡开始。

第三，遗嘱人必须具有遗嘱能力。只有具备完全行为能力的人，才有遗嘱能力，凡是没有行为能力或者限制行为能力的人所立的遗嘱均不能发生法律效力。

遗嘱人通过遗嘱处分其财产有两种基本情况：一种情况是通过遗嘱规定在其死亡后遗产由哪些法定继承人继承，或规定各法定继承人的继承份额。法定继承人依遗嘱继承遗产，称为遗嘱继承。另一种情况是通过遗嘱规定在其死亡后将其财产的全部或一部分赠予法定继承人以外的个人或者组织。这种情况称为遗赠。

（三）遗赠

遗赠是指公民以遗嘱方式将其财产的一部分或全部赠给国家、集体组织、社会团体或者法定继承人以外的人，并于遗嘱人死亡时生效的法律行为。遗赠和遗嘱继承相比有如下特点：

第一，遗赠是遗赠人死亡时生效的单方无偿民事法律行为。只要将遗赠内容载入遗嘱，不需要受遗赠人同意即为有效。

第二，遗赠只能是遗产的财产权利，而不包括财产义务。即受遗赠人不承担遗嘱人所欠税款和债务的义务，只是在遗嘱执行人或继承人清偿遗嘱人所欠的税款和债务后才接受遗赠的财产。

遗嘱继承人在继承遗产的同时，也继承了遗嘱人所欠的税款和债务。但清偿的原则以遗产的实际价值为限。

第三，受遗赠人可以是国家、集体组织、社会团体或者是法定继承人以外的人。而遗嘱继承人只能是法定继承人范围以内的人。

（四）遗赠扶养协议

遗赠扶养协议是指受扶养人和扶养人之间关于扶养人承担受扶养人的生养死葬的义务，受扶养人将自己所有的财产遗赠给扶养人的协议。遗赠扶养协议自签订时生效。遗赠扶养协议的法律效力高于法定继承和遗嘱继承。

解除遗赠扶养协议的法律后果：扶养人无正当理由不履行扶养义务，致使协议解除的，不能享有受遗赠的权利，其支付的扶养费用一般不予补偿，遗嘱人无正当理由不履行协议中的义务，致使协议解除的，应当偿还扶养人已支付的供养费用。

七、被继承人债务的清偿

（一）被继承人债务的确定

被继承人的债务，是指被继承人生前个人依法应当缴纳的税款和其他应由他承担的财产义务。被继承人的债务，一般应由其本人履行，但如果被继承人死亡，其遗留的个人债务，就成为继承法律关系客体的组成部分，由继承被继承人遗产的继承人承担清偿责任。但是，只有被继承人死亡时遗留的具有财产性的个人债务，才能成为继承法律关系客体的组成部分，而被继承人死亡时遗留的某些具有人身性质的个人债务，不能让渡给他人，故不能作为继承法律关系的客体。

被继承人的债务往往由两部分构成：一是以被继承人个人名义发生的，并应由其个人承担的债务；二是在共同债务中，应由被继承人个人承担的债务份额。在确定被继承人的债务时，应当注意下述两个问题：

第一，被继承人的债务应与家庭共同债务相区别。家庭共同债务，是指基于家庭全体成员共同生活的需要而欠下的债务。无论以谁的名义欠下的家庭共同债务，都应以家庭共同财产偿还。如家庭共同财产不足清偿时，则由家庭成员分担偿还责任，其中应由被继承人偿还的部分，应列入其个人债务之中。

第二，被继承人的债务应当与以被继承人的名义所欠的债务相区别。以被继承人的名义所欠的债务，并不一定都是遗产债务。下列情况的债务，虽然名义上是被继承人所欠之债，但不属于遗产债务：①以被继承人的名义所欠的，用于家庭生活所需的债务，此种债务实质上是家庭共同债务；②被继承人因继承人不尽抚养、扶养、赡养义务，迫于生活所需而以个人名义所欠下的债务。至于继承开始后处理事务所发生的债务（又叫与继承有关的费用），如遗产管理费用、遗产分割费用等，属于在遗产分割前遗产本身的消耗花费，可直接从遗产中扣除。

（二）清偿被继承人债务的原则

1. 继承人清偿被继承人债务，以接受继承为前提条件

《继承法》第三十三条规定："继承遗产应当清偿被继承人依法应当缴纳的税款和债务。""继承人放弃继承的，对被继承人依法应当缴纳的税款和债务可以不负偿还责任。"因此，只有继承人接受继承，才依法承担清偿被继承人债务的义务。

2. 限定继承原则

我国实行的是限定继承原则，是指接受遗产的继承人对被继承人的债务并不是承担无限责任，继承人对被继承人债务的清偿仅以遗产的实际价值为限承担清偿责任，超过遗产实际价值的部分，可以不负清偿责任。

3. 保留必留份原则

清偿被继承人债务时，不得取消继承人中缺乏劳动能力又没有生活来源的人必要的遗产份额，而应为其保留适当的遗产。最高人民法院《关于贯彻执行〈中华人民共和国继承法〉若干问题的意见》第六十一条规定，继承人中有缺乏劳动能力又没有生活

来源的人，即使遗产不足清偿债务，也应为其保留适当遗产，然后，再按《继承法》的有关规定清偿债务。

4. 优先执行遗赠扶养协议原则

《继承法》第三十四条规定：“执行遗赠不得妨碍清偿遗赠人依法应当缴纳的税款和债务。”因此，在处理遗产时，应首先清偿被继承人的债务，清偿债务后剩余的遗产，才能执行遗赠。清偿被继承人债务优先于执行遗赠的原则，应只适用于遗嘱中的遗赠，而不应适用于遗赠扶养协议中的“遗赠”。因为，遗赠扶养协议中的接受“遗赠”是有偿取得，扶养人须履行特定的义务，不同于一般的赠与。同时，遗赠扶养协议不同于遗嘱，它在受扶养人生前就发生了法律效力。协议中“遗赠”给扶养人的财产，是受扶养人生前已作特殊处分的财产，故只要不存在可以解除扶养协议的条件，在受扶养人死后就不能用这部分财产去清偿受扶养人的其他债务，而应移交给遗赠扶养人所有。

（三）清偿被继承人债务的顺序

1. 多种取得遗产方式并存时，清偿被继承人债务的顺序

根据遗嘱继承和遗赠、法定继承的优先地位不同，遗产已被分割而未为清偿债务时，如有法定继承又有遗嘱继承和遗赠的，首先由法定继承人用其所得的遗产清偿债务；不足清偿时，剩余的债务由遗嘱继承人和受遗赠人按比例用所得遗产偿还；如果只有遗嘱继承和遗赠的，由遗嘱继承人和受遗赠人按比例用所得遗产偿还。

2. 多种债务并存时，清偿被继承人债务的顺序

根据我国《继承法》第三十三条和《民事诉讼法》第二百零四条的规定，被继承人多种债务并存时，清偿债务按以下顺序进行：①所欠工资和劳动保险费用；②国家税款；③其他债权。

如果遗产不足清偿同一顺序债务的，应根据公平原则，按比例清偿。

八、涉外继承

涉外继承是指一个继承关系中所包含的被继承人、继承人、遗产所在地等诸要素中，至少含有一个涉外因素的继承。

（一）我国处理涉外继承的一般原则

1. 维护国家主权和当事人合法利益的原则

人民法院在处理涉外继承案件时，要以维护国家和当事人合法权益为准则，依法办事。

2. 平等互利原则

与世界大多数国家一样，我国在处理涉外继承上，对外国人也采取国民待遇原则。

3. 国际条约优先适用原则

我国《民法通则》《民事诉讼法》《继承法》都规定人民法院在审理涉外继承案件时，应遵循国际条约优先的原则，即中华人民共和国缔结或参加的国际条约同上述法律中的规定有冲突的，适用国际条约的规定，但中华人民共和国声明保留的除外。

（二）涉外继承的法律适用

世界各国对涉外继承的法律适用，一般采取两种制度，一种是单一制，一种是区别制。单一制是指确立处理涉外继承关系所适用的准据法时，不分动产和不动产，而采取“依被继承人遗产所在地法原则”或“依被继承人死亡时的属人法原则”。区别制是指在处理涉外继承关系时，将被继承人的遗产区分为动产和不动产，分别适用不同的准据法。

我国《继承法》规定，中国公民继承在中国境外的遗产或继承在中国境内的外国人的遗产，动产适用被继承人住所地法律，不动产适用不动产所在地法律。外国人继承在中国境内的遗产，或者继承在中国境外的中国公民的遗产，动产适用被继承人住所地法律，不动产适用不动产所在地法律。中华人民共和国与外国订有条约、协定的，按照条约、协定办理。

第三章

依法行政篇

【本章导读】

党的十八届四中全会对加快建设法治政府提出了新的更高要求。法治政府就是政府在行使权力履行职责过程中坚持法治原则，严格依法行政，使政府的各项权力都在法治轨道上运行。为更好地推动各级政府树立法定职责必须为、法无授权不可为意识，本章全面地介绍了行政法的相关法律和制度，包括行政许可、行政处罚、行政复议、行政强制、行政法制监督、行政程序、行政责任和救济等内容。

第一节　行政法概述

一、行政法的概念、任务和基本原则

（一）行政法的概念

“行政”指的是一定的社会组织，在其活动过程中所进行的各种组织、控制、协调、监督等活动的总称。首先，它属于国家职责的范围，即属于公务，不是其他社会组织和个人的任务；其次，不是一切国家权力都是行政权力，只有行政机关或者政府的权力才是行政权力。它有别于议会的立法权和司法机关的检察和审判权；再次，行政权属于“执行权”，它是按照法律规定的权限和程序去行使国家职能从而实施的法律行为。

行政法是调整行政关系的法律规范的总称。具体来说，它是调整国家行政机关在履行其职能的过程中发生的各种社会关系的总称。

行政法在我国社会主义法律体系中具有非常重要的地位。在依法治国、建设社会主义法治国家过程中，依法行政关系重大。

（二）行政法的任务和作用

1. 行政法的任务

行政法的任务是通过对行政关系的法律调整，确认行政关系参加者的法律地位，保障国家行政机关及其公务员正确、合法、有效地行使职权、履行职责，防止其越权和滥用权力现象的发生；通过行政法制监督，追究违法者的行政责任，保护行政管理相对人的合法权益，提高公务员和公民的行政法律意识，促进、完善我国社会主义民主和法制建设。

2. 行政法的作用

行政法具有指导行政法律关系主体，统一行政管理活动，控制行政机关行为，维护行政机关权威，保障公民权利等作用。

（三）行政法的基本原则

1. 行政合法性原则

行政合法性原则，又称依法行政原则或行政法治原则。即所有行政法律关系当事人都必须严格遵守并执行行政法律的规定，一切行政活动都必须以法律为依据，任何行政法律关系主体不得享有法外特权，越权行为是无效行为，违反行政法律规范的行为应导致相应的法律后果，一切行政违法主体必须承担相应法律责任。

2. 行政合理性原则

行政合理性原则指的是行政法律关系当事人的行为，特别是行政机关的行为，不仅要合法而且要合理，也就是行政机关的自由裁量行为要做到合情、合理、恰当和适度。因为要求法律对所有的行政行为都予以具体的详细的规定是不可能的，也是不现实的。这样，行政机关就被赋予了一定的自由裁量权，使其视具体情况作出相应的行为。但仅以行政合法性原则限制自由裁量权是不够的，必须以行政合理性原则限制。一般认为，行政合理性要求：行政行为必须符合法律的目的；行政行为必须有合理的动机；

行政行为应考虑相关的因素，而不考虑无关的因素。

行政合法性是行政合理性的前提，行政合理性是行政合法性的必要补充，不能把两者对立起来，割裂开来，两者是有机结合在一起的。

二、行政法的渊源和行政法律关系的特征

（一）行政法的渊源

行政法的渊源是按照制定行政法规范的国家机关不同，由此而决定其法律地位和有效力的表现为不同形式的各种行政法律规范。在我国，行政法渊源包含在社会主义法律体系的各种法律渊源中，在我国具体的法律规范表现形式如宪法、法律、行政法规和行政规章、地方性法规和规章、自治条例、单行条例以及法律解释等中都包含有行政法律规范，它们共同构成行政法部门。

此外，最高人民法院、最高人民检察院的有关规定或批复、我国缔结和参加的国际条约或协定以及习惯法、法理也是行政法的渊源。

（二）行政法律关系的特征

行政法律关系除具备一般法律关系的共同特征外，还具有自己的特征：一是行政法律关系的主体必须有一个是国家行政机关，在少数情况下是行政机关内部的某些行政机构或法律授权的某些社会组织。二是行政法律关系主体在行政管理活动过程中的地位是不平等的。一方面，行政法律关系的产生不是以法律关系主体双方的合意或者符合双方的意志为必要条件。另一方面，行政机关是以国家的名义行使职权，参加法律关系的，当行政相对人不履行行政法规定的义务时，行政机关可以强制其履行；而当行政机关不履行职责时，相对人只能请求其履行或通过国家机关申请履行或按行政诉讼法规定的程序向人民法院提起诉讼。三是行政法律关系主体的权利义务都是由行政法预先规定的，行政法律关系主体没有自由选择的余地，如税收机关和纳税人必须按照税法

的规定去征税和缴税等。四是行政法律关系是国家行政机关在行使管理职能活动过程中产生的，或者是与国家行政机关行使管理职能有关的。

在行政法律关系中所发生的纠纷和争议，在一般情况下行政相对人可以先向上一级行政机关或者法律、法规规定的机关申请复议；如果对复议决定不服，再向法院提起诉讼，也可以直接向法院提起诉讼。

三、行政行为

（一）行政行为的概念和分类

行政行为是指国家机关在其职权范围内依法对行政管理相对人实施的具有法律效力的行为。行政机关活动的领域是很广泛的，但这里不包括行政组织系统内部基于行政隶属关系、按照行政组织原则处理内部事务的行为，即内部行为；也不包括行政机关以民事法律关系主体身份和当事人处于平等地位所进行的行为，即民事行为；也不包括行政机关与权力机关以及以政府的名义与其他国家机关之间的行为，即政治行为。这里所谓的行政行为，必须是国家行政机关对其外部行使公共权力并产生法律效果的行为。

行政机关依法制定规范性法律文件的行为是抽象行政行为，又称为行政立法；行政机关依法对具体事项或特定个人采取的行为是具体行政行为。行政机关必须严格依照法律规定的范围、方式、程序、手段等实施的行为是羁束行为；按照法律规定对行为的范围、方式等留有一定幅度和余地，可以斟酌、选择的行为是自由裁量行为。行政机关必须按照法定方式进行或者必须具有一定的法定的形式才能产生法律效力和后果的行为是要式行为；不要求某种必须的方式，只需口头表示就可以生效的行为是非要式行为。行政机关依照法律赋予的职权，无须行政相对人的请求而主动为之的行为是依职权的行为，又称主动行政行为；根据行政相对人的申请而实施的行为是应申请的行为，又称被动或者受动行政行为。

（二）行政行为的内容和效力

行政行为的内容主要指行政行为作用于行政相对人所产生的影响效果。

行政行为的内容主要有：设定权利和义务，撤销权利和义务，赋予能力和剥夺能力，变更法律地位，确认行政相对人的法律地位或行为合法，赋予特定物以法律性质。

各种行政行为成立的共同要件主要有：①行为的主体合法；②行为必须在行政机关的权限内，越权无效；③行为内容合法，即内容要有可能、明确、符合公共利益和法律规定；④行为符合法定程序；⑤行为符合法定形式。

行政行为只有具有了以上条件，才有效力。行政行为的效力有：①确定力。指行政行为有效成立后，非依法律规定不得随意变更和撤销，即不可变更力；②拘束力。指行政行为的内容对行政相关人员的约束效力，包括对行政机关自身的拘束力和行政相对人的拘束力；③执行力。指行政行为成立后，行政机关依法采取一定手段，使行政行为的内容得以完全实现的效力，又称为实现力。

（三）行政行为的种类

行政行为可以分为行政立法行为、行政许可行为、行政处罚行为、行政裁决行为、行政复议行为和行政强制行为。

行政立法行为，是指行政机关依照法律规定的权限和程序，就行政管理方面事项制定规范性文件即行政管理法规的活动。根据宪法规定，国务院有权根据宪法和法律，制定行政法规，发布决定和命令。它又可以分为职权立法、授权立法和特别授权立法。

行政裁决行为，是指行政机关依法裁决与行政管理活动有关的纠纷的活动。行政裁决的主持者是行政机关，行政裁决处理的纠纷是与行政管理有关的在平等地位的双方当事人之间产生的纠纷。行政裁决的范围，根据有关法律和法规规定，主要有裁决权属纠纷和裁决损害赔偿纠纷。

行政许可行为、行政处罚行为、行政复议行为和行政强制行为在下面几节分别介绍。

第二节　国家行政机关和公务员

一、国家行政机关

（一）国家行政机关的概念

国家行政机关，即政府，是指依照法律规定，运用国家权力，为实现国家目标和任务，组织和管理国家行政事务的机关。它是国家权力机关的执行机关，是行政法律关系的主体之一。

国家行政机关是国家权力机关的执行机关，它必须贯彻权力机关的法律和决定，它不能混同于独立行使职权的司法机关和军事机关，更不同于不属于国家机构体系、不行使国家权力、不具有国家活动性质的企事业单位。

（二）国家行政机关的权利和义务

1. 国家行政机关的权利

国家行政机关具有如下行政权利：行政立法权、行政决定权、行政命令权、行政执法权、行政强制权、行政处罚权和行政监督权等。

2. 国家行政机关的义务

国家行政机关要履行以下义务：执行法律，依法办事的义务；保护公民和社会组织的合法权益，积极高效地为人民服务的义务；承担法律责任，依法接受监督，纠正不当、违法行为和依法应诉、赔偿、补偿的义务。

（三）国家行政机关的结构

国家行政机关的结构，又称政府结构，是指构成国家行政机关基本要素的组合方式，包括行政机关内部纵向的层级构成形式和横向的分支单位构成形式。国家行政机关的结构分为宏观体系结构和微观内部结构两个部分。

我国行政机关的宏观结构体系是以层级制结构为基础并与职能制结构相结合的。

从最高层到最基层为：①国务院；②各省、自治区、直辖市的人民政府；③市（设区的市）、自治州的人民政府；④县级市、县、自治县的人民政府；⑤乡、民族乡、镇的人民政府。上述各级人民政府中，国务院领导地方各级人民政府，上级人民政府领导下级人民政府。

从横向上看，从国务院到地方各级人民政府，微观内部结构相似，即每一层级都设立了若干职能部门即工作部门，它们都受同级人民政府的领导，它们之间是分工、合作、平等和协调的关系。

二、公务员

2005年通过了《中华人民共和国公务员法》（以下简称《公务员法》），这是我国第一部干部人事领域的法律，是实行公务员制度的基本法律。主要内容可归纳为两个方面：一是关于公务员制度和公务员管理的总括性规定，包括公务员制度的指导思想、基本原则，公务员的范围、条件、义务与权利，公务员的职务与级别，公务员管理机构以及违反公务员法的法律责任等；二是关于公务员管理各个环节的基本管理制度的规定，包括公务员的录用、考核、职务任免、职务升降、奖励、处分、培训、交流回避、工资福利保险、退休、申诉控告、职位聘任，等等。

（一）公务员的概念、分类

依照《公务员法》的规定，公务员是指依法履行公职、纳入国家行政编制、由国家财政负担工资福利的工作人员。也就是只要符合依法履行公职、纳入国家行政编制、由国家财政负担工资福利这三个条件的工作人员，都将纳入公务员范围进行管理。

按《公务员法》的界定，列入我国公务员范围的机关工作人员大致是：一是中国共产党机关的工作人员。包括中央和地方各级党委、纪检委的专职领导成员；中央和地方各级党委工作部门和纪检机关的工作人员；街道、乡、镇党委机关的工作人员。二是人大机关的工作人员。包括全国人大常委会委员长、副委员长、秘书长、专职常委，地方各级人大常委会主任、专职副主任、秘书长，乡镇人大专职主席、副主席；各级人大专门委员会办事机构的工作人员；各级人大常委会工作机构（如办公厅等）的工作人员。三是行政机关的工作人员。包括各级人民政府的组成人员，各级人民政府工作部门及派出机构的工作人员。四是政协机关的工作人员。包括政协各级委员会主席、专职副主席、秘书长；政协各级委员会工作机构（如办公厅等）的工作人员；政协专门委员会办事机构的工作人员。五是审判机关的工作人员。包括最高人民法院、地方各级人民法院的法官、审判辅助人员和行政管理人员。六是检察机关的工作人员。包括最高人民检察院、地方各级人民检察院的检察官、检察辅助人员和行政管理人员。七是民主党派机关的工作人员。包括八个民主党派中央和地方各级委员会主席（主委）、专职副主席（副主委）、秘书长；中央和地方各级委员会职能部门和办事机构的工作人员。

分类管理是《公务员法》确立的公务员管理的一项基本原则。《公务员法》规定，我国实行公务员职位分类制度。公务员职位划分为综合管理类、专业技术类和行政执法类等类别。国务院对具有职位特殊性，需要单独管理的，可以增设其他职位类别。

国家根据公务员职位类别设置公务员职务序列。公务员职务分为领导职务和非领导职务。领导职务层次分为：国家级正职、国家级副职，省部级正职、省部级副职，厅局级正职、厅局级副职，县处级正职、县处级副职，乡科级正职、乡科级副职。非领导职务层次在厅局级以下设置。综合管理类的非领导职务分为：巡视员、副巡视员，调研员、副调研员，主任科员、副主任科员，科员、办事员。

公务员的职务应当对应相应的级别。公务员的级别根据所任职务及其德才表现、工作实绩和资历确定。公务员在同一职务上，可以按照国家规定晋升级别。国家根据人民警察以及海关、驻外外交机构公务员的工作特点，设置与其职务相对应的衔级。

另外,《公务员法》中还有一种从特定角度进行的分类，即把公务员分为"领导成员"与"非领导成员公务员"，这种分类可以说是从政治层面进行的分类。领导成员，是指机关的领导人员，不包括机关内设机构担任领导职务的公务员。对于"领导成员"与"非领导成员公务员"的分类管理规定，体现在四个管理环节：一是考核环节，"对领导成员的定期考核，由主管机关按照有关规定办理"。二是任免环节，"领导成员职务按照国家规定实行任期制"。三是交流环节，"对省部级正职以下的领导成员应当有计划、有重点地实行跨地区、跨部门转任"。四是辞职环节，"领导成员因工作严重失误、失职造成重大损失或者恶劣社会影响的，或者对重大事故负有领导责任的，应当引咎辞去领导职务"，"领导成员应当引咎辞职或者因其他原因不再适合担任现任领导职务，本人不提出辞职的，应当责令其辞去领导职务"。

（二）公务员的义务和权利

公务员的义务，就是国家法律对公务员为国家和社会必须作出一定行为或不得作出一定行为的约束和限制，即国家通过法律规定公务员所应该履行的某种责任，其目的是为了保证公务员能在国家法律规定的范围内准确行使职权，忠实执行国家公务，不得滥用权力。其具体含义是：第一，国家运用法律形式强制性地规定公务员对社会必须履行的义务，是为了保证公务员能在法律规定的范围内正确行使国家权力，执行国家公务。第二，公务员义务的基本内容，就是公务员必须作出一定的行为或不得作出一定行为，即具有作为或不作为的义务。第三，这种义务是对公务员的约束。公务员作为行使国家公共权力，执行国家公务者，总是掌握着一定的权力，对其权力如不加以义务约束，就有可能滥用权力；而且，法律还规定强制性条款，公务员如不履行义务就必须承担相应的法律责任。

公务员应当履行义务有以下几项：①模范遵守宪法和法律；②按照规定的权限和程序认真履行职责，努力提高工作效率；③全心全意为人民服务，接受人民监督；④维护国家的安全、荣誉和利益；⑤忠于职守，勤勉尽责，服从和执行上级依法做出的决定和命令；⑥保守国家秘密和工作秘密；⑦遵守纪律，恪守职业道德，模范遵守社会公德；⑧清正廉洁，公道正派；⑨法律规定的其他义务。

公务员的权利，是指国家法律对公务员可以享有某种利益或可以作出某种行为的许可和保障。换句话说，就是国家法律以赋予公务员权利的形式确认公务员能够作出或不作出一定行为，并要求他人相应作出或不作出一定行为。其具体含义是：第一，国家给予公务员为达到某种要求而实现某种行为的合法手段与可能条件。第二，公务员是否运用这种合法手段与可能条件来实现某种行为，完全由公务员自己决定；但这种合法手段与可能条件受法律保护，任何机关和个人不得侵犯。也就是说，权利可以放弃，而实现权利的可能条件始终存在。

法律规定，公务员享有下列权利：①获得履行职责应当具有的工作条件；②非因法定事由、非经法定程序，不被免职、降职、辞退或者处分；③获得工资报酬，享受福利、保险待遇；④参加培训；⑤对机关工作和领导人员提出批评和建议；⑥提出申诉和控告；⑦申请辞职；⑧法律规定的其他权利。

（三）公务员的录用和管理

1. 录用

按照《公务员法》规定，录用担任主任科员以下及其他相当职务层次的非领导职务公务员，采取公开考试、严格考察、平等竞争、择优录取的办法。录用公务员要经过以下程序：①发布招考公告；②对报考申请进行审查；③进行公开考试；④报考资格复审、考察和体检；⑤提出拟录用人员名单并公示；⑥批准并办理录用手续；⑦新录用的公务员必须经过一年的试用期。

2. 考核

国家行政机关按照管理权限，全面考核公务员的德、能、勤、绩、廉，重点考核工作实绩。公务员的考核分为平时考核和定期考核。定期考核以平时考核为基础。对非领导成员公务员的定期考核采取年度考核的方式，先由个人按照职位职责和有关要求进行总结，主管领导在听取群众意见后，提出考核等次建议，由本机关负责人或者授权的考核委员会确定考核等次。对领导成员的定期考核，由主管机关按照有关规定办理。

定期考核的结果分为优秀、称职、基本称职和不称职四个等次。定期考核的结果应当以书面形式通知公务员本人。定期考核的结果作为调整公务员职务、级别、工资以及公务员奖励、培训、辞退的依据。

3. 职务任免

公务员职务实行选任制和委任制。选任制公务员在选举结果生效时即任当选职务；任期届满不再连任，或者任期内辞职、被罢免、被撤职的，其所任职务即终止。委任制公务员遇有试用期满考核合格、职务发生变化、不再担任公务员职务以及其他情形需要任免职务的，应当按照管理权限和规定的程序任免其职务。

领导成员职务按照国家规定实行任期制。

公务员任职必须在规定的编制限额和职数内进行，并有相应的职位空缺。

4. 职务升降

公务员晋升职务，应当逐级晋升。公务员晋升领导职务，应当遵循下列程序：

（1）民主推荐，确定考察对象。在组织民主推荐时，应注意以下问题：①要公道正派地衡量评价被推荐对象，防止和克服感情用事，拉选票等错误倾向；②要从实际出发，采取适当的推荐方式。对班子不团结、或单位人数过少的，就不宜采取无记名投票的方式进行；③要认真分析和正确运用民主推荐结果，一般来说，推荐票较集中，可作为预选对象，但也要防止完全以票定论；④民主推荐包括会议投票推荐和个别谈话推荐两种方式，推荐之前一般要公布推荐职位、任职条件、推荐范围，提供干部名册，提出有关要求。

（2）组织考察，研究提出任职建议方案，并根据需要在一定范围内进行酝酿。按照拟任职位所要求的条件，对预选对象进行资格审查，在征求主管领导和被推荐人的意愿后提出考察对象。资格审查一般由用人单位的人事部门进行。要根据有关的档案资料，对产生出的考察对象，按规定的拟任职位的资格条件，逐项审核。然后还要根据晋升的基本标准和平时掌握的情况作适当取舍。在年度考核的基础上对考察对象进行晋升考核，择优确定晋升人选的考核是知人的手段、善任的前提。晋升考核是对考察对象全面的历史的了解，而年度考核则具有阶段性的特点，而且侧重对实绩的考核；晋升考核是以现职工作表现为基础，重点考核其潜能，考核其德才是否具备担任更高职务的标准，而年度考核主要就是否胜任现职进行评价。公务员的晋升考核，一般应采用以下几种方法：①个别谈话。这是一种行之有效的方法，也就是通过与被考核者的直接上级、下级、熟悉情况的同级及本人面谈的方式了解情况；②民主评议、民意测验。民主评议一般是采取“背靠背”的方式，召开各类人员参加的评议会或座谈会，对初选对象的德才进行评议；③考试。将考试引入考核中，是对传统考核方式的补充和完善。

（3）按照管理权限讨论决定。按照管理权限，任免机关在对晋升人选作出进一步审核的基础上，经领导集体研究决定后依法任命。任免机关在讨论决定公务员职务晋升时，应坚持民主集中制的原则，充分发扬民主，按少数服从多数的原则形成决议，不允许个人说了算。在讨论中，如果拟晋升人选被否定，应按照规定的程序重新提出人选，不得搞临时变动，仓促做出晋升决定。

（4）按照规定履行任职手续。对晋升领导职务的，要先经培训再任职。培训条件不具备，经任免机关批准可以先任职，但要在到职一年内完成。

公务员在定期考核中被确定为不称职的，按照规定程序降低一个职务层次任职。

5. 奖励

国家行政机关对工作表现突出，有显著成绩和贡献，或者有其他突出事迹的公务员或者公务员集体，给予奖励。奖励坚持精神奖励与物质奖励相结合、以精神奖励为主的原则。

公务员或者公务员集体有下列情形之一的，给予奖励：①忠于职守，积极工作，成绩显著的；②遵守纪律，廉洁奉公，作风正派，办事公道，模范作用突出的；③在工作中有发明创造或者提出合理化建议，取得显著经济效益或者社会效益的；④为增进民族团结、维护社会稳定作出突出贡献的；⑤爱护公共财产，节约国家资财有突出成绩的；⑥防止或者消除事故有功，使国家和人民群众利益免受或者减少损失的；⑦在抢险、救灾等特定环境中奋不顾身，作出贡献的；⑧同违法违纪行为作斗争有功绩的；⑨在对外交往中为国家争得荣誉和利益的；⑩有其他突出功绩的。

奖励分为：嘉奖、记三等功、记二等功、记一等功、授予荣誉称号。对受奖励的公务员或者公务员集体予以表彰，并给予一次性奖金或者其他待遇。

6. 惩戒

按照规定，国家公务员因违法违纪应当承担纪律责任的，应给予处分；违纪行为情节轻微，经批评教育后改正的，可以免予处分。处分分为：警告、记过、记大过、降级、撤职、开除。对公务员的处分，应当事实清楚、证据确凿、定性准确、处理恰当、程序合法、手续完备。

7. 培训

国家机关根据公务员工作职责的要求和提高公务员素质的需要，对公务员进行分级分类培训。国家建立专门的公务员培训机构。

对新录用人员应当在试用期内进行初任培训；对晋升领导职务的公务员应当在任职前或者任职后一年内进行任职培训；对从事专项工作的公务员应当进行专门业务培训；对全体公务员应当进行更新知识、提高工作能力的在职培训，其中对担任专业技术职务的公务员，应当按照专业技术人员继续教育的要求，进行专业技术培训。

公务员的培训实行登记管理。公务员培训情况、学习成绩作为公务员考核的内容和任职、晋升的依据之一。

8. 交流与回避

国家实行公务员交流制度。公务员可以在公务员队伍内部交流，也可以与国有企业事业单位、人民团体和群众团体中从事公务的人员交流。交流的方式包括调任、转任和挂职锻炼。

回避是指公务员对与本人有特定关系的人和事有所限制的一种制度。其目的在于防止公务员利用职权为亲属徇私情和滥用职权。分为职务回避和公务回避两种。公务员之间有夫妻关系、直系血亲关系、三代以内旁系血亲关系以及近姻亲关系的，不得在同一个机关担任双方直接隶属于同一领导人员的职务或者有直接上下级领导关系的职务，也不得在其中一方担任领导职务的机关从事组织、人事、纪检、监察、审计和财务工作。这是职务回避。当公务员执行公务时，涉及本人或者涉及与本人有上述所列亲属关系人员的利害关系的，必须回避。这是公务回避。公务员担任县级以下地方人民政府的主要领导职务的，一般不得在原籍任职，但是，民族自治地方人民政府的公务员除外。

第三节　行政许可

行政许可，是指行政机关根据行政相对人的申请依法赋予其从事某种法律所禁止的事项的权利或资格的行为。行政许可必须是以法律禁止为其存在的前提条件；必须是行政相对人申请为之的行政行为，行政机关不能主动为之；必须是赋予某种权利或资格的行政行为。行政许可行为的结果是许可证，它具有证明力、确定力、约束力。

一、行政许可的范围

行政许可的范围，是指由法律确定的国家可以设定行政许可的具体行政管理领域及事项。

《行政许可法》第十二条是对可以设定行政许可事项的规定，可以设定行政许可的事项主要有6类：①直接涉及国家安全、公共安全、经济宏观调控、生态环境保护以及直接关系人身健康、生命财产安全等特定活动，需要按照法定条件予以批准的事项；②有限自然资源开发利用、公共资源配置以及直接关系公共利益的特定行业的市场准入等，需要赋予特定权利的事项；③提供公众服务并且直接关系公共利益的职业、行业，需要确定具备特殊信誉、特殊条件或者特殊技能等资格、资质的事项；④直接关系公共安全、人身健康、生命财产安全的重要设备、设施、产品、物品，需要按照技术标准、技术规范，通过检验、检测、检疫等方式进行审定的事项；⑤企业或者其他组织的设立等，需要确定主体资格的事项；⑥法律、行政法规规定可以设定行政许可的其他事项。

前五项规定了五种行政许可的类型，即普通许可、特许、认可、核准、登记。第六项作为兜底条款。普通许可事项是实践中运用最广泛的行政许可事项，是需要按照法定条件予以批准的事项。

普通许可具有以下特征：对申请人的条件没有严格的规定；许可事项具有一般事物性质；许可程序使用普通程序。特许具有如下特征：对申请人的条件要求较高，只有符合特定条件的人才能获得这种许可，这种许可适用于特定的领域；颁发许可证的程序属于特殊程序，这种许可一般会有数量限制。认可是行政机关对申请人是否具有特定技能的认定，是对该申请人从事特定职业活动的资格赋予。认可的特征如下：申请人必须达到法定条件；认可行为本身并不直接授予申请者从事特定职业活动的权利，申请人在获得认可之后，如想从事某种特定职业，还必须履行行政审批手续；申请人获得认可条件必须通过一定的考试或考评；行政机关实施这类许可一般没有自由裁量权。属于认可的事项主要有：职业资格的取得，职业技能的获得等。核准是指由行政机关对某些事项是否达到特定技术标准、经济技术规范进行的判断和确定。核准的特征：核准是对特定物品是否符合客观技术标准或技术规范的确定；核准本身需要借助较高的技术条件和工具才能完成；核准实施对特定物品的自然属性判定。比如某种药品能否进入临床等。登记，是指行政机关确立企业或者其他组织特定主体资格、特定身份，使其获得合法从事涉及公众关系的经济、社会活动的能力的许可。其主要特征：一是未经合法登记取得特定主体资格或者身份，从事涉及公众关系的经济、社会活动是非法的；二是没有数量限制，凡是符合条件、标准的许可申请都要准予登记；三是对申请材料一般只作形式审查，通常可以当场作出是否准予登记的决定；四是行政机关实施登记没有自由裁量权。比如工商企业登记等。

二、行政许可的实施程序

行政许可的程序即行政主体实施行政许可的步骤、方式、顺序和时限，是行政许可制度中不可缺少的重要组成部分。

行政许可的申请。行政许可以公民、法人或者其他组织的申请为前提。行政许可是依申请的行政行为，依申请行政行为的特点就是，启动权在公民、法人或者其他组织。申请行政许可常见的方式是书面提出申请。根据《行政许可法》的规定，行政许可申请既可以以信函、电报、电传、传真、电子数据交换和电子邮件提出，也可以由申请人委托代理人提出，不必都要由申请人到行政机关办公场所提出行政许可申请。行政机关有提供格式文本的义务，并且不得收费。

行政许可的审查。行政机关对提出的申请应当在法定期间内及时进行审查。审查的内容主要有：是否属于法定行政许可的范围；是否属于行政机关的管辖范围及审批权限；申请许可的材料是否齐备，内容是否真实，形式是否符合要件；申请许可的程序是否合法；申请人是否符合许可的条件。审查程序是在行政许可整个程序中最具实质的环节，体现了行政自由裁量权的作用。

许可证照的颁发。就是有权的行政许可机关，依法定条件，将行政许可授予特定的行政许可申请人，使之具备某种资格、权利。按照《行政许可法》确立的信赖保护原则,行政许可一旦授予，非由法定主体、依法定权限和程序，不得随意撤销。

行政许可的救济程序。申请许可的救济途径主要是行政复议和行政诉讼。

行政许可的变更。根据《行政许可法》的规定，申请人依法需要变更行政许可的，应当向行政机关提出正式的书面申请，行政机关在接到申请后，应当对其申请变更的实质内容进行核实，如果该事项直接关系到其他人重大利益（如拆迁户），应当听取利害关系人的意见，并告知其有陈述、申辩很听证的权利。

三、行政机关作出行政许可的期限

《行政许可法》第四十二条规定：“除可以当场作出行政许可决定的外，行政机关应当自受理行政许可申请之日起 20 日内作出行政许可决定。20 日内不能作出决定的，经本行政机关负责人批准，可以延长10日，并应当将延长期限的理由告知申请人。但是，法律、法规另有规定的，依照其规定。依照本法第二十六条的规定，行政许可采取统一办理或者联合办理、集中办理的，办理的时间不得超过45日；45日内不能办结的，经本级人民政府负责人批准，可以延长15日，并应当将延长期限的理由告知申请人。”这一规定，突出体现了行政许可的效率原则。

四、行政许可中的听证制度

行政机关作出行政许可决定，在下列情况下依职权主动进行听证：①行政机关认为需要听证的涉及公共利益的重大行政许可事项；②法律、法规、规章规定实施行政许可应当听证的事项。行政许可直接涉及申请人与他人之间重大利益关系的，申请人和利害关系人有要求行政机关组织听证的权利。

五、行政机关可以撤销行政许可的情形

《行政许可法》第六十九条规定：“有下列情形之一的，作出行政许可决定的行政机关或者其上级行政机关，根据利害关系人的请求或者依据职权，可以撤销行政许可：①行政机关工作人员滥用职权、玩忽职守作出准予行政许可决定的；②超越法定职权作出准予行政许可决定的；③违反法定程序作出准予行政许可决定的；④对不具备申请资格或者不符合法定条件的申请人准予行政许可的；⑤依法可以撤销行政许可的其他情形。被许可人以欺骗、贿赂等不正当手段取得行政许可的，应当予以撤销。依照前两款的规定撤销行政许可，可能对公共利益造成重大损害的，不予撤销。依照本条第一款的规定撤销行政许可，被许可人的合法权益受到损害的，行政机关应当依法给予赔偿。依照本条第二款的规定撤销行政许可的，被许可人基于行政许可取得的利益不受保护。”

第四节 行政处罚

行政处罚，是指国家行政机关对违反行政法律规范的行政相对人给予的一种惩戒或制裁。行政处罚必须依法进行，其主要的依据是 1996 年 3 月 17 日第八届全国人大四次会议上通过的《中华人民共和国行政处罚法》(以下简称《行政处罚法》)。在这部法律中规定了行政处罚的种类和设定，行政处罚的实施机关，行政处罚的管辖和适用，行政处罚的程序以及法律责任等。

一、行政处罚的种类

行政处罚的种类有：①警告；②罚款；③没收违法所得，没收非法财物；④责令停产停业；⑤暂扣或吊销许可证，暂扣或吊销执照；⑥行政拘留；⑦法律、行政法规规定的其他行政处罚。

行政处罚直接关系到行政相对人的人身自由、生产经营和财产权益。因此，设定行政处罚，必须严格按法律规定或基于法律的授权进行。《行政处罚法》规定：法律可以设定各种行政处罚；限制人身自由的行政处罚，只能由法律规定；行政法规可以设定除限制人身自由以外的行政处罚；法律对违法行为已经作出了行政处罚规定，行政法规需要作出具体规定的，必须在法律规定的给予行政处罚的行为、种类和幅度的范围内规定。该法也对地方性法规、规章的行政处罚设定权作了规定。此外，还规定非法律、法规、规章不得设定行政处罚。

二、行政处罚的实施机关及管辖

行政处罚由具有行政处罚权的行政机关在法定职权范围内实施。

行政处罚由违法行为发生地的县级以上地方人民政府具有行政处罚权的行政机关管辖。法律、行政法规另有规定的除外。

行政处罚的管辖原则有层级管辖、共同管辖和指定管辖。所谓层级管辖，行政处罚法规定，行政处罚由违法行为发生地的县级以上地方人民政府具有行政处罚权的行政机关管辖。共同管辖指两个或两个以上行政主体对同一违法行为均享有行政处罚权。共同管辖处理规则一般依相关机关达成协议或惯例解决,或依“谁先查处，谁处罚”的原则进行。如仍无法消除机关间的争议，可报请共同上级行政机关指定管辖。

三、行政处罚的程序

行政处罚的程序由决定程序与执行程序两部分组成。其中决定程序是整个行政处罚程序的关键环节。决定程序包括：

简易程序。也称当场处罚程序，指国家行政机关或法律、法规授权的组织对符合法定条件的行政处罚事项当场作出行政处罚决定的处罚程序。一般适用于违法事实确凿，有法定依据，给予较少数额罚款或警告的行政处罚。

一般程序。即普通程序，是除法律特别规定应当使用简易程序和听证程序以外，行政处罚通常应适用的程序。

听证程序。行政法上的听证，指行政机关为了合理有效地制作、实施行政决定，公开举行由全部利害关系人参加的听证会。听证程序的规定，是我国行政处罚法的一个进步。行政机关做出责令停产停业、吊销许可证或执照、较大数额罚款等行政处罚决定之前，应当告知当事人有要求举行听证的权利，当事人要求听证的，行政机关应当组织听证。

第五节　行政复议

行政复议，指公民、法人或者其他组织认为行政机关的具体行政行为侵犯其合法利益，按照法定的程序与条件向作出该行政行为的上一级行政机关提出申请，受理申请的行政机关对该行政行为进行复查，并作出复议决定的活动。

一、行政复议范围

公民、法人或者其他组织对行政机关作出的大部分具体行政行为可以申请复议。《行政复议法》规定了可以申请复议的 11 种具体行政行为。

二、行政复议的管辖

行政复议的管辖主要有以下几个方面的规定：

对县级以上各级人民政府工作部门的具体行政行为不服的，由申请人选择，可以向该部门的本级人民政府申请行政复议，也可以向上一级主管部门申请行政复议。对海关、金融、国税、外汇管理等实行垂直领导的行政机关和国家安全机关的具体行政行为不服的，向上一级主管机关申请行政复议。

对地方各级人民政府的具体行政行为不服的，向上一级人民政府申请复议。对省、自治区人民政府依法设立的派出机关所属的县级地方人民政府的具体行政行为不服的，向该派出机关申请行政复议。

三、行政复议程序

行政复议程序包括申请与受理程序、审理与决定程序和决定的执行程序。

（一）申请与受理程序

行政复议的申请一般应采用书面形式，若采用口头形式，复议机关工作人员应将申请要求记录下来，制作成书面材料。复议申请应自知道该行政行为之日起 60 日内提出，但法律规定超过 60 日的除外。复议期间不停止具体行政行为的执行是行政复议的原则。

公民、法人或者其他组织提出复议申请后，复议机关通过调查，认为该申请符合立案条件的，应当立案受理；凡不符合条件的，应当裁定不予受理，并告知复议申请人不予受理的理由。

（二）审理与决定程序

复议机关受理复议申请后，应当全面审查具体行政行为所依据的事实和规范性文件，并最终作出复议决定。

复议机关通过对案件的审理，应当就有关行政争议作出结论性决定，并按照决定内容作出复议决定书。行政复议决定主要包括：决定维持具体行政行为；决定被申请人履行法定职责；决定撤销、变更该具体行政行为或确认该具体行政行为违法，并责令重新作出具体行政行为。

（三）执行程序

行政复议决定书制作完成并加盖公章以后应立即送达当事人，复议决定书一经送达，即发生法律效力。申请人应当履行行政复议决定。申请人不履行或无正当理由拖延履行的，行政复议机关或有关上级行政机关应当责令其限期履行。

第六节　行政强制

行政强制，包括行政强制执行和行政强制措施。行政强制执行，是指行政机关或者行政机关申请人民法院，对不履行行政决定的公民、法人或者其他组织，依法强制履行义务的行为。行政强制措施，是指行政机关在行政管理过程中，为制止违法行为、防止证据损毁、避免危害发生、控制危险扩大等情形，依法对公民的人身自由实施暂时性限制，或者对公民、法人或者其他组织的财物实施暂时性控制的行为。2011 年 6 月 30 日，《中华人民共和国行政强制法》由全国人大常务委员会第二十一次会议审议通过，将于 2012 年 1 月 1 日开始施行。

一、行政强制的种类和设定

《行政强制法》规定，行政强制的种类包括：①限制公民人身自由；②查封场所、设施或者财物；③扣押财物；④冻结存款、汇款；⑤其他行政强制措施。

行政强制措施由法律设定。尚未制定法律，且属于国务院行政管理职权事项的，行政法规可以设定除上述行政强制种类的第一项、第四项和应当由法律规定的行政强制措施以外的其他行政强制措施。尚未制定法律、行政法规，且属于地方性事务的，地方性法规可以设定上述行政强制种类的第二项、第三项的行政强制措施。法律、法规以外的其他规范性文件不得设定行政强制措施。

二、行政强制执行的方式

《行政强制法》规定，行政强制执行的方式包括：①加处罚款或者滞纳金；②划拨存款、汇款；③拍卖或者依法处理查封、扣押的场所、设施或者财物；④排除妨碍、恢复原状；⑤代履行；⑥其他强制执行方式。

三、行政强制措施

《行政强制法》第十八条规定，行政机关实施行政强制措施应该遵守下列规定：①实施前须向行政机关负责人报告并经批准；②由两名以上行政执法人员实施；③出示执法身份证件；④通知当事人到场；⑤当场告知当事人采取行政强制措施的理由、依据以及当事人依法享有的权利、救济途径；⑥听取当事人的陈述和申辩；⑦制作现场笔录；⑧现场笔录由当事人和行政执法人员签名或者盖章，当事人拒绝的，在笔录中予以注明；⑨当事人不到场的，邀请见证人到场，由见证人和行政执法人员在现场笔录上签名或者盖章；⑩法律、法规规定的其他程序。

四、行政强制执行的中止执行和终结执行程序

行政机关依法作出行政决定后，当事人在行政机关决定的期限内不履行义务的，具有行政强制执行权的行政机关依照法律规

定强制执行。

根据《行政强制法》的规定，有下列情形之一的，中止执行：①当事人履行行政决定确有困难或者暂无履行能力的；②第三人对执行标的主张权利，确有理由的；③执行可能造成难以弥补的损失，且中止执行不损害公共利益的；④行政机关认为需要中止执行的其他情形。

中止执行的情形消失后，行政机关应当恢复执行。对没有明显社会危害，当事人确无能力履行，中止执行满三年未恢复执行的，行政机关不再执行。

有下列情形之一的，终结执行：①公民死亡，无遗产可供执行，又无义务承受人的；②法人或者其他组织终止，无财产可供执行，又无义务承受人的；③执行标的灭失的；④据以执行的行政决定被撤销的；⑤行政机关认为需要终结执行的其他情形。

五、起诉不停止执行

起诉不停止执行是指被诉行政行为在诉讼期间并不停止执行。《行政诉讼法》确立了我国的行政强制执行的体系：要么行政机关强制执行，要么申请法院强制执行。由于并非所有的行政机关都有强制执行权，对于没有法律规定的强制执行权的行政机关，如果需要强制执行，唯一的途径就是申请人民法院强制执行。

起诉不停止执行原则也有例外情况：一是被告认为需要停止执行的情况；二是原告申请而由人民法院裁定停止执行。

六、行政强制的责任

行政强制最本质的特征是强制性和违意志性。为此，必须对行政强制权的范围加以限制，即只有法律、法规规定的行政机关有权实施行政强制，其他行政组织或个人都不得实施；而且，一旦违法实施行政强制致使被强制人或其他行政相对人遭受损失，行政机关应当根据《国家赔偿法》予以赔偿。

第七节　行政法制监督

一、行政法制监督的概念和行政法制监督法

行政法制监督，是指享有监督权的国家权力机关、司法机关、专门行政机关以及一般公民依法对国家行政机关及其公务员行使职权和与行使职权有关的行为实施的监督。由于监督的主体对行政的监督是依据宪法和法律规定的权限、程序和方式等一系列制度实施的，所以称为行政法制监督。

行政监督法是指国家有关行政法制监督的一系列法律规范的总称。它包括有关监督主体的各种法律规范、有关监督对象的法律规范和监督内容的法律规范。

行政监督法在行政法体系中占有十分重要的地位，它与行政组织法、行政行为法、行政诉讼法一起构成完整的行政法体系，并为后三者实施提供有力的保障。

二、行政法制监督内容和种类

行政法制监督包括对各级政府制定各种行政法律规范的行政行为的合法性和合理性进行监督，对各级政府及公务员实施的具体行政行为的合法性和合理性进行监督，对公务员是否守法、廉洁奉公进行监督。

行政法制监督按监督的主体分为国家监督和社会监督；按监督的对象分为对国家行政机关的监督和对公务员的监督；按监督的内容分为对行政机关抽象行政行为的监督和具体行政行为的监督，也可分为行政合法性监督和行政合理性监督；按监督主体同监督对象的关系分为外部行政法制监督和内部行政法制监督；按实施监督权的时间分为事前监督、事中监督和事后监督。

三、我国行政法制监督体系主体构成

我国行政法制监督体系主体构成是：国家权力机关，国家行政机关，国家行政机关中的专门机构——监察机关和审计机关，国家司法机关，国家审计机关，社会力量为主体的群众或社会，中国共产党和各民主党派。其中，中国共产党的监督起着核心和关键作用；群众和社会监督是非国家机关的监督，由于我国的国家性质决定，它在整个监督体系中起着非常重要的作用；其他国家机关的监督，是依照法律规定的一项必须履行的职责。

第八节　行政程序

一、程序在行政法中具有重要地位

行政法有实体法与程序法之分，程序法具有与实体法同等的法律地位。行政权的行使，不仅内容要合法，程序也必须合法。现代法治国家已经越来越普遍地将行政程序作为控制行政行为的主要手段。我国现在的行政程序法在一系列单行法律中都有规定，如行政处罚法、行政复议法、行政许可法、行政强制法和行政诉讼法。这些程序的规定，要形成内在统一的行政程序法，还有一个过程。2014 年 11 月 6 日，国务院新闻办召开的新闻发布会透露，目前正在制定重大行政决策程序条例，重大决策的程序也要法治化。

二、行政程序的基本要素

构成一个完整的行政程序需要各个环节和步骤，不同的行政程序就是以某几个或全部构成要素为核心，通过对程序形式的适当变换、程序内容的适当增减，并按照不同程序衔接而成。主要包括以下几个步骤：一是调查。根据调查事项及调查对象的不同，可以分为例行调查和专门调查。二是听取当事人意见。听取当事人意见是听证程序的重要组成部分，但听取当事人意见的程序并不局限于听证程序，而是贯穿在行政程序的各个阶段。有助于更全面了解当事人的考虑和利益诉求，避免片面作出决定，取得更好的社会效果。三是作出决定。决定程序中主要的原则是，必须按照案卷材料进行行政决定的原则，排除偏私的原则，职能分离的原则，回避制度等。四是救济。救济程序既是行政管理向对方借助法律手段保护自身合法权益的必要手段，也是上级行政机关监督行政机关、行政首长监督工作人员的有效手段，还是行政机关纠正自身偏差的有利时机。五是执行。现行行政执行方式有两种，一种是行政机关的执行，如公安、税务，可以对其作出的行政处理决定直接执行；另一种是申请法院执行，凡是没有独立行政执行权的行政机关，都必须向法院提出申请，请求法院执行。

三、听证程序是行政程序的核心

在行政法领域中，"听证程序"有广义和狭义之分。狭义的听证程序是比较正式的行政程序中的一个阶段，是行政机关为了查清某一特定案件的事实，在全体当事人及行政机关的调查取证人员的共同参与下进行质证、认证的一种行政行为方式。这种意义上的听证程序是形式意义上的听证程序，一般称为"听证会"，其主要目的在于收集信息，不是行政法一般意义上的听证程序。广义的听证程序是以听证会为主要程序和形式要素的内容广泛的行政行为方式，其主要目的是要保证行政机关的行政行为建立在合理、正当程序之上，避免行政管理向对方因行政偏私而遭受不公正的处分。《行政许可法》规定的就是这种意义上的听证程序。

四、听证程序的主要步骤

一是发出听证通知书。《行政许可法》第四十八条第一款规定，行政机关应当与举行听证的 7 日前将举行听证的时间、地点通知申请人、利害关系人，必要时予以公告。二是召开听证会。正式的听证会实质上是行政机关为当事人提供的与对方当事人进行质证的机会。《行政许可法》第四十八条规定了四个主要的程序要素：第一，听证主持人确定程序，听证会前，先要确定听证主持人，主持人应当是审查拟听证的行政许可申请的工作人员以外的人员；第二，回避请求与决定程序，听证主持人必须保持与申请人、利害关系人的中立，如果申请人或者利害关系人认为主持人与该行政许可事项有直接利害关系的，有权申请回避；第三，主办人员提议程序，即由审查该行政许可申请的工作人员提供审查意见的证据、理由；第四，质证、申辩程序，即由申请人、利害关系人提出证据，并进行申辩和质证。三是决定程序。决定程序最基本的要求是，必须严格按照听证会的笔录作出决定。如果当事人针对听证主持人作出的初步决定向行政机关提出申诉的，则进入最终决定程序。行政机关作出最终决定后，当事人仍可依法向上级机关或其他机关申请复议。

第九节　行政责任和行政救济

一、行政责任

（一）行政责任的概念

行政责任是行政主体及其工作人员因违反行政法律规范而依法必须承担的法律责任，它是行政违法及部分行政不当所引起的否定性法律后果。行政法律责任的基本特点是：

1. 行政责任是行政主体的责任

行政责任不是行政相对人或其他行政行为主体的责任。行政主体所享有的是行政职权，承担的是行政职责，而行政管理相对人的权利和义务则是一般性的，不是行政权性质的。行政相对人也不是行政责任的主体。

2. 行政责任是行政主体的行政违法或行政不当所引起的法律后果

行政违法和行政不当是行政责任得以形成的前提和根据。行政责任制度的直接目的便是纠正行政违法和行政不当，并补救由此而给行政管理相对人造成的损害以及督促行政主体及其工作人员依法行政。

行政违法是指行政主体所实施的、违反行政法律规范、侵害受法律保护的行政关系又未构成犯罪的有过错的行为。行政违法可以包括行政失职、行政越权、行政滥用职权、事实依据错误、适用法律法规错误、程序违法和行政侵权等。行政不当是指行政主体及其工作人员做出的虽然合法但却不合理的行为。行政不当并不是总是引起行政责任，只有某些行政不当产生行政责任。

3. 行政责任是一种独立的法律责任

行政责任不同于政治责任、道义责任，也不同于违宪责任、民事责任或刑事责任。

（二）有权追究行政责任的机关

1. 国家权力机关

行政机关是权力机关的执行机关，权力机关有权监督行政机关的活动，有权通过一定程序追究行政机关的法律责任。国家权力机关追究行政机关的行政责任的主要方式是：依法撤销行政机关不适当的决定、命令、法规等。

2. 国家行政机关

行政机关追究行政责任的情形主要有三种：①行政主体的上级主管机关通过监督和检查，以撤销、改变或责令行政主体撤销、改变一定的决定、命令等形式，追究该主体的行政责任；②行政复议机关接受复议申请，通过裁决行政争议的方式追究责任；③行政主体根据实施违法行政行为的工作人员的主观过错而追究其行政责任。

3. 人民法院

人民法院通过行政诉讼过程可以追究行政机关的行政责任。但法院追究行政责任必须以当事人起诉为前提，因而这种追究方式是被动的。法院只能追究行政机关的行政责任，不能直接追究行政机关工作人员的行政责任。

（三）承担行政责任的方式

行政主体承担行政责任的方式主要有：通报批评；赔礼道歉，承认错误；恢复名誉，消除影响；返还权益，恢复原状；停止违法行政行为；撤销违法决定，撤销违法的抽象行政行为；履行职务，纠正行政不当等。

行政主体工作人员承担行政责任的方式主要有：通报批评、赔礼道歉、承认错误、停止违法行为、赔偿损失、行政处分等。

二、行政救济

（一）行政救济的概念

行政救济是国家为了排除行政行为对公民、法人或者其他组织合法权益造成的侵害而采取的各种事后法律补救手段和措施。这种制度对及时排除行政不法行为，维护和补救行政相对人的合法权益，监督和保障行政主体行政职权的行使，维护社会的公正与安定，促进民主政治的发展，都有重要的作用。行政救济主要包括行政复议、行政诉讼、行政赔偿、行政补偿等。在更广泛的意义上，还可以包括请愿、声明异议、申诉、改正错误等。

（二）行政赔偿

行政赔偿是行政机关及其公务员违法行使职权侵犯公民、法人或者其他组织的合法权益，由国家给予受害人的赔偿。行政赔偿的主要特点是：行政赔偿必须是由国家行政机关及其公务员的行为引起的；行政机关及其公务员的行为必须是行使职权的行为；行政机关的行为具有违法性；损害的事实已经发生；赔偿责任由国家承担。

关于行政赔偿的范围、行政赔偿请求人、行政赔偿义务机关、赔偿的程序等问题，由《国家赔偿法》作了规定。《国家赔偿法》自 1995 年 1 月 1 日起施行。2010 年 4 月 29 日第十一届全国人民代表大会常务委员会第十四次会议通过了《全国人民代表大会常务委员会关于修改〈中华人民共和国国家赔偿法〉的决定》，并于2010年12月1日起施行。《国家赔偿法》的颁布和修改旨在保障公民、法人或者其他组织享有依法取得国家赔偿的权利，促进国家机关依法行使职权。在该法中，根据国家赔偿主体不同，国家赔偿分为行政赔偿和刑事赔偿。

1. 行政赔偿的赔偿范围

行政赔偿的范围在该法中采取列举式规定和排除式规定相结合的方法。该法规定，行政机关及其工作人员在行使行政职权时侵犯人身权及财产权，受害人有取得赔偿的权利。此外，对以下三种情形，国家不承担赔偿责任：①行政机关工作人员与行使职权无关的个人行为；②因公民、法人或者其他组织自己的行为致使损害发生的；③法律规定的其他情形。

2. 行政赔偿请求人和赔偿义务机关

受害的公民、法人或者其他组织有权要求赔偿。若受害公民死亡，其继承人和其他有扶养关系的亲属有权要求赔偿。若受害的法人或者其他组织终止，承受其权利的法人或者其他组织有权要求赔偿。

侵犯公民、法人或者其他组织的合法权益并造成损害的行政机关为赔偿义务机关。两个以上行政机关共同侵权则共负赔偿义务。法律、法规授权的组织侵权时，被授权的组织为赔偿义务机关。受行政机关委托的组织或个人行使受委托的权力时侵权，委托的行政机关为赔偿义务机关。经复议机关复议的，最初造成侵权行为的行政机关为赔偿义务机关，但复议机关的复议决定加重损害的，复议机关对加重的部分履行赔偿义务。

3. 行政赔偿的赔偿程序

我国行政赔偿请求的提出与实现有两种途径：一种是受害人单独提出行政赔偿请求；另一种是受害人在行政复议、行政诉讼中一并提出。请求赔偿应当递交申请书，申请书应当载明下列事项：①受害人的自然情况；②具体的要求、事实根据和理由；

③申请的年、月、日。

赔偿义务机关赔偿损失后，应当责令有故意或重大过失的工作人员或受委托的组织或个人承担部分或全部赔偿的费用。对有故意或重大过失的责任人员，有关机关应当依法给予行政处分；构成犯罪的，应当依法追究刑事责任。

4.赔偿方式和计算标准

国家赔偿以支付赔偿金为主要方式，能够返还财产或恢复原状的，予以返还财产或恢复原状。

国家机关及其工作人员侵犯公民人身自由、侵犯公民生命健康权，其赔偿金有不同的计算标准。赔偿费用，列入各级财政预算，具体办法由国务院规定。另外，该法对刑事赔偿的赔偿范围、赔偿请求人和赔偿义务机关、赔偿程序也作了具体规定。

（三）行政补偿

行政补偿是行政机关及其公务员在行使职权的过程中，因其合法行为给无义务的特定公民、法人或者其他组织的合法权益造成损失，依法由国家给予的补偿。行政补偿的主要特点是：它是对因合法行使行政职权而造成的损失所给予的补救；它是为了公共利益不得已才损害了相关的利益，作为受损害的相对人并没有特别的义务承受这一负担；它主要是一种财产上的补偿，且一般是事前补偿。

我国法律、法规规定了一些应给予行政补偿的情形：土地征用、房屋拆迁、军事征调、公用征收（如对外资企业的征收）、公用征调（如因防震、防汛等事件而对财务或人力的紧急征用）、公务合作行为（如公民或者组织因协助人民警察执行任务而造成人身或财产损失的，可给予抚恤或补偿）等。

我国对行政合法行为所造成的损失一般给予相应补偿、合理补偿或适当补偿。

（四）行政复议

行政复议是行政机关系统内部自我监督的一种主要形式，也是行政相对人对其被侵犯权益的一种救济手段。行政复议是指公民、法人或者其他组织认为行政机关的具体行政行为侵犯其合法权益，依法向上级行政机关提出申请，由受理申请的行政机关对具体行政行为依法进行审查并做出处理决定的活动。

（五）行政诉讼

行政诉讼是公民、法人或者其他组织在认为行政机关或者法律、法规授权的组织所作出的具体行政行为侵犯自己的合法权益时，依法定程序向人民法院起诉，并由人民法院对争议问题进行审理并作出裁决的活动。

第四章

经济发展篇

【本章导读】

社会主义市场经济是法治经济。法治经济是按照经济规律运作的经济，它是有法可依的；法治经济的另一面是信誉经济，要减少交易的成本达到双赢的目的，交易双方必须诚实守信。为推动全社会树立保护产权、平等交换、公平竞争等意识，本章在介绍经济法基本概念基础上，重点介绍了合同法、不正当竞争法、税法、知识产权法、公司和企业法、侵权责任法，希望法治和诚实守信在法治经济建设中共同作用、相互促进。

第一节　经济法概述

一、经济法的概念和调整对象

（一）经济法的概念

经济法是国家调整协调本国经济运行过程中发生的经济关系的法律规范的总称。经济法有自己的特征，主要表现在以下几个方面：

1. 经济性

经济性是经济法的本质特征。作为上层建筑的经济法是直接反映经济基础、调整经济关系的，因而它不仅要对各种经济问题做出明确的法律规定，而且必须直接体现、反映和符合经济规律的客观要求，为经济基础服务。同其他部门法相比，它同经济关系有着更为广泛和直接的联系。

2. 综合性

经济法的综合性主要表现在以下几个方面：首先，在规范的构成上，经济法既包括若干部门经济法，又包括若干经济法律规范；既包括实体法规范，又包括程序法规范；既包括对内经济法律规范，又包括对外经济法律规范。其次，在调整主体上，经济法律关系的主体既包括法人主体，也包括自然人主体，既包括国家机关，也包括各类经济组织和社会组织，还包括各种不同身份的个人。再次，在调整范围上，既包括宏观经济领域的管理和调控关系，也包括微观经济领域的管理和协作关系。

3. 指导性

经济法的指导性是通过经济法规所具有的促进和限制两种功能、奖励和惩处两种后果表现出来的。国家根据不同时期的经济形势和任务，制定不同的经济法规，有的法规侧重于限制，有的法规侧重于促进，有的法规则兼而有之，来引导各项经济活动走上正确的轨道。

（二）经济法的调整对象

经济法的调整对象是一定的经济关系。所谓经济关系，是在物质资料的生产过程中以及与其相适应的交换、分配、消费过程中产生的人与人之间的物质利益关系。我国经济法的调整对象是由国家协调、干预的经济关系，它具体包括宏观经济调控关系、市场运行协调关系、市场主体调控关系和社会经济保障关系。

1. 宏观经济调控关系

宏观经济调控关系是指国家对国民经济总体活动和有关国计民生的重大因素，实行全局性协调、干预所产生的经济关系。任何市场都存在因自发调节不能解决的长远的、全局的、社会公共利益的问题，只能由国家调整。

经济法对宏观经济调控关系的调整，是通过明确国家调控的任务、目标、范围、程度、方式，以及国家通过颁布和执行计划、税收、财政、金融等方面的经济法规，从宏观上调整国民经济当中的经济关系，保持供需总平衡，确立和协调生产与消费等重大比例关系，培育和发展市场经济体系，引导国民经济持续、快速和协调发展。通过颁布和执行产品质量、消费者权益保护、物价等方面的经济法规，从微观上调节国民经济中的经济关系，规范企业行为，禁止垄断和不正当竞争，保护消费者的合法权益，维护正常的市场秩序。

2. 市场运行协调关系

市场运行协调关系是国家在建设和完善市场体系、规范市场行为、维护市场秩序中产生的经济关系。社会主义市场经济需要形成统一、开放、竞争、有序的大市场，使商品和各种生产要素能自由流动。市场经济在发展过程中，不可避免地会出现竞争与不正当竞争或垄断的矛盾、个体利益侵犯社会利益的消极现象，由于市场本身无力消除这些矛盾和消极现象，市场自发机制也不能维护市场秩序，需要由国家进行协调、干预，以便维护市场公平、自由竞争的经济秩序，促进市场经济体系的健康发展，切实保护消费者的合法权益。

3. 市场主体调控关系

市场主体调控关系是指国家对各类市场主体，特别是企业的设立、变更、终止及内部管理所进行协调、干预而产生的经济关系。社会主义市场经济需要建立活跃的市场主体体系，其中企业是最为重要的主体。对市场主体的协调、干预，就是国家根据社会整体利益需要，通过全面规定市场主体资格条件、法律地位、责任形式、权利义务、经济责任制、内部承包、经济核算、工资制度、劳动用工制度及奖惩措施等，对市场主体体系进行统筹、规划、调节，对各个主体则区别指导、组织、服务、监督，既保证其成为自主经营、自负盈亏的合格主体，又保障其交易安全、不受摊派等合法权益，如对企业设立的审批和登记、税收的优惠、财务核算和分配的限制等。这种协调、干预不是要将市场主体变成政府机构的附属物，而是创造市场主体生存、发展的合适空间，促使市场主体内部结构优化、经营机制转变、经济效益提高。

4. 社会经济保障关系

社会经济保障关系是指在对作为劳动力资源的劳动者实行社会保障过程中发生的经济关系。建立健全社会保障体系是社会主义市场经济发展的客观必然。通过制定和颁布实施有关经济法规，规范和明确应由以企业为主的各类经济组织所承担的责任和义务，保障劳动者的利益，充分开发和合理利用劳动资源，维护社会稳定。既应防止各类经济组织承担过多的社会负担，造成“企业办社会”，又应防止其逃避应尽的社会责任，使劳动者的利益得不到稳定和可靠的保障。经济法对社会保障关系的调整，主要是通过明确劳动者的权利义务，规定并实施劳动就业、社会保险、社会救济、社会互助等制度，保护和合理利用劳动力资源、维护社会安定和劳动者的合法权益。

二、经济法的体系

经济法是独立的法的部门，经济法是多层次经济法部门组成的统一体系。经济法体系的结构概括如下：

市场主体法。包括国有企业法、集体企业法、私营企业法；个人独资企业法、合伙企业法、各类外资企业法、公司法等法规。

市场秩序法。包括反垄断法、反不正当竞争法、消费者权益保护法和产品质量法、广告法等市场管理法规。

宏观调控法。包括计划法、预算法、投资法、税法、中国人民银行法、农业法等国家宏观调控法规。

三、经济法的作用

经济法在我国社会主义法律体系中占有十分重要的地位。它是一个独立的法律部门，从根本上来说，是因为它在保障和促进以经济建设为中心的社会主义现代化建设中发挥着巨大的作用，反映着我国现阶段经济基础的状况，并积极调整着经济关系，为社会主义经济基础服务。经济法对于我国社会主义经济基础的作用和生产力发展的影响，比其他法律更为直接和明显。这不仅表现在国家通过经济立法来促进社会主义生产关系的建立、完善和巩固，而且表现在国家通过经济执法、司法来实现组织、领导和管理国民经济的职能，合理配置各种市场资源。具体说来，经济法的重要作用主要表现在以下四个方面：

第一，促进以公有制为主体的多种所有制经济的发展。

国有经济在整个国民经济中居于主导地位。促进国有经济的发展，是保证社会主义方向和整个经济稳定发展的决定性条件。加强宏观经济调控，扩大国有企业经营自主权，转换企业经营机制，实行经济责任制，对提高经济效益，促进国有经济的发展，起到了重要作用。劳动群众集体所有制经济，是社会主义经济的重要组成部分。国家鼓励、指导和帮助集体经济的发展，赋予集体经济组织比国有企业更大的自主权，并且作出了一系列相应的规定，有力地保障和促进了集体经济的迅速发展。个体经济是社会主义经济必要的、有益的补充，对于发展社会生产、方便人民生活、扩大劳动就业具有不可代替的作用。私营经济的发展，有利于促进生产，活跃市场，扩大就业，更好地满足人民多方面的生活要求，是社会主义经济的补充。举办中外合资经营企业，中外合作经营企业和外资企业，也是我国以公有制为主体的多种所有制经济组成部分。全国人大和国务院还制定了一系列关于外商投资企业的法律、法规，改善了外商来华投资的法律环境，推动了中外合资经营企业、中外合作经营企业和外资企业的迅速发展。

第二，保障经济体制改革的顺利进行。

为了保证经济体制改革朝着正确的方向发展，在经济法律、法规中对经济体制改革的措施作出规定，使这些措施规范化、法律化，有助于国家机关、企业和其他社会组织以及公民个人严格地遵守和执行这些措施。同时，规定了经济体制改革措施的经济法律、法规具有强制性，如此就可以依靠国家强制力来排除经济体制改革中的阻力，有力地贯彻需要采取的措施，推动社会主义市场经济体制的建立和完善。

第三，扩大对外经济技术交流和合作。

对外开放是我国长期的基本国策，是加快我国社会主义现代化建设的战略措施。因此，必须积极扩大对外经济技术交流和合作。在当代，世界各国之间的经济技术联系十分密切，任何一个国家的经济技术都不能孤立地发展。闭关自守，就不可能缩短我国同发达国家在经济、技术上的差距，就不可能实现现代化。

为了扩大对外经济技术交流和合作，我国先后在对外贸易、涉外投资、涉外税收、涉外金融、涉外经济合同等方面制定了一系列法律、法规。实践证明，涉外经济法律、法规的贯彻执行，对于发展对外贸易，吸引外商来华投资，共同开发资源，引进先进技术，学习经济发达国家的先进经营管理经验，发挥着重要作用。

第四，保证国民经济持续、快速、健康发展。

改革开放以来，我国在加强市场管理，反对垄断和不正当竞争方面，以及在计划、投资、财政、税收、金融、价格等方面，制定了不少法律、法规。目前，还在进一步加强这些方面的经济立法工作，以适应建立社会主义市场经济体制的需要。上述经济法律、法规有助于实现市场主体行为规范化，市场经济秩序正常化，保证市场机制作用的发挥；同时，有助于加强和改善宏观调控，弥补市场调节的局限性，有效地解决市场调节不能解决或不能解决好的问题。

第二节　合同法

一、合同的概念和特征

合同一词在不同的法律部门均得到应用，如劳动法上的合同、行政法上的合同等。这里讲的是民法意义上的合同。合同法规定：本法所称合同是平等主体的自然人、法人、其他组织之间设立、变更、终止民事权利义务关系的协议。同时，合同法还规定:婚姻、收养、监护等有关身份关系的协议，适用其他法律的规定。这一规定限定了合同法的适用范围。

根据这一定义，合同具有以下法律特征：

第一，合同是一种民事法律行为。民法上关于民事法律行为的一般规定，如民事法律行为的有效要件、民事法律行为的无效和撤销等，均适用于合同。

第二，合同以设立、变更、终止民事权利义务关系为目的。首先，尽管合同主要是债权债务关系的协议（即债权合同），但并不以此为限，而是涉及各类民事权利义务关系（如物权关系、身份关系）。其次，合同的目的不仅在于设立民事权利义务关系，也包括变更和终止民事权利义务关系。

第三，合同是当事人意思表示一致的协议。首先，合同是双方或多方法律行为，须有双方或多方当事人。其次，合同的成立须各方当事人相互为意思表示，即当事人各方均从自己的利益出发作出意思表示，并且其意思表示是交互作出的。再次，须当事人的意思表示达成一致。所谓意思表示一致，也称为合意，是指当事人各方作出的意思表示在内容上互相吻合、不存在分歧。

二、合同的订立

（一）合同订立的一般程序

订立合同，使当事人双方相互的权利义务关系达成协议，必须有一个充分协商的过程，这个过程就是订立合同的程序，它主要包括两个步骤：

1. 要约

要约是希望他人订立合同的意思表示，该意思表示应符合下列规定：必须是特定人所为的意思表示，必须具有缔结合同的目的，内容必须确定和完整。要约不同于要约邀请，要约邀请不是意思表示，而是一种事实行为，目的在于引导他人发出要约。

2. 承诺

承诺是受要约人同意要约的意思表示。承诺若取得成立合同的法律效力，必须具备以下要件：必须由受要约人作出，必须向要约人作出，内容应当与要约的内容一致，必须在要约的存续期间内作出，承诺的方式必须符合要约的规定。承诺生效，表示双方当事人的意思表示一致，合同成立。

（二）合同的内容

合同的内容，是指合同当事人协商一致，用以确认双方权利义务的各项条款，分主要条款和普通条款。

1. 主要条款

这是合同必须具备的条款。合同必要条款的确立标准主要有以下三种：一是法律规定。如《担保法》第十五条第一款规定：保证合同应当包括下列内容：①被保证的主债权种类、数额；②债务人履行债务的期限；③保证的方式；④保证担保的范围；⑤保证的期间；⑥双方认为需要约定的其他事项。二是合同类型或性质决定。如买卖合同中的价款、租赁合同中的租金。三是当事人约定，即当事人要求必须订立的条款。必要条款一般并不具有合同效力的评价意义，但可能影响合同的成立。

2. 普通条款

是指合同主要条款以外的条款，包括两种情况：一是法律未直接规定，也不是合同的类型和性质要求必须具备的，当事人也无意使其成为主要条款的合同条款，如关于包装物返还的约定。二是当事人并未写入合同，甚至未经协商，但基于当事人的行为，或基于合同的明示条款，或基于法律规定，理应存在的合同条款。

（三）合同成立的时间

1. 一般规定

《合同法》第二十五条规定："承诺生效时合同成立。"

2. 合同书形式的合同成立时间

《合同法》第三十二条规定："当事人采用合同书形式订立

合同的，自双方当事人签字或者盖章时合同成立。”双方当事人签字或者盖章不在同一时间的，最后签字或者盖章时合同成立。

3. 确认书形式的合同成立时间

《合同法》第三十三条规定：“当事人采用信件、数据电文形式订立合同的，可以在合同成立之前要求签订确认书。签订确认书时合同成立。”

4. 合同的实际成立

《合同法》第三十六条规定：“法律、行政法规规定或者当事人约定采用书面形式订立合同，当事人未采用书面形式但一方已经履行主要义务，对方接受的，该合同成立。”

（四）合同的成立地点

1. 一般规定

《合同法》第三十四条规定：“承诺生效的地点为合同成立的地点。”采用数据电文形式订立合同的，收件人的主营业地为合同成立的地点；没有主营业地的，其经常居住地为合同成立的地点。当事人另有约定的，按照其约定。

2. 书面合同的成立地点

《合同法》第三十五条规定：“当事人采用合同书形式订立合同的，双方当事人签字或者盖章的地点为合同成立的地点。”

三、合同的履行

（一）一般规定

《合同法》第六十条：“当事人应当按照约定全面履行自己的义务。当事人应当遵循诚实信用原则，根据合同的性质、目的和交易习惯履行通知、协助、保密等义务。”《合同法》第六十一条：“合同生效后，当事人就质量、价款或者报酬、履行地点等内容没有约定或者约定不明确的，可以协议补充；不能达成补充协议的，按照合同有关条款或者交易习惯确定。”

（二）双务合同履行中的抗辩权

双务合同履行中的抗辩权，是指在符合法定条件时，当事人一方对抗对方当事人的履行请求权，暂时拒绝履行其债务的权利。它包括同时履行抗辩权、先履行抗辩权和不安抗辩权。双务合同履行中的抗辩权为一时的抗辩权，延缓的抗辩权。它们对抗辩权人是一种保护手段，是债权保障的法律制度。

1. 同时履行抗辩权

同时履行抗辩权是指双务合同的当事人没有先后履行顺序的，应当同时履行，一方在对方未为对待给付以前，可拒绝履行自己的债务的权利。

2. 先履行抗辩权

先履行抗辩权是指当事人互负债务，有先后履行顺序，先履行一方未履行的，后履行一方有权拒绝其履行要求。先履行一方履行债务不符合约定的，后履行一方有权拒绝其相应的履行要求。

3. 不安抗辩权

不安抗辩权，是指在双务合同中，应当先履行债务的当事人在有确切证据证明后履行债务的当事人在订约后丧失或者可能丧失履行能力时，可以中止自己的履行。按照《合同法》第六十八条的规定，应当先履行债务的当事人，有确切证据证明对方有下列情形之一的，可以中止履行：经营状况严重恶化；转移财产、抽逃资金，以逃避债务；丧失商业信誉；有丧失或者可能丧失履行债务能力的其他情形。当事人没有确切证据中止履行的，应当承担违约责任。

四、合同的变更

合同的变更有广义与狭义之分。广义的合同变更，是指合同主体、客体和内容三要素中任何一个要素的改变。狭义的合同变更，是指合同客体和内容的改变，即对合同各项条款的修改、补充、限制等。

（一）合同变更的要件

1. 原已存在有效的合同关系

即合同变更以原已存在合同关系为前提。同时，原合同关系若非合法有效，如合同无效、合同被撤销、追认权人拒绝追认效力未定的合同，也无合同变更的余地。

2. 合同内容发生变化

这包括：标的物数量的增减；标的物品质的改变；价款或者酬金的增减；履行期限的变更；履行地点的改变；履行方式的改变；结算方式的改变；所附条件的增添或除去；单纯债权变为选择债权；担保的设定或取消；违约金的变更；利息的变化。

3. 经当事人协商一致，或依法律规定

合同变更通常是当事人合意的结果，但是也可能基于法律规定或法院裁决而变更，如《合同法》第五十四条规定，当事人一方可以请求人民法院或者仲裁机关对重大误解或显失公平的合同予以变更。

4. 法律、行政法规规定变更合同应当办理批准、登记等手续的，应遵守其规定。

（二）合同变更的效力

合同变更的实质在于使变更后的合同代替原合同。因此，合同变更后，当事人应按变更后的合同内容履行。

合同变更原则上向将来发生效力，未变更的权利义务继续有效，已经履行的债务不因合同的变更而失去合法性。

合同的变更不影响当事人要求赔偿的权利。原则上，提出变更的一方当事人对对方当事人因合同变更所受损失应负赔偿责任。

五、合同的解除

合同的解除，是指合同有效成立后，在一定条件下通过当事人的单方行为或者双方合意终止合同效力或者溯及地消灭合同关系的行为。合同解除是对有效合同的解除，这是合同解除的前提；

合同的解除必须具有解除事由，只是在主客观情况发生变化，使合同履行成为不必要或不可能的情况下，才允许解除合同；合同解除必须通过解除行为实现，一是当事人双方协商同意；二是享有解除权一方的单方意思表示；合同解除的效果是使合同关系消灭。

（一）合同的法定解除条件

《合同法》规定，有下列情形之一的，当事人可以解除合同：

①因不可抗力致使不能实现合同目的；②在履行期限届满之前，当事人一方明确表示或者以自己的行为表明不履行主要债务。合同解除条件，一是要求债务人有过错，二是拒绝行为违法（无合法理由），三是有履行能力；③当事人一方迟延履行主要债务，经催告后在合理期限内仍未履行。如果根据合同的性质和当事人的意思表示，履行期限在合同的内容中非属特别重要时，即使债务人在履行期届满后履行，也不致使合同目的落空。在此情况下，原则上不允许当事人立即解除合同，而应由债权人向债务人发出履行催告，给予一定的履行宽限期。只有当债务人在该履行宽限期届满时仍未履行的，债权人有权解除合同；④当事人一方迟延履行债务或者有其他违约行为致使不能实现合同目的。如债务人不按期履行，合同目的即不能实现，债权人有权解除合同。其他违约行为致使合同目的不能实现时，也应如此；⑤法律规定的其他情形。法律针对某些具体合同规定了特别法定解除条件的，从其规定。

（二）合同协议解除的条件

合同协议解除的条件，是双方当事人协商一致解除原合同关系。其实质是在原合同当事人之间重新订立了一个合同，其主要内容为废弃双方原合同关系，使双方基于原合同发生的债权债务归于消灭。

采取协议解除合同（即解除协议）方式，因此应具备的有效要件，即当事人具有相应的行为能力；意思表示真实；内容不违反法律规范和社会公共利益；采取适当的形式。

（三）合同解除的效力

1. 一般规定

《合同法》规定，合同解除后，尚未履行的，终止履行；已经履行的，根据履行情况和合同性质，当事人可以请求恢复原状或者采取其他补救措施，并有权要求赔偿损失。

2. 合同解除与损害赔偿

《民法通则》和《合同法》均规定，合同解除与损害赔偿可以并存。

六、合同责任

（一）违约责任

违约责任，是指合同当事人一方不履行合同义务或履行合同义务不符合合同约定所应承担的民事责任。

违约责任具有以下特征：①违约责任是一种民事责任，这规定了违约责任的性质；②违约责任是违约的当事人一方对另一方承担的责任。合同关系的相对性决定了违约责任的相对性，即违约责任是合同当事人之间的民事责任，合同当事人以外的第三人对当事人之间的合同不承担违约责任；③违约责任是当事人不履行或不完全履行合同的责任。能够产生违约责任的违约行为有两种情形：一是一方不履行合同义务；二是履行合同义务不符合约定条件；④违约责任以补偿守约方因违约行为所受损失为主要目的，以损害赔偿为主要责任形式，故具有补偿性质；⑤违约责任可以由当事人在法律规定的范围内约定，具有一定的任意性。

违约责任的构成要件有两种，即：有违约行为；无免责事由。

（二）违约行为

违约行为，是指当事人一方不履行合同义务或者履行合同义务不符合约定条件的行为。这说明：违约行为的主体只能是合同当事人；违约行为是一种客观的违反合同的行为，而不管行为人的主观状态如何；违约行为侵害的客体是合同对方的债权。因违约行为的发生，使债权人的债权无法实现，从而侵害了债权。

违约行为可以作以下分类：①单方违约与双方违约。双方违约，是指双方当事人分别违反了自己的合同义务。《合同法》第一百二十条规定：“当事人双方都违反合同的，应当各自承担相应的责任。”可见，在双方违约情况下，双方的违约责任不能相互抵销。②根本违约与非根本违约。以违约行为是否导致另一方订约目的不能实现为标准，违约行为可作此分类。其主要区别在于，根本违约可构成合同法定解除的理由。③不履行、不完全履行与迟延履行。④实际违约与预期违约。

（三）违约的免责事由

免责事由也称免责条件，是指当事人对其违约行为免于承担违约责任的事由。合同法上的免责事由可分为两大类，即法定免责事由和约定免责事由。法定免责事由是指由法律直接规定、不需要当事人约定即可援用的免责事由，主要指不可抗力；约定免责事由是指当事人约定的免责条款。

1. 不可抗力

根据我国法律的规定，所谓不可抗力，是指不能预见、不能避免并不能克服的客观情况。

不可抗力主要包括以下几种情形：①自然灾害，如台风、洪水、冰雹；②政府行为，如征收、征用；③社会异常事件，如罢工、骚乱。

在不可抗力的适用上，有以下问题值得注意：①合同中是否约定不可抗力条款，不影响直接援用法律规定；②不可抗力条款是法定免责条款，约定不可抗力条款如小于法定范围，当事人仍可援用法律规定主张免责；如大于法定范围，超出部分应视为另外成立了免责条款，依其约定；③不可抗力作为免责条款具有强制性。当事人不得约定将不可抗力排除在免责事由之外。

因不可抗力不能履行合同的，根据不可抗力的影响，违约方可部分或全部免除责任。但以下例外：①金钱债务的迟延责任不得因不可抗力而免除。②迟延履行期间发生的不可抗力不具有免责效力。

2. 免责条款

免责条款是指当事人在合同中约定免除将来可能发生的违约责任的条款，其所规定的免责事由即约定免责事由。对此，合同法未作一般性规定(仅规定格式合同的免责条款)。值得注意的是：免责条款不能排除当事人的基本义务，也不能排除故意或重大过失的责任。

（四）承担违约责任的形式

《合同法》规定，当事人一方不履行合同义务或者履行合同义务不符合约定的，应当承担继续履行、采取补救措施或者赔偿损失等违约责任。因此，承担违约责任有三种基本形式，即继续履行、采取补救措施和赔偿损失。当然，除此之外，违约责任还有其他形式，如违约金和定金责任。

1. 继续履行

继续履行是指违约方根据对方当事人的请求继续履行合同规定的义务的违约责任形式。其特征为：①继续履行是一种独立的违约责任形式，不同于一般意义上的合同履行。具体表现在：继续履行以违约为前提，继续履行体现了法的强制，继续履行不依附于其他责任形式；②继续履行的内容表现为按合同约定的标的履行义务，这一点与一般履行并无不同；③继续履行以对方当事人（守约方）请求为条件，法院不得先行判决。

继续履行的适用，因债务性质的不同而不同。对于金钱债务，只存在迟延履行，不存在履行不能。对于非金钱债务，原则上可以请求继续履行，但下列情形除外：①法律上或者事实上不能履行（履行不能）；②债务的标的不适用强制履行或者强制履行费用过高；③债权人在合理期限内未请求履行。

2. 采取补救措施

采取补救措施是指矫正合同不适当履行（质量不合格），使履行缺陷得以消除的具体措施。这种责任形式，与继续履行（解决不履行问题）和赔偿损失具有互补性。

关于采取补救措施的具体方式，我国相关法律做了规定。如《合同法》规定为：修理、更换、重作、退货、减少价款或者报酬等；《消费者权益保护法》规定为：修理、重作、更换、退货、补足商品数量、退还货款和服务费用、赔偿损失；《产品质量法》规定为：修理、更换、退货。

3. 赔偿损失

赔偿损失，又称违约损害赔偿，是指违约方以支付金钱的方式弥补受害方因违约行为所减少的财产或者所丧失的利益的责任形式。赔偿损失具有如下特点：①赔偿损失具有根本救济功能，任何其他责任形式都可以转化为损害赔偿；②赔偿损失是以支付金钱的方式弥补损失。但在特殊情况下，也可以以其他物代替金钱作为赔偿；③赔偿损失是由违约方赔偿守约方因违约所遭受的损失。首先，赔偿损失是对违约行为所造成的损失的赔偿，与违约行为无关的损失不在赔偿之列。其次，赔偿损失是对守约方所遭受损失的一种补偿，而不是对违约行为的惩罚；④赔偿损失责任具有一定的任意性。违约赔偿的范围和数额，可由当事人约定。当事人既可以约定违约金的数额，也可以约定损害赔偿的计算方法。

赔偿损失的确定方式有两种：法定损害赔偿和约定损害赔偿。法定损害赔偿是指由法律规定的，由违约方对守约方因其违约行为而对守约方遭受的损失承担的赔偿责任；约定损害赔偿，是指当事人在订立合同时，预先约定一方违约时应当向对方支付一定数额的赔偿金或约定损害赔偿额的计算方法。它具有预定性（缔约时确定）、从属性（以主合同的有效成立为前提）、附条件性（以损失的发生为条件）。

4. 违约金

违约金是指当事人一方违反合同时应当向对方支付的一定数量的金钱或财物。依不同标准，违约金可分为：①法定违约金和约定违约金；②惩罚性违约金和补偿性（赔偿性）违约金。

违约金具有以下法律特征：①是在合同中预先约定的（合同条款之一）；②是一方违约时向对方支付的一定数额的金钱（定额损害赔偿金）；③是对承担赔偿责任的一种约定（不同于一般合同义务）。

我国《合同法》就法官对违约金具有的变更权作了规定。其特点是：①以约定违约金"低于造成的损失"或"过分高于造成的损失"为条件；②经当事人请求；③由法院或仲裁机构裁量；④"予以增加"或"予以适当减少"。

5. 定金责任

定金，是指合同当事人为了确保合同的履行，根据双方约定，由一方按合同标的额的一定比例预先给付对方的金钱或其他替代物。《担保法》作了专门规定。《合同法》也规定，当事人可以依照《担保法》约定一方向对方给付定金作为债权的担保。债务人履行债务后，定金应当抵作价款或者收回。给付定金的一方不履行约定的债务的，无权要求返还定金；收受定金的一方不履行约定的债务的，应当双倍返还定金。据此，在当事人约定了定金担保的情况下，如一方违约，定金责任则即成为一种违约责任形式。

第三节 反不正当竞争法

竞争是市场经济的灵魂。竞争法是国家调整市场竞争关系和市场竞争管理关系的法律规范。竞争法以效率优先、兼顾公平为目标，旨在确立竞争秩序，形成有效竞争、有序竞争，维护合法竞争者的利益，维护消费者的利益，维护社会的公共利益。竞争法体系由反垄断法、反不正当竞争法、竞争管理体制法和竞争法程序规范构成。

一、不正当竞争与反不正当竞争法的概念

不正当竞争，指经营者违反法律规定，损害其他经营者的合

法权益，扰乱社会经济秩序的行为。

反不正当竞争法，是指调整在制止不正当竞争行为过程中发生的社会关系的法律规范的总称。1993 年 9 月 2 日第八届全国人民代表大会常务委员会第三次会议通过了《中华人民共和国反不正当竞争法》。我国《反不正当竞争法》的立法目的是为了保障社会主义市场经济健康发展，鼓励和保护公平竞争，制止不正当竞争行为，保护经营者和消费者的合法权益。《反不正当竞争法》的基本原则包括自愿、公平、平等、诚实信用、遵守公认商业道德以及不得滥用竞争权利等原则。

二、不正当竞争行为的种类

经营者在市场交易中，应当遵循自愿、平等、公平、诚实信用的原则，遵守公认的商业道德。我国《反不正当竞争法》把不正当竞争行为划分为限制竞争行为和妨碍公平竞争行为两大类。

1. 采用欺骗性标志从事交易行为

具体包括：①假冒他人的注册商标；②擅自使用知名商品特有的名称、包装、装潢，或者使用与知名商品近似的名称、包装、装潢，造成和他人的知名商品相混淆，使购买者误认为是该知名商品；③擅自使用他人的企业名称或者姓名，引人误认为是他人的商品；④在商品上伪造或者冒用认证标志、名优标志等质量标志，伪造产地，对商品质量作引人误解的虚假表示。

2. 强制性交易行为

强制性交易行为是指公用企业或者其他依法具有独占地位的经营者，限定他人购买其指定经营者的商品，排斥其他经营者的公平竞争的行为。

3. 滥用行政权力限制竞争的行为

滥用行政权力限制竞争的行为，是指政府及其所属部门滥用行政权力，限定他人购买其指定的经营者的商品，限制其他经营者正当的经营活动，以及限制外地商品进入本地市场或者本地商品流向外地市场，干扰、阻碍正常的交易活动的行为。

4. 商业贿赂行为

商业贿赂行为，是指经营者采用财物或者其他手段进行贿赂，以销售或者购买商品的行为。

5. 虚假宣传行为

虚假宣传行为，是指经营者利用广告或者其他方法，对商品的质量、制作成分、性能、用途、生产者、有效期限、产地等作引人误解的虚假宣传的行为。

6. 侵犯商业秘密的行为

根据《反不正当竞争法》的规定，商业秘密，是指不为公众所知悉、能为权利人带来经济利益、具有实用性并经权利人采取保密措施的技术信息和经营信息。

侵犯商业秘密的行为主要有：①以盗窃、利诱、胁迫或者其他不正当手段获取权利人的商业秘密；②披露、使用或者允许他人使用以上述手段所获取的权利人的商业秘密；③违反约定或者违反权利人有关保守商业秘密的要求，披露、使用或者允许他人使用其掌握的商业秘密；④第三人明知或者应知上述所列违法行为，获取、使用或者披露他人的商业秘密。

7. 压价排挤竞争对手的行为

压价排挤竞争对手的行为，是指经营者以排挤竞争对手为目的，以低于成本的价格销售商品的行为。

《反不正当竞争法》规定：有下列情况之一的，不属于不正当竞争行为：①销售鲜活商品；②处理有效期限即将到期的商品或者其他积压的商品；③季节性降价；④因清偿债务、转产、歇业降价销售商品。

8. 搭售商品或附加不合理交易条件的行为

搭售商品是指经营者销售商品时违背购买者的意愿搭售商品；附加不合理的交易条件主要是指增加购买者的义务、加重购买者的责任，或者剥夺、限制购买者的应有的权利。经营者销售商品时，利用其经济优势，违背购买者的意愿搭售商品或者附加其他不合理的条件，违反了自愿、平等、公平等基本原则，侵害了相对人的正当权益，属于不正当竞争行为。

9. 不正当有奖销售行为

不正当有奖销售，是指以欺诈手段进行有奖销售或者以不正当的巨额抽奖刺激消费者的投机心理来推销商品的行为。

我国《反不正当竞争法》规定，经营者不得从事下列有奖销售：①采用谎称有奖或者故意让内定人员中奖的欺骗方式进行有奖销售；②利用有奖销售的手段，推销质次价高的商品；③抽奖式的有奖销售，最高奖的金额超过 5000 元。

10. 诋毁商誉行为

商誉包括经营者的商业信誉、商品声誉。诋毁商誉行为，是指经营者捏造、散布虚伪事实，损害竞争对手的商业信誉、商品声誉的行为。

11. 串通、勾结投标行为

所谓串通投标，是指投标人之间相互恶意串通，采取联合行动限制竞争。其主要形式有：①投标人之间相互约定，一致抬高投标报价或者一致压低投标报价；②围标行为，即众多投标人参与投标，但事先相互协商确定出最低报价或最高报价的投标人，并在类似项目中轮流中标。

三、不正当竞争行为的法律责任

县级以上工商行政管理部门以及法律、行政法规规定的其他监督检查部门、司法机关，对上述不正当竞争行为，可以根据情况追究民事、行政和刑事责任。

民事责任包括停止侵害、排除妨碍、消除影响和赔偿损失。

行政责任包括停止违法行为、罚款、没收非法所得、吊销营业执照等。

对侵犯商标权、侵犯商业秘密、销售伪劣商品、商业贿赂等行为，情节严重，构成犯罪的，要依法追究刑事责任。

第四节　税法

一、税法的概念

（一）税法的概念及调整对象

税法是指国家制定的调整税务关系的法律规范的总称。税法的调整对象是税务关系。税务关系的内容广泛，概括起来可分为两类：①税收分配关系，即国家与纳税人之间在税收征纳过程中形成的分配关系；②税收征收管理关系，即在税收征收管理过程中，国家与纳税人及其他税务当事人之间形成的管理关系。

（二）税收法律关系

税收法律关系是由税收法律规范调整确认和调整的，国家和纳税人之间发生的具有权利和义务内容的社会关系。

税收法律关系的要素包括以下几点：①税收法律关系的主体，也称为税法主体。是指在税收法律关系中享有权利和承担义务的当事人，主要包括国家、征税机关、纳税人和扣缴义务人；②税收法律关系的内容。是指税收法律关系主体所享有的权利和所承担的义务，主要包括纳税人的权利义务和征税机关的权利义务；③税收法律关系的客体。是指税收法律关系主体的权利义务所指向的对象，主要包括货币、实物和行为。

税法由税收体制法、税收征纳实体法、税收征纳程序法等子部门法所组成。其中，税收征纳实体法主要包括商品税法、所得税法、财产税法和行为税法。商品税法主要包括增值税法、消费税法、营业税法、关税法和烟叶税法等。所得税法主要包括企业所得税法（2007 年 3 月我国将《外商投资企业和外国企业所得税法》和《企业所得税暂行条例》合并，制定统一适用内外资企业的《企业所得税法》）和个人所得税法。财产税法主要包括资源税法、房产税法、土地增值税法、土地使用税法、耕地占用税法、契税法、车船税法等。行为税法主要包括印花税法等。

二、税法的构成要素

（一）税法主体

税法主体，是指税法规定的享有权利和承担义务的当事人，包括征税主体和纳税主体。

征税主体，是指法律、行政法规规定代表国家行使征税权的征税机关。包括各级税务机关、财政机关和海关。

纳税主体，是指法律、行政法规规定负有纳税义务的单位和个人。单位是指法人和非法人组织。

此外，还有与征纳税有关的扣缴义务人。它是指法律、行政法规规定负有代扣代缴、代收代缴税款义务的单位和个人。

（二）征税对象

征税对象也称征税客体，是指征税主体和纳税主体共同指向的对象。征税对象十分广泛，可以是商品、劳务所得，也可以是财产、资源、行为，等等。

（三）税目

税目也称课税品目，是征税客体的具体化，代表着征税界限或征税范围的广度。

（四）计税依据

计税依据也称税基，是指计算应纳税额的依据。

（五）税率

税率，是应纳税额与计税依据之间的比例。我国税率基本形式有三种：

1. 定额税率

又称固定税额，是按照单位征税对象直接规定固定的税额。如，100 元 / 吨、0.5 元 / 升。一般适用于从量计征的税种。如资源税、城镇土地使用税、耕地占用税等。

2. 比例税率

是指对同一征税对象，不分数额大小，均规定相同的征收比例。如我国增值税一般纳税人，不论其销售额的大小，规定适用17%的基本税率或13%的低税率；企业所得税不论纳税人所得额的大小，规定一般适用25%所得税率（除特殊情况外）。

3. 累进税率

是指同一征税对象，随数额的增大，征收比例也随之提高的税率。累进税率又分为全额累进税率、超额累进税率和超率累进税率。现行税法只采用超额累进税率和超率累进税率。

（1）超额累进税率，是指将同一征税对象划分为若干个等级，每个等级规定相应的税率，分别计算税额，一定数量的征税对象，可以同时适用几个等级部分的税率。如我国个人所得中的工资薪金所得、个体工商户的生产经营所得以及个人所得、个人对企事业单位的承包、承租经营所得等都采用这种税率。

（2）超率累进税率，是指将征税对象数额的相对率划分成若干个等级，每个等级规定相应的税率，一定数量的征税对象，可以同时适用几个等级部分的税率。如我国现行土地增值税实行四级超率累进税率。增值额未超过扣除项目金额50%的部分，税率为30%；超过50%未超过100%的部分，税率为40%；超过100%未超过200%的部分，税率为50%；超过200%的部分，税率为60%。

（六）纳税环节

纳税环节，是指法律、行政法规规定商品从生产到消费的过程中应当缴纳税款的环节。

（七）纳税期限

纳税期限，是指法律、行政法规规定的或征税机关依据法律、行政法规核定的纳税人应当缴纳税款的期限。

（八）纳税地点

纳税地点，是指法律、行政法规规定的纳税人申报缴纳税款的地点。一般的实行属地管辖，纳税地点为纳税人的所在地，但有些情况下，纳税地点为口岸地、营业行为地、财产所在地，等等。

（九）税收优惠

税收优惠，是对某些纳税人或征税对象给予鼓励或照顾的一种特殊规定。

目前，我国税法规定的税收优惠形式主要包括：减税、免税、退税、再投资抵免、加速折旧、亏损弥补和延期纳税等。

三、增值税法

增值税是指以商品生产流通或提供劳务过程中的增值额为征税对象的一种税。

（一）增值税的特征

1. 多环节征税，税不重征

从征税环节看，增值税实行“多环节征税”。商品从生产到消费要经过诸多环节，增值税几乎存在于商品流转的每个环节。即只要商品在这个环节有增值，就要对其征税。从计税方法看，增值税实行税款抵扣制，即纳税人应纳的增值税，是以应税商品的销售收入或营业额计算的税额，扣除纳税人为生产经营而购进的原材料或劳务已经负担的税额。

2. 税收转嫁

增值税缴纳者虽是生产经营者，负担者却是购买者。

3. 内在稽核机制

增值税的税款抵扣制是凭发票注明税款抵扣制。纳税人在购进货物时必须要求对方开具发票，以此作为抵扣购进货物负担税款的凭据。

（二）增值税法的基本内容

1. 增值税的纳税人

增值税的纳税人为在中华人民共和国境内销售货物或者提供加工、修理修配劳务以及进口货物的单位和个人。增值税的纳税人分为一般纳税人和小规模纳税人。

2. 增值税的征税对象

增值税征税对象为纳税人在中国境内销售的货物或者提供的加工、修理修配劳务以及进口的货物。

3. 增值税的税基

增值税税基为销售货物或者提供加工、修理修配劳务以及进口货物的增值额。

4. 增值税的税率

增值税一般纳税人税率分为基本税率（17%）、低税率（13%）和零税率（0%）。

纳税人销售或者进口货物，除适用低税率的以外，税率为17%。

纳税人销售或者进口下列货物，税率为13%：①粮食、食用植物油；②自来水、暖气、冷气、热水、煤气、石油液化气、天然气、沼气、居民用煤炭制品；③图书、报纸、杂志；④饲料、化肥、农药、农机、农膜；⑤国务院规定的其他货物。

纳税人出口货物，税率为0%；但是，国务院另有规定的除外。

纳税人提供加工、修理修配劳务，税率为17%。

增值税小规模纳税人销售货物或提供应税劳务，适用3%的征收率。

5. 增值税的税收减免

下列项目免征增值税：①农业生产者销售的自产农业产品；②避孕药品和用具；③古旧图书；④直接用于科学研究、科学试验和教学的进口仪器、设备；⑤外国政府、国际组织无偿援助的进口物资和设备；⑥由残疾人的组织直接进口供残疾人专用的物品；⑦销售的自己使用过的物品。纳税人销售额未达到财政部规定的增值税起征点的，免征增值税。

四、消费税法

消费税是对在我国境内生产、委托加工和进口应税消费品征收的一种价内税。在对货物征收普通增值税的基础上，选择少数消费品再征一道消费税，目的是为了调节产品结构，引导消费方向，保证国家财政收入。

（一）消费税的特征

1. 选择性征收

它是指从消费税征税范围看，只是选择部分消费品或消费行为征税。

2. 单环节课征

它是指消费品从生产到消费的整个流转过程，只规定一个环节征税。

3. 税率、税额的差别

它是指对消费税应税项目规定高低不等的税率、税额，以体现消费税的个别调节。

4. 税收转嫁性

它是指消费税可通过消费品的销售转嫁给消费者。

（二）消费税法的基本内容

1. 消费税的纳税人

消费税的纳税人为在中国境内生产、委托加工和进口法律规定的消费品的单位和个人，以及国务院确定的销售本条例规定的消费品的其他单位和个人。

2. 消费税的征税对象

消费税的征税对象为应税消费品，具体包括：①烟；②酒及酒精；③化妆品；④护肤护发品；⑤贵重首饰；⑥鞭炮、焰火；⑦汽油；⑧柴油；⑨汽车轮胎；⑩摩托车；小汽车。

从 2006 年 4 月 1 日起，高尔夫球及球具、高档手表、游艇、木制一次性筷子、实木地板等征收消费税，同时取消了护肤护发品税目。

自 2009 年 1 月 1 日起实施成品油税费改革，取消原在成品油价外征收的公路养路费、航道养护费、公路运输管理费、公路客货运附加费、水路运输管理费、水运客货运附加费六项收费，逐步有序取消政府还贷二级公路收费；同时，将价内征收的汽油消费税单位税额每升提高 0.8 元，即由每升 0.2 元提高到 l 元；柴油消费税单位税额每升提高 0.7 元，即由每升 0.1 元提高到 0.8 元；其他成品油消费税单位税额相应提高。

3. 消费税的税基

消费税的税基为销售额或销售数量。销售额，为纳税人销售应税消费品向购买方收取的全部价款和价外费用。

4. 消费税的税率

消费税实行从价定率或者从量定额的办法计算应纳税额，按不同消费品分别采用比例税率和定额税率。具体税率、税额表参见消费税暂行条例后所附的消费税税目税率（税额）表。

纳税人兼营不同税率的应税消费品，应当分别核算不同税率应税消费品的销售额、销售数量。未分别核算销售额、销售数量，或者将不同税率的应税消费品组成成套消费品销售的，从高适用税率。

5. 消费税的税收减免

对纳税人出口应税消费品，免征消费税；国务院另有规定的除外。

五、营业税法

营业税是以应税商品或劳务的销售收入额为计税依据征收的一种税。营业税法的基本内容有以下几个方面。

营业税的纳税人。营业税的纳税人为在中国境内提供应税劳务、转让无形资产或者销售不动产的单位和个人。

营业税的征税对象。营业税的征税对象为应税劳务、转让无形资产或者销售不动产，具体包括：①交通运输业；②建筑业；③金融保险业；④邮电通信业；⑤文化体育业；⑥娱乐业；⑦服务业；⑧转让无形资产；⑨销售不动产。

营业税的税基。营业税的税基为营业额。营业额为其提供应税劳务、转让无形资产或者销售不动产向对方收取的全部价款和价外费用。

营业税的税率。营业税除娱乐业实行幅度比例税率外，其他税目均实行固定比例税率。其具体税率为：①交通运输业，3%；②建筑业，3%；③金融保险业，8%；④邮电通信业，3%；⑤文化体育业，3%；⑥娱乐业，5%～20%；⑦服务业，5%；⑧转让无形资产，5%；⑨销售不动产，5%。

营业税的税收减免。下列项目免征营业税：①托儿所、幼儿园、养老院、残疾人福利机构提供的育养服务，婚姻介绍，殡葬服务；②残疾人员个人提供的劳务；③医院、诊所和其他医疗机构提供的医疗服务；④学校和其他教育机构提供的教育劳务，学生勤工俭学提供的劳务；⑤农业机耕、排灌、病虫害防治、植保、农牧保险以及相关技术培训业务，家禽、牲畜、水生动物的配种和疾病防治；⑥纪念馆、博物馆、文化馆、美术馆、展览馆、书画院、图书馆、文物保护单位管理机构举办文化活动的门票收入，宗教场所举办文化、宗教活动的门票收入；⑦境内保险机构为出口货物提供的保险产品。

纳税人营业额未达到财政部规定的营业税起征点的，免征营业税。

六、企业所得税法

（一）企业所得税的征税对象

企业所得税的征税对象为企业所获得的各种应税收入。企业以货币形式和非货币形式从各种来源取得的收入，为收入总额。包括：①销售货物收入；②提供劳务收入；③转让财产收入；④股息、红利等权益性投资收益；⑤利息收入；⑥租金收入；⑦特许权使用费收入；⑧接受捐赠收入；⑨其他收入。

收入总额中的下列收入为不征税收入：①财政拨款；②依法收取并纳入财政管理的行政事业性收费、政府性基金；③国务院规定的其他不征税收入。

（二）企业所得税应纳税额的计算

企业的应纳税所得额乘以适用税率，减除依照企业所得税法关于税收优惠的规定减免和抵免税额后的余额，为应纳税额。

企业取得的下列所得已在境外缴纳的所得税税额，可以从其当期应纳税额中抵免，抵免限额为该项所得依照企业所得税法规定计算的应纳税额；超过抵免限额的部分，可以在以后5个年度内，用每年度抵免限额抵免当年应抵税额后的余额进行抵补：①居民企业来源于中国境外的应税所得；②非居民企业在中国境内设立机构、场所，取得发生在中国境外但与该机构、场所有实际联系的应税所得。

居民企业从其直接或者间接控制的外国企业分得的来源于中国境外的股息、红利等权益性投资收益，外国企业在境外实际缴纳的所得税税额中属于该项所得负担的部分，可以作为该居民企业的可抵免境外所得税税额，在《企业所得税法》第二十三条规定的抵免限额内抵免。

（三）企业所得税税收优惠

国家对重点扶持和鼓励发展的产业和项目，给予企业所得税优惠。

企业的下列收入为免税收入：①国债利息收入；②符合条件的居民企业之间的股息、红利等权益性投资收益；③在中国境内设立机构、场所的非居民企业从居民企业取得与该机构、场所有实际联系的股息、红利等权益性投资收益；④符合条件的非营利组织的收入。

企业的下列所得，可以免征、减征企业所得税：①从事农、林、牧、渔业项目的所得；②从事国家重点扶持的公共基础设施项目投资经营的所得；③从事符合条件的环境保护、节能节水项目的所得；④符合条件的技术转让所得；⑤《企业所得税法》第三条第三款规定的所得。

具体而言，企业从事下列项目的所得，免征企业所得税：①蔬菜、谷物、薯类、油料、豆类、棉花、麻类、糖料、水果、坚果的种植；②农作物新品种的选育；③中药材的种植；④林木的培育和种植；⑤牲畜、家禽的饲养；⑥林产品的采集；⑦灌溉、农产品初加工、兽医、农技推广、农机作业和维修等农、林、牧、渔服务业项目；⑧远洋捕捞。企业从事下列项目的所得，减半征收企业所得税：①花卉、茶以及其他饮料作物和香料作物的种植；②海水养殖、内陆养殖。

企业从事国家重点扶持的公共基础设施项目的投资经营或符合条件的环境保护、节能节水项目的所得，自项目取得第一笔生产经营收入所属纳税年度起，第一年至第三年免征企业所得税，第四年至第六年减半征收企业所得税。

符合条件的技术转让所得免征、减征企业所得税，是指一个纳税年度内，居民企业技术转让所得不超过500万元的部分，免征企业所得税；超过500万元的部分，减半征收企业所得税。

非居民企业中国境内未设立机构、场所的，或者虽设立机构、场所但取得的所得与其所设机构、场所没有实际联系的，减按10%的税率征收企业所得税。而以下所得可免征所得税：①外国政府向中国政府提供贷款取得的利息所得；②国际金融组织向中国政府和居民企业提供优惠贷款取得的利息所得；③经国务院批准的其他所得。

符合条件的小型微利企业（即从事国家非限制和禁止行业，并符合《企业所得税法实施条例》第九十二条规定的企业），减按20%的税率征收企业所得税。国家需要重点扶持的高新技术企业（即拥有核心自主知识产权，并同时符合《企业所得税法实施条例》第九十三条规定的企业），减按15%的税率征收企业所得税。

民族自治地方的自治机关对本民族自治地方的企业应缴纳的企业所得税中属于地方分享的部分，可以决定减征或者免征。自治州、自治县决定减征或者免征的，须报省、自治区、直辖市人民政府批准。

企业的下列支出，可以在计算应纳税所得额时加计扣除：①开发新技术、新产品、新工艺发生的研究开发费用；②安置残疾人员及国家鼓励安置的其他就业人员所支付的工资。

创业投资企业从事国家需要重点扶持和鼓励的创业投资，可以按投资额的一定比例抵扣应纳税所得额。

企业的固定资产由于技术进步等原因，确需加速折旧的，可以缩短折旧年限或者采取加速折旧的方法。

企业综合利用资源，生产符合国家产业政策规定的产品所取得的收入，可以在计算应纳税所得额时减计收入，即指企业以《资源综合利用企业所得税优惠目录》规定的资源作为主要原材料，生产国家非限制和禁止并符合国家和行业相关标准的产品取得的收入，减按 90% 计入收入总额。

企业购置用于环境保护、节能节水、安全生产等专用设备的投资额，该专用设备的投资额的 10%可以从企业当年的应纳税额中抵免；当年不足抵免的，可以在以后 5 个纳税年度结转抵免。

根据国民经济和社会发展的需要，或者由于突发事件等原因对企业经营活动产生重大影响的，国务院可以制定企业所得税专项优惠政策，报全国人民代表大会常务委员会备案。

七、个人所得税

个人所得税，是指以个人所得为征税对象的一种税。

我国《个人所得税法》采用住所和时间相结合的标准，将个人所得税的纳税人分两种：一是在中国境内有住所，或无住所而在境内居住满 1 年的个人；二是在中国境内无住所又不居住或无住所而在境内居住不满 1 年的个人。第一种人在税法上称为居民纳税人；第二种人在税法上称为非居民纳税人。

非居民纳税人对中国政府承担有限纳税义务，即仅就其来自于中国境内的所得纳税。居民纳税人对中国政府负无限纳税义务，即其来源于中国境内外的全部所得应向中国政府纳税。

个人所得税的征税对象是个人的所得额。所得额有 11 项：①工资、薪金所得；②个体工商户的生产、经营所得；③对企事业单位的承包经营、承租经营所得；④劳务报酬所得；⑤稿酬所得；⑥特许权使用费所得；⑦利息、股息、红利所得；⑧财产租赁所得；⑨财产转让所得；⑩ 偶然所得，是指个人得奖、中奖、中彩以及其他偶然性质的所得；⑪ 经国务院财政部门确定征税的其他所得。

个人所得税的税率：①工资、薪金按月合并计税，税率为 3%～45%的 7 级超额累进税率；②个体工商户的生产、经营所得和对企事业单位的承包经营、承租经营所得，适用 5%～35%的 5 级超额累进税率；③劳务报酬所得、稿酬所得、特许权使用费所得、财产租赁所得、财产转让所得，利息、股息、红利所得，偶然所得和其他所得，均适用 20%的比例税率。

另外，法律还规定了免征和减征个人所得税的情况。

八、税收征收管理法

（一）税务管理

税务管理是税收征管程序中的基础性环节，主要包括三项制度：税务登记、账簿凭证管理和纳税申报。

1. 税务登记

也称为纳税登记，是指纳税人在开业、歇业前或其他生产经营期间发生的重大变动，在法定期间内向主管税务机关办理书面登记的一项制度。

主要包括：①开业登记制度；②变更、注销登记制度；③税务登记证件的使用制度；④外出经营税务登记的管理制度。

2. 账簿凭证管理

账簿凭证管理制度包括账簿凭证的设置制度、财务会计制度、发票管理制度、账簿凭证的保管制度等。

主要包括：①账簿凭证的设置；②财务会计办法备案制度；③账簿凭证的文字管理；④发票管理制度；⑤账簿凭证的保管制度。

3. 纳税申报

纳税申报的方式。经税务机关批准，纳税人、扣缴义务人可以采取邮寄、数据电文方式办理纳税申报或者报送代扣代缴、代收代缴税款报告表。

纳税申报表的内容和申报资料。纳税人、扣缴义务人的纳税申报或者代扣代缴、代收代缴税款报告表的主要内容包括：税种、税目，应纳税项目或者应代扣代缴、代收代缴税款项目，计税依据，扣除项目及标准，适用税率或者单位税额，应退税项目及税额、应减免税项目及税额，应纳税额或者应代扣代缴、代收代缴税额，税款所属期限、延期缴纳税款、欠税、滞纳金等。

（二）税款征收

税款征收是税收征管制度中的核心内容，具体包括税款征收基本制度、税收减免制度和税款征收保障制度。

1. 税款征收基本制度

税款征收基本制度主要包括征纳主体制度、征纳期限制度、退税制度、应纳税额的确定制度、税款入库制度和文书送达制度。

（1）征纳主体制度。征税主体是税务机关、税务人员以及经税务机关依照法律、行政法规委托的单位和人员，其他任何单位和个人不得进行税款征收活动。

纳税主体包括纳税人和扣缴义务人。扣缴义务人依照法律、行政法规的规定履行代扣、代收税款的义务。对法律、行政法规没有规定负有代扣、代收税款义务的单位和个人，税务机关不得要求其履行代扣、代收税款义务。

（2）征纳期限制度。征纳期限制度主要包括纳税主体的纳税期限和征税主体的征税期限。征税期限主要表现在征税机关的补征期和追征期上。

纳税人因有特殊困难，不能按期缴纳税款的，经省、自治区、直辖市国家税务局、地方税务局批准，可以延期缴纳税款，但是最长不得超过3个月。纳税人的特殊困难包括：①因不可抗力，导致纳税人发生较大损失，正常生产经营活动受到较大影响的；②当期货币资金在扣除应付职工工资、社会保险费后，不足以缴纳税款的。

因税务机关的责任，致使纳税人、扣缴义务人未缴或者少缴税款的，税务机关在3年内可以要求纳税人、扣缴义务人补缴税款，但是不得加收滞纳金。因纳税人、扣缴义务人计算错误等失误，未缴或者少缴税款的，税务机关在3年内可以追征税款、滞纳金；有特殊情况的，追征期可以延长到5年。特殊情况，是指纳税人或者扣缴义务人因计算错误等失误，未缴或者少缴、未扣或者少扣、未收或者少收税款，累计数额在10万元以上的。对偷税、抗税、骗税的，税务机关追征其未缴或者少缴的税款、滞纳金或者所骗取的税款，则没有期限的限制。

（3）退税制度。纳税人超过应纳税额缴纳的税款，税务机关发现后应当立即退还；纳税人自结算缴纳税款之日起3年内发现的，可以向税务机关要求退还多缴的税款并加算银行同期存款利息，税务机关及时查实后应当立即退还；涉及从国库中退库的，依照法律、行政法规有关国库管理的规定退还。

（4）应纳税额的确定制度。应纳税额的确定一般由征税机关根据纳税人的纳税申报来确定，在纳税人申报不实或不纳税申报时，税务机关享有核定权和调整权。

（5）税款入库制度。国家税务局和地方税务局应当按照国家规定的税收征收管理范围和税款入库预算级次，将征收的税款缴入国库。

（6）文书送达制度。税务机关送达税务文书，应当直接送交受送达人。受送达人是公民的，应当由本人直接签收；本人不在的，交其同住成年家属签收。受送达人是法人或者其他组织的，应当由法人的法定代表人、其他组织的主要负责人或者该法人、组织的财务负责人、负责收件的人签收。受送达人有代理人的，可以送交其代理人签收。

2. 税收减免制度

纳税人可以依照法律、行政法规的规定书面申请减税、免税。减税、免税的申请须经法律、行政法规规定的减税、免税审查批准机关审批。地方各级人民政府、各级人民政府主管部门、单位和个人违反法律、行政法规规定，擅自做出的减税、免税决定无效，税务机关不得执行，并向上级税务机关报告。法律、行政法规规定或者经法定的审批机关批准减税、免税的纳税人，应当持有关文件到主管税务机关办理减税、免税手续。减税、免税期满，应当自期满次日起恢复纳税。享受减税、免税优惠的纳税人，减税、免税条件发生变化的，应当自发生变化之日起15日内向税务机关报告；不再符合减税、免税条件的，应当依法履行纳税义务；未依法纳税的，税务机关应当予以追缴。

3. 税款征收保障制度

税款征收保障制度包括税收保全制度、税收强制执行制度和其他保障制度。

（1）税收保全制度。税收保全制度包括责令限期缴纳税款、冻结存款、扣押查封财产、税收代位权和撤销权等制度。

（2）税收强制执行制度。从事生产、经营的纳税人、扣缴义务人未按照规定的期限缴纳或者解缴税款，纳税担保人未按照规定的期限缴纳所担保的税款，由税务机关责令限期缴纳，逾期仍未缴纳的，经县以上税务局（分局）局长批准，税务机关可以采取下列强制执行措施：①书面通知其开户银行或者其他金融机构从其存款中扣缴税；②扣押、查封、依法拍卖或者变卖其价值相当于应纳税款的商品、货物或者其他财产，以拍卖或者变卖所得抵缴税款。

（3）其他税收保障制度。其他税收保障制度主要包括税收优先权制度、纳税担保制度和离境清税制度。

（三）税务检查

税务检查制度是税收征管制度中的保障性制度，主要包括税务检查的事项、纳税人在税务检查中的义务和税务机关在税务检查中的权利义务。

1. 税务检查的事项

税务机关有权进行下列税务检查：

（1）检查纳税人的账簿、记账凭证、报表和有关资料，检查扣缴义务人代扣代缴、代收代缴税款账簿、记账凭证和有关资料；

（2）到纳税人的生产、经营场所和货物存放地检查纳税人应纳税的商品、货物或者其他财产，检查扣缴义务人与代扣代缴、代收代缴税款有关的经营情况；

（3）责成纳税人、扣缴义务人提供与纳税或者代扣代缴、代收代缴税款有关的文件、证明材料和有关资料；

（4）询问纳税人、扣缴义务人与纳税或者代扣代缴、代收代缴税款有关的问题和情况；

（5）到车站、码头、机场、邮政企业及其分支机构检查纳税人托运、邮寄应纳税商品、货物或者其他财产的有关单据、凭证和有关资料；

（6）经县以上税务局（分局）局长批准，凭全国统一格式的检查存款账户许可证明，查询从事生产、经营的纳税人、扣缴义务人在银行或者其他金融机构的存款账户。

税务机关在调查税收违法案件时，经设区的市、自治州以上税务局（分局）局长批准，可以查询案件涉嫌人员的储蓄存款。

2. 纳税人在税务检查中的义务

纳税人、扣缴义务人必须接受税务机关依法进行的税务检查，如实反映情况，提供有关资料，不得拒绝、隐瞒。

3. 税务机关在税务检查中的权利义务

税务机关依法进行税务检查时，有权向有关单位和个人调查纳税人、扣缴义务人和其他当事人与纳税或者代扣代缴、代收代缴税款有关的情况，有关单位和个人有义务向税务机关如实提供有关资料及证明材料。

税务机关派出的人员进行税务检查时，应当出示税务检查证和税务检查通知书，并有责任为被检查人保守秘密；未出示税务检查证和税务检查通知书的，被检查人有权拒绝检查。

（四）法律责任

法律责任是税收法律关系的主体因违反税收法律规范所应承担的不利法律后果。

1. 税收法律责任的主体

税收法律责任的主体包括税收法律关系中的所有主体，主要包括纳税人、扣缴义务人、征税机关及其工作人员、其他具有法定义务的主体。

2. 税收法律责任的违法行为类型

（1）纳税人的违法行为类型。主要包括违反税收征收管理制度的行为、偷税行为、欠税行为、抗税行为、骗取出口退税行为和其他违法行为。

（2）扣缴义务人的违法行为类型。主要包括违反税收征收管理制度的行为、偷税行为、欠税行为和其他违法行为。

（3）征税机关及其工作人员的税收违法行为。主要包括违反税收征收管理制度的行为、徇私舞弊行为、渎职行为、滥用职权行为等。

（4）其他主体的违法行为。其他主体的违法行为如纳税人、扣缴义务人的开户银行或者其他金融机构拒绝接受税务机关依法检查纳税人、扣缴义务人存款账户，或者拒绝执行税务机关做出的冻结存款或者扣缴税款的决定，或者在接到税务机关的书面通知后帮助纳税人、扣缴义务人转移存款。

3. 主要违法行为的法律责任

（1）纳税人未按照规定期限缴纳税款的，扣缴义务人未按照规定期限解缴税款的，税务机关除责令限期缴纳外，从滞纳税款之日起，按日加收滞纳税款万分之五的滞纳金。

（2）纳税人有下列行为之一的，由税务机关责令限期改正，可以处2000元以下的罚款；情节严重的，处2000元以上1万元以下的罚款：①未按照规定的期限申报办理税务登记、变更或者注销登记的；②未按照规定设置、保管账簿或者保管记账凭证和有关资料的；③未按照规定将财务、会计制度或者财务、会计处理办法和会计核算软件报送税务机关备查的；④未按照规定将其全部银行账号向税务机关报告的；⑤未按照规定安装、使用税控装置，或者损毁或者擅自改动税控装置的。

（3）对纳税人偷税的，由税务机关追缴其不缴或者少缴的税款、滞纳金，并处不缴或者少缴的税款50%以上5倍以下的罚款；偷税数额占应纳税额的10%以上不满30%并且偷税数额在1万元以上不满10万元的，或者因偷税被税务机关给予二次行政处罚又偷税的，处3年以下有期徒刑或者拘役，并处偷税数额1倍以上5倍以下罚金；偷税数额占应纳税额的30%以上并且偷税数额在10万元以上的，处3年以上7年以下有期徒刑，并处偷税数额1倍以上5倍以下罚金。

（4）纳税人欠缴应纳税款，采取转移或者隐匿财产的手段，妨碍税务机关追缴欠缴的税款的，由税务机关追缴欠缴的税款、滞纳金，并处欠缴税款50%以上5倍以下的罚款；欠缴税款数额在1万元以上不满10万元的，处3年以下有期徒刑或者拘役，并处或者单处欠缴税款1倍以上5倍以下罚金；数额在10万元以上的，处3年以上7年以下有期徒刑，并处欠缴税款1倍以上5倍以下罚金。

（5）以暴力、威胁方法拒不缴纳税款的，除由税务机关追缴其拒缴的税款、滞纳金外、处3年以下有期徒刑或者拘役，并处拒缴税款1倍以上5倍以下罚金；情节严重的，处3年以上7年以下有期徒刑，并处拒缴税款1倍以上5倍以下罚金。情节轻微，未构成犯罪的，由税务机关追缴其拒缴的税款、滞纳金，并处拒缴税款1倍以上5倍以下的罚款。

（6）纳税人、扣缴义务人的开户银行或者其他金融机构拒绝接受税务机关依法检查纳税人、扣缴义务人存款账户，或者拒绝执行税务机关做出的冻结存款或者扣缴税款的决定，或者在接到税务机关的书面通知后帮助纳税人、扣缴义务人转移存款，造成税款流失的，由税务机关处10万元以上50万元以下的罚款，对直接负责的主管人员和其他直接责任人员处1000元以上1万元以下的罚款。

（7）税务机关违反规定擅自改变税收征收管理范围和税款入库预算级次的，责令限期改正，对直接负责的主管人员和其他直接责任人员依法给予降级或者撤职的行政处分。

（8）未经税务机关依法委托征收税款的，责令退还收取的财务，依法给予行政处分或者行政处罚；致使他人合法权益受到损失的，依法承担赔偿责任；构成犯罪的，依法追究刑事责任。

（9）税务人员利用职务上的便利，收受或者索取纳税人、扣缴义务人财物或者谋取其他不正当利益，构成犯罪的，依法追究刑事责任；尚不构成犯罪的，依法给予行政处分。

（10）税务人员徇私舞弊或者玩忽职守，不征或者少征应征税款，致使国家税收遭受重大损失，构成犯罪的，依法追究刑事责任；尚不构成犯罪的，依法给予行政处分。

（11）违反法律、行政法规的规定，擅自做出税收的开征、停征或者减税、免税、退税以及其他同税收法律、行政法规相抵触的决定的，除依照本法规定撤销其擅自做出的决定外，补征应征未征税款，退还不应征收而征收的税款，并由上级机关追究直接负责的主管人员和其他直接责任人员的行政责任；构成犯罪的，依法追究刑事责任。

4. 追究法律责任的主体和处罚

追究法律责任的主体主要包括征税机关和人民法院。行政处罚，罚款额在2000元以下的，可以由税务所决定。

第五节 侵权责任法

侵权责任法律制度属于民事基本法律，是保障公民、法人的生命健康、人身自由、名誉权、隐私权、物权、知识产权等民事权益，维护经济秩序，构建和谐社会的基本规范。侵权责任法律制度包含侵权责任法以及其他相关法律规定，还包括行政法规等相关规定。这里的侵权，指侵害民事权益，这里的责任，指民事责任。侵权责任，就是侵害民事权益后应当承担的民事责任。

侵权责任法律制度的基本作用有两个，一是保护被侵权人，二是减少侵权行为。保护被侵权人和减少侵权行为是侵权责任法律制度两个基本作用。通过保护被侵权人和减少侵权行为，从民事制度上进一步保护人民群众安居乐业，促进社会和谐稳定。

一、侵权责任形态

侵权责任形态是指确定侵权责任在侵权法律关系当事人之间进行分配的形式。由于承担侵权责任主体的复杂性，责任形态既有单独责任，又有多数人责任。

单独责任是指只有一个主体承担的民事法律责任。

在多数人责任中，又包括连带责任、不真正连带责任、补充责任、按份责任等。

1. 连带责任

所谓数人侵权中的连带责任，是指数个侵权人实施了以聚合的因果关系表现的无意思联络的共同侵权行为，依法应当向被侵权人承担连带责任。

2. 按份责任

按份责任，是指数个责任人各自按照一定的份额对债权人承担的赔偿责任。在无意思联络的数人侵权的情况下，行为人对外也可能承担按份责任。《侵权责任法》第十二条规定了部分的因果关系，又称共同的因果关系，指数人分别实施侵害他人的行为，主观上并无意思联络，由加害人分别承担损害赔偿责任。

3. 补充责任

补充责任，是指在不能够确定实际加害人或加害人不能够承担全部责任的情况下，由补充责任人在一定范围内对受害人直接承担赔偿责任的责任形态。

4. 相应的责任

所谓相应的责任，是指根据补充责任人的过错程度和原因力大小承担的责任。我国《侵权责任法》在多个条款中,规定了“相应”的责任。第一，相应责任一般是对外责任，即对受害人承担的责任。第二，相应的责任也可能是对外应负的责任份额。第三，相应的责任常常是对补充责任的限定。

5. 补偿责任

所谓补偿责任，通常是指在侵权人没有过错的情况下，基于公平依法由其向受害人承担的适当的补偿责任。所谓公平责任，就是指在法律规定的情形下，根据当事人双方的财产状况等因素，由双方公平合理地分担损失。

6. 不真正连带责任

不真正连带责任，是指数个责任人基于不同的原因而依法对同一被侵权人承担全部的赔偿责任，某一责任人在承担责任之后，有权向终局责任人要求全部追偿。我国《侵权责任法》在第四十三条“关于产品的生产者和销售者之间的连带责任”、第五十九条“关于医疗领域产品责任的连带责任”、第六十八条“关于因第三人过错污染环境造成损害的责任”、第八十三条“关于第三人过错造成动物致害的责任”等四个条文中规定了不真正连带责任。

二、责任承担方式

侵权责任承担方式是指侵权人承担侵权责任的具体方法。我国《侵权责任法》第十五条一共列举了八种责任形式，主要是：①停止侵害；②排除妨碍；③消除危险；④返还财产；⑤恢复原状；⑥赔偿损失；⑦赔礼道歉；⑧消除影响、恢复名誉。

根据《侵权责任法》的规定，以上承担侵权责任的方式，可以单独适用，也可以合并适用。

三、常见侵权责任认定

1. 机动车交通事故责任认定

《侵权责任法》第五十二条规定："盗窃、抢劫或者抢夺的机动车发生交通事故造成损害的，由盗窃人、抢劫人或者抢夺人承担赔偿责任。"第五十三条规定："机动车驾驶人发生交通事故后逃逸，该机动车参加强制保险的，由保险公司在机动车强制保险责任限额范围内予以赔偿；机动车不明或者该机动车未参加强制保险，需要支付被侵权人人身伤亡的抢救、丧葬等费用的，由道路交通事故社会救助基金垫付。道路交通事故社会救助基金垫付后，其管理机构有权向交通事故责任人追偿。"

2. 高空抛物将牵连无辜

《侵权责任法》第八十七条规定："从建筑物中抛掷物品或者从建筑物上坠落的物品造成他人损害，难以确定具体侵权人的，除能够证明自己不是侵权人的外，由可能加害的建筑物使用人给予补偿。"即如一人在楼顶抛石块致人受伤，可能导致全体住户担责。

3. 故意逗引烈性宠物受伤，主人也须赔偿

《侵权责任法》第八十条规定："禁止饲养的烈性犬等危险动物造成他人损害的，动物饲养人或者管理人应当承担侵权责任。"即无论受害人有无过错、过错大小，动物饲养人或者管理人都得担责。

4. 网络侵权应当担责

《侵权责任法》第三十六条规定："网络用户、网络服务提供

者利用网络侵害他人民事权益的，应当承担侵权责任。”该法条为发帖者、跟帖者、人肉搜索者、网络博客等网络用户及网络服务提供者名誉侵权、著作权侵权的处理提供了依据。

5. 群众性活动的组织者应尽安全保障义务

《侵权责任法》第三十七条规定：“宾馆、商场、银行、车站、娱乐场所等公共场所的管理人或者群众性活动的组织者，未尽到安全保障义务，造成他人损害的，应当承担侵权责任。”这一规定使集会、游行及各种商业活动的组织者，必须就自己的不当行为承担民事责任。

第六节　知识产权法

一、知识产权的概念和特征

知识产权是一种特殊的民事权利，它的客体是智力成果或知识产品，是一种无形的财产。知识产权客体的非物质性是知识产权的本质属性，也是知识产权与传统意义上的所有权的最根本的区别。知识产权具有以下基本特征：

1. 知识产权的专有性

法律赋予知识产权以专有或独占的性质，表现在该类权利为权利人所独占、垄断并受到保护，而且不允许有两个同一属性的知识产权并存。

2. 知识产权的地域性

知识产权在空间上的效力受到地域的限制，只限于本国境内。如果要得到他国的法律保护，必须按照该国法律规定登记注册，或依据国际知识产权保护制度，在缔约国发生域外效力。

3. 知识产权的时间性

知识产权在法律规定的期限内受到保护，不是没有时间限制的永恒权利，超过有效期限，权利自动消失，相关知识产品即成为整个社会的共同财富。

知识产权的上述特征是与其他民事权利相比较而言，并不意味着各类知识产权都具备以上全部特征。在本质上，只有客体的非物质属性才是知识产权的共同法律特征。

传统意义上的知识产权分为两类：一类是文学产权，亦称著作权；另一类是工业产权，主要是专利权和商标权。

二、著作权法

著作权亦称版权，是作者对其作品依法享有的专有权利。《中华人民共和国著作权法》于1990年9月7日通过后施行，2001年10月进行第一次修正，2010年2月进行第二次修正。

（一）著作权的主体

著作权主体，是指依法对文学、艺术和科学作品享有权利的著作权人，包括原始主体和继受主体两类。著作权主体可以是自然人，也可以是法人和其他组织。

著作权的原始主体是作者。作者是直接参与创作的人，作者创作的作品是智力成果，享有直接的著作权，直至作者死亡。作者生前权利可以依法转移给继承人。著作权的继受主体是除作者之外的其他著作权人。继受主体著作权可因继承、遗赠、遗赠抚养协议或因委托合同、转让而取得。

还有一些特殊作品的著作权不是由直接创作者享有，而由其他人成为著作权主体。包括以下方面：①演绎作品的权利主体。演绎作品指改变、翻译、注释、整理已有作品而产生的作品。演绎作品只要不侵犯原作权利，可享有独立的著作权；②合作作品的权利主体。合作作品指两人以上共同创作的作品。具有共同创作愿望、参加共同创作劳动的合作者，共同享有著作权；③编辑作品的权利主体。编辑作品指对若干单独的作品或材料进行选择、编辑而形成的作品。编辑作品由编辑人享有著作权，涉及著作权作品时，必须经原作者同意，并向其支付报酬；④影视作品的权利主体。影视作品指摄制在一定载体上，由一系列伴音或画面组成，借助装置播放的视听作品。影视作品的导演、编剧、摄影、词曲作者享有署名权，其他著作权利由作品的制作者享有。作品中可以单独使用的作品的作者有权单独行使著作权；⑤职务作品的权利主体。职务作品指公民完成单位工作任务所创作的作品。利用单位的物质技术条件创作的职务作品，作者享有署名权，著作权的其他权利归法人或非法人单位享有。例外的情况依法律规定或约定；⑥受委托的作品。著作权的归属由委托人和受委托人通过合同约定；⑦著作权属于公民的。公民死亡后著作权可依法转移。

（二）著作权的客体

著作权的权利客体是作品。作品是指文学、艺术和科学领域内具有独创性并能以某种有形形式复制的智力成果。主要包括：①文字作品；②口述作品；③音乐、戏剧、曲艺、舞蹈、杂技艺术作品；④美术、建筑作品；⑤摄影作品；⑥电影作品和以类似摄制电影的方法创作的作品；⑦工程设计图、产品设计图、地图、示意图等图形作品和模型作品；⑧计算机软件；⑨法律、行政法规规定的其他作品。

下列作品不受著作权法保护：①法律、法规，国家机关的决议、决定、命令和其他具有立法、行政、司法性质的文件，及其官方正式译文；②时事新闻；③历法、通用数表、通用表格和公式。

（三）著作权的内容

著作权的内容指著作权人与其他任何人之间，基于作品所产生的权利和义务。主要包括下列人身权和财产权：①发表权，即决定作品是否公之于众的权利；②署名权，即表明作者身份，在作品上署名的权利；③修改权，即修改或者授权他人修改作品的权利；④保护作品完整权，即保护作品不受歪曲、篡改的权利；⑤复制权，即以印刷、复印、拓印、录音、录像、翻录、翻拍等方式将作品制作一份或者多份的权利；⑥发行权，即以出售或者赠与方式向公众提供作品的原件或者复制件的权利；⑦出租权，即有偿许可他人临时使用电影作品和以类似摄制电影的方法创作的作品、计算机软件的权利，计算机软件不是出租的主要标的除外；⑧展览权，即公开陈列美术作品、摄影作品的原件或者复制件的权利；⑨表演权，即公开表演作品，以及用各种手段公开播送作品的表演的权利；⑩放映权，即通过放映机、幻灯机等技术设备公开再现美术、摄影、电影和以类似摄制电影的方法创作的作品的权利；⑪广播权，即以无线方式公开广播或者传播作品，以有线传播或者转播的方式向公众传播广播作品，以及通过扩音器或者其他传送符号、声音、图像的类似工具向公众传播广播作品的权利；⑫信息网络传播权，即以有线或者无线方式向公众提供作品，使公众可以在其个人选定的时间和地点获得作品的权利；⑬摄制权，即以摄制电影或者以类似摄制电影的方法将作品固定在载体上的权利；⑭改编权，即改变作品，创作出具有独创性的新作品的权利；⑮翻译权，即将作品从一种语言文字转换成另一种语言文字的权利；⑯汇编权，即将作品或者作品的片段通过选择或者编排，汇集成新作品的权利；⑰应当由著作权人享有的其他权利。

（四）著作权的利用和限制

著作权的利用，主要有著作权的转让和许可使用。为促进全社会科学、文化、艺术的发展，著作权法对著作权除时间、地域的限制以外，还规定了“合理使用”“法定许可”“强制许可”的限制。

合理使用指在特定条件下，即作品已发表，使用目的限于个人学习、科研、慈善事业、公益需要，使用作品注明作者的情况下，法律允许他人自由使用作品而不必征得著作权人的同意，也不必支付报酬的制度。

法定许可使用指使用者利用他人作品时，可以不经著作权人许可，但应向其支付报酬，并尊重其他权利的制度。目的是鼓励作品的广泛传播。

（五）著作权的保护

作者创作作品取得著作权和法律保护。侵犯著作权的行为应承担法律责任，受到法律的制裁。

1. 著作权的保护期限

我国著作权保护的法定期限规定，著作人身权中的署名权、修改权、保护作品完整权永久受到保护。公民的作品，著作财产权的保护期为作者终生及其死亡后50年，截止于作者死亡后第50年的12月31日；如果是合作作品，截止于最后死亡的作者死亡后的第50年的12月31日。法人或者非法人单位的作品、著作权（署名权除外）由法人或者非法人单位享有的职务作品，著作财产权的保护期为50年，截止于作品首次发表后第50年的12月31日，但作品自创作完成后50年内未发表的，法律不再保护。发表权与著作权中的财产权利保护期相同。

2. 侵犯著作权的行为

侵犯著作权的行为指未经作者同意又没有法律依据，擅自利用作品或行使著作权人专有权利的行为。我国侵犯著作权的行为列举如下：未经著作权人许可发表其作品的行为；未经合作者许可，当作独创作品发表的行为；没有参加创作，在他人作品上署名的行为；歪曲、篡改他人作品的行为；未经著作权人许可，以表演、展览、录像、改编、编辑、翻译等方式使用作品的行为；使用他人作品，未按规定支付报酬的行为；剽窃、抄袭他人作品的行为；未经著作权人许可，以营利为目的复制发行其作品的行为；制作、出售假冒他人署名的美术作品的行为；未经表演者许可，从现场直播其表演的行为和对其表演制作录音录像出版的行为；出版他人享有专有出版权图书的行为；未经录音录像制作者许可，复制发行其制作的制品的行为；未经广播电台、电视台许可，转播、复制发行其制作的节目的行为；其他侵犯他人著作权和与著作权有关权益的行为。

3. 侵犯著作权的法律责任

我国规定侵犯著作权行为应承担三种责任：

（1）民事责任。侵犯著作权或者与著作权有关的权益的，应当承担下列民事责任：①停止侵害。要求侵权者停止正在实施的侵害他人著作权或者与著作权有关的权益的行为；②消除影响和赔礼道歉。适用于侵犯著作人身权的行为，由侵权者在公开刊物上刊登启事消除侵权行为给被侵权者带来的名誉损害和表示赔礼道歉；③赔偿损失。适用于侵犯著作财产权，并造成经济损失的侵权行为。

（2）行政责任。侵权者损害了公共利益的，可以由著作权行政管理部门责令停止侵权行为，没收违法所得，没收、销毁侵权复制品，并可以处以罚款；情节严重的，著作权行政管理部门还可以没收主要用于制作侵权复制品的材料、工具、设备等。

（3）刑事责任。侵权行为构成犯罪的，依照《刑法》追究刑事责任。

三、专利法

专利是经国家专利主管机关依法审查，被认为符合专利条件的发明创造。专利权是专利权人对其获得专利的发明创造在一定期限内享有的专有权利。专利权的取得开始于专利申请人依照规定向专利局提出专利申请，采用“先申请原则”。发明专利需要经过专利局初步审查、公布申请、实质审查三个程序的审批。实用新型和外观设计专利申请，只进行初步审查。专利审批无驳回理由的，专利局做出授予专利权决定，发给相应证书。

（一）专利权的主体

专利权的主体是指有权享有专利法保护的单位或个人。各国专利法均有规定，自然人和法人可以申请专利并获得专利权。但在不同国家的法条中，对每种主体又有不同的资格条件及其相应的权利义务。我国《专利法》规定，发明人、设计人及其合法受让人有权获得非职务发明的专利权；单位有权获得职务发明的专利权，外国人也可在我国申请和获得专利权。

（二）专利权的客体

专利权的客体是发明创造，包括发明、实用新型、外观设计三种专利。授予发明或实用新型专利，应具备新颖性、创造性和实用性。外观设计专利应具备新颖性和美观性。

1. 发明

发明是《专利法》的主要保护对象。根据《专利法》第二条规定，发明是指对产品、方法或者对其改进所提出的新的技术方案。一项发明要取得专利权，必须符合《专利法》所规定的条件，即作为具体的技术方案，该发明应属于可以授予专利权的范围；必须具有新颖性、创造性和实用性；该发明不得违反法律和社会公共利益。

2. 实用新型

实用新型俗称“小发明”，它是对产品的形状、构造或者其组合所提出的新的技术方案。它具有以下特征：①实用新型产品必须具有实用性，能够在工业上应用，其一旦付诸实施，能取得某种技术的、经济的或者社会的效果；②实用新型必须是针对具有一定的形状、构造或者其结合的产品，且仅限于具有立体造型、构造并能移动的固体产品。因此，无确定形状的产品如气态产品、液态产品以及粉末状、糊状、颗粒状的固态产品等应当排除在外。

3. 外观设计

外观设计是指对产品的形状、图案、色彩或者它们的结合所做出的富有美感的并适于工业上应用的新设计。外观设计具有以下特征：①承载外观设计的产品必须具有相对的独立性；②外观设计必须是与独立的具体的产品合为一体的新设计；③外观设计必须能够适于工业上应用；④外观设计必须富有美感；⑤外观设计可是立体的，也可是平面的。

另外，法律还规定了不授予专利权的对象。这些不适用《专利法》的对象包括：①科学发现；②智力活动的规则和方法；③疾病的诊断和治疗方法；④动物和植物品种；⑤用原子核变换方法获得的物质。另外，我国《专利法》第五条规定，对违反国家法律、社会公德或者妨害公共利益的发明创造，不授予专利权。

（三）专利权的内容

专利权的内容指专利权人的权利和义务。专利权人的权利有以下几点：

1. 独占权（专有权）

专利权人对发明创造独占实施的权利。这种独占权（专有权）是专利权人取得一种独占的、排他的法律地位：只有专利权人有权实施取得专利权的发明创造；未经专利权人许可，任何单位或者个人都不得实施该发明创造。否则，就是侵权行为，就要承担由此引起的法律责任。

2. 转让权

专利权的转让，是指专利权人将专利所有权移转给受让人的行为。通过转让，专利权的权利主体发生变更，原来的专利权人就丧失了对该专利的所有权；受让人则取得该专利的所有权，成为新的专利权人。这种变更可以因权利人与受让人双方或者单方法律行为（例如买卖、赠与等）而发生，例如，作为专利权人的公民死亡，会引起专利权人继承关系的发生，专利权即失效，而成为公众的共同财产；如果专利权人是法人或其他组织，一旦发生合并、改组或者解散，其所有或者持有的专利权也就依法移转于有权承受该权利的单位。

专利权与一般的财产权一样，原则上是可自由转让的。但依照我国《专利法》规定，全民所有制单位持有的专利权，其所有权人是国家，因此，全民所有制单位转让专利权的，必须报请上级机关批准。中国单位或者个人向外国人转让专利的，必须报经国务院有关主管部门批准。

必须指出，专利权转让与技术转让不同。前者转让的是专利所有权，转让后，原专利权人就不再享有专利权了；后者转让的是技术的使用权而不是技术的所有权。技术转让中的技术，包括工业产权（专利、商标等）的技术和没有工业产权的技术（主要是技术诀窍）两类。在转让前一类时，转让人实际上是出售他的专利或者商标许可证，专利权人实际上是出售他的技术诀窍的使用，即允许他人使用其技术诀窍。

3. 许可实施权

许可实施权是指专利权人通过实施许可合同的方式，许可他人实施其专利并收取使用费的权利。《专利法》第十二条规定："任何单位或者个人实施他人专利的，应当与专利权人订立书面实施许可合同，向专利权人支付使用费。被许可人无权允许合同规定以外的任何单位或者个人实施该专利。"

4. 标明专利标记权

《专利法》第十七条规定："专利权人有权在其专利产品或者该产品的包装上标明专利标识。"专利权人在专利产品或者其包装上标明专利标记，目的在于告知公众该产品已获得专利权，以防止侵权行为。所以，它是专利权派生的一种权利。如果发现仿制、假冒，即可以以此为证明，依照《专利法》第六十条的规定要求侵权人停止侵权行为，赔偿损失。

根据《专利法》的规定，专利权人不仅享有权利，而且要履行法定的义务。没有无权利的义务，也没有无义务的权利。专利权人的权利和义务是相对应的。我国现行《专利法》规定，专利权人必须履行的义务有两项：

第一，正确实施专利发明创造的义务。《专利法》赋予专利权人以一定期限的专有权，即专利权人有权禁止任何单位或者个人未经其许可为生产经营目的制造、使用、许诺销售、进口其专利产品，或者使用其专利方法以及使用、销售、进口依该方法直接获得的产品的行为。其目的在于鼓励发明创造、保障发明创造投资者的合法权益；同样也是为了使发明创造的信息公诸于世，从而促进发明创造成果的推广应用，推动科学技术进步和经济发展。从这一宗旨出发，多数国家的专利法在赋予专利权人独占权的同时，为了保证社会公共利益和科技进步，防止专利权的滥用，都规定了专利实施强制许可。依照我国《专利法》的规定，强制许可有三种，即针对滥用专利权的强制许可、国家出现紧急状态时或者为了公共利益的强制许可以及依存专利的强制许可。

第二，缴纳专利年费的义务。专利年费，亦称专利维持费，是指专利权人为维护专利权的效力，按专利法及实施细则的规定，逐年向专利局交纳的费用。专利年费的缴纳：授予专利权当年已缴纳申请维持费的,不再缴纳当年的年费。自第2年起以后的年费，应当在前1年度期满前1个月内预缴。专利权人未按时或未足额缴纳年费的，国家专利行政部门应当通知专利权人自应当缴纳年费期满之日起6个月（宽限期）内缴纳，同时缴纳滞纳金；期满仍未缴纳的，自应当缴纳年费期满之日起，专利权终止。

（四）专利权的期限

专利权与普通财产权不同，普通财产权只要其客体不消失，就可以永远存在，法律上无需规定期限；专利权是一种无形财产权,客体是无形的发明创造、抽象的技术构思,专利权人无法占有。但是，专利权是专利权人实施发明创造的独占权，或者说是禁止第三人未经许可利用其发明创造的专利权。所以，各国专利法对专利权都规定一定期限。否则，如果听任这种独占权长期存在下去，将会阻碍技术进步和经济发展。因此，从理论上和产业政策上讲，专利权的期限的规定，既不能太短，也不宜太长。太短不利于鼓励发明创造的积极性；太长则会阻碍科学技术的发展，于国家和公众无益。应从鼓励发明创造、促进产业发展的宗旨出发，做出适当的规定。

我国《专利法》第四十二条规定：“发明专利权的期限为20年，实用新型专利权和外观设计专利权的期限为10年，均自申请日起计算。”

四、商标法

商标是生产经营者在商品或服务上使用的标志。商标权是商标注册人依法对其商标享有的专有使用权。商标具有标示商品来源、监督商品质量、指导商品选购、销售商品广告的作用。《中华人民共和国商标法》于 1982 年 8 月 23 日通过，并于 1993 年进行第一次修正，2001 年进行第二次修正，2013 年进行第三次修正。

商标权的主体是商标权人。商标注册人必须是从事工商业活动的自然人或法人，必须是依法成立的经营单位或个人，包括外国人或外国企业。

商标权的客体仅限于注册商标。商标分为：商品与服务商标；文字、图形商标与组合商标；制造、销售商标与集体商标等。商标应以文字、图形或其组合构成，具有显著标记特征。

商标权的内容指商标权人的权利和义务。商标权人的权利包括：商标专有使用权、商标转让权以及注册商标的使用许可等权利。商标权人负有依法使用注册商标，保证注册商标的商品和服务的质量义务。

商标权的取得要求商标注册申请人向商标局申请商标注册，实行自愿注册、注册在先的原则。商标注册经申请、审查和核准注册程序，对初步审定并公告的商标，自公告之日起 3 个月内期满无异议或异议不成立，由商标局发给注册证并予以公告。

商标权的保护。《商标法》规定注册商标的保护期限有效期为 10 年，自核准注册之日起算。期满需要继续使用，应当在期满前 6 个月内申请续展注册，每次续展注册有效期为 10 年。注册商标期满不续展的，注销其注册商标。在注册商标的有效期内，下列行为为商标侵权行为：①未经商标权人许可，在同一种商品或类似商品上使用与其注册商标相同或近似的商标；②销售侵犯注册商标专用权的商品；③伪造、擅自制造他人注册商标标识或销售伪造、擅自制造的注册商标标识；④未经商标注册人同意，更换其注册商标并将该更换商标的商品又投入市场的；⑤给他人的注册商标专用权造成其他损害的行为。实施商标侵权行为的侵权人应当承担民事责任。情节严重的依法承担刑事责任。

第七节　公司法和企业法

一、公司法

（一）公司法的概念和调整对象

公司法是规定公司的设立、组织、运营、变更、解散及股东权利与义务，以及公司内部、外部关系的法律规范的总称。我国现行《公司法》制定于1993年12月，于1999年12月进行了第一次修正，2004年8月进行了第二次修正，2013年12月进行了第三次修正。

公司法的调整对象主要是指在公司设立、组织、运营或解散过程中所发生的社会关系。具体有：

1. 公司内部财产关系

主要指公司发起人之间、发起人与其他股东之间、股东相互之间、股东与公司之间在设立、变更、破产、解散和清算过程中所形成的带有经济内容的社会关系。

2. 公司外部财产关系

主要指公司从事与公司组织特征密切相关的营利性活动，与其他公司、企业或个人之间发生的财产关系，如发行公司债券或公司股票。

3. 公司内部组织管理与协作关系

主要指公司内部组织机构，如股东会或股东大会、董事会、监事会相互之间，公司同公司职员之间发生的管理或合同关系。

4. 公司外部组织管理关系

主要指公司在设立、变更、经营活动和解散过程中与有关国家经济管理机关之间形成的纵向经济管理关系。如公司的设立审批、登记，股份与公司债的发行审批、交易管理，公司财务会计的检查监督等。

（二）公司的设立

公司设立是指公司设立人依照法定的条件和程序，为组建公司并取得法人资格而必须采取和完成的法律行为。

1. 公司设立的方式

公司设立的方式基本为两种，即发起设立和募集设立。

发起设立是指公司的全部股份或首期发行的股份由发起人自行认购而设立公司的方式。发起设立在程序上较为简便。有限责任公司只能采取发起设立的方式，由全体股东出资设立。股份有限公司也可以采用发起设立的方式。

募集设立是指发起人只认购公司股份或首期发行股份的一部分，其余部分对外募集而设立公司的方式。我国《公司法》规定，募集设立既可以是通过向社会公开发行股票的方式设立，也可以是不发行股票而只向特定对象募集而设立。这种方式只为股份有限公司设立之方式。

2. 公司设立登记

公司设立登记是指公司设立人按法定程序向公司登记机关申请，经公司登记机关审核并记录在案，以供公众查阅的行为。

（1）公司名称预先核准。设立公司应当向公司登记机关申请公司名称的预先核准。其中，法律、行政法规或者国务院决定规定设立公司必须报经批准，或者，公司经营范围中属于法律、行政法规或者国务院决定规定在登记前须经批准的项目的，应当在报送批准前办理公司名称预先核准，并以公司登记机关核准的公司名称报送批准。

设立有限责任公司，应当由全体股东指定的代表或者共同委托的代理人向公司登记机关申请名称预先核准；设立股份有限公司，应当由全体发起人指定的代表或者共同委托的代理人向公司登记机关申请名称预先核准。

（2）公司设立登记程序。公司设立人应当向其所在地工商行政管理机关提出申请。设立有限责任公司应由全体股东指定的代表或共同委托的代理人作为申请人；设立国有独资公司应由国家授权投资机构或国家授权的部门作为申请人；设立股份有限公司应由董事会作为申请人。

设立有限责任公司与设立股份有限公司在设立申请文件方面其实是一样的要求，只是相关法律文件的签署人的称谓不同而已。在前者称为股东，在后者则称为发起人。当然，以募集方式设立的股份有限公司在设立申请时需要提交的文件有所不同，主要是增加了创立大会的会议记录；其中以募集方式设立公开发行股票的，还需提交国务院证券监督管理机构的核准文件。

（3）公司设立登记的法律效力。《公司登记管理条例》第二十五条规定：“依法设立的公司，由公司登记机关发给《企业法人营业执照》。公司营业执照签发日期为公司成立日期。公司凭公司登记机关核发的《企业法人营业执照》刻制印章，开立银行账户，申请纳税登记。”由此可见，公司经设立登记的法律效力就是使公司取得法人资格，进而取得从事经营活动的合法身份。

（三）公司章程

公司章程是指公司所必备的，规定其名称、宗旨、资本、组织机构等对内对外事务的基本法律文件。公司章程作为规范公司组织和活动的基本规则，在公司存续期间具有重要意义。

1. 公司章程具有的特征

（1）法定性。法定性主要强调公司章程的法律地位、主要内容及修改程序、效力都由法律强制规定，任何公司都不得违反。公司章程是公司设立的必备条件之一，无论是设立有限责任公司还是设立股份有限公司，都必须由全体股东或发起人订立公司章程，并且必须在公司设立登记时提交公司登记机关进行登记。

（2）真实性。真实性主要强调公司章程记载的内容必须是客观存在的、与实际相符的事实。

（3）自治性。这表现在：公司章程作为一种行为规范，不是由国家而是由公司依法自行制订的，是公司股东意思表示一致的结果；公司章程是一种法律以外的行为规范，由公司自己来执行，无需国家强制力来保证实施；公司章程作为公司内部规章，其效力仅及于公司和相关当事人，而不具有普遍的约束力。

（4）公开性。公开性主要对股份有限公司而言。公司章程的内容不仅要对投资人公开，还要对包括债权人在内的一般社会公众公开。

2. 公司章程的订立

公司章程的订立通常有两种方式：一是共同订立，是指由全体股东或发起人共同起草、协商制订公司章程，否则公司章程不得生效；二是部分订立，是指由股东或发起人中的部分成员负责起草、制订公司章程，而后再经其他股东或发起人签字同意的制订方式。公司章程必须采取书面形式，经全体股东同意并在章程上签名盖章，公司章程才能生效。

3.《公司法》对公司章程内容的规定

我国《公司法》第二十五条和第八十一条分别对有限责任公司和股份有限公司的章程应当载明的事项给予了规定。

（1）有限责任公司公司章程的绝对记载事项。有限责任公司的章程应当载明下列事项：①公司名称和住所；②公司经营范围；③公司注册资本；④公司股东的姓名或名称；⑤股东的出资方式、出资额和出资时间；⑥公司的机构及其产生办法、职权、议事规则；⑦公司法定代表人；⑧股东会会议认为需要规定的其他事项。

（2）股份有限公司的绝对记载事项。股份有限公司的章程应当载明下列事项：①公司名称和住所；②公司经营范围；③公司设立方式；④公司股份总数、每股金额和注册资本；⑤发起人的姓名或者名称、认购的股份数、出资方式和出资时间；⑥董事会的组成、职权和议事规则；⑦公司法定代表人；⑧监事会的组成、职权和议事规则；⑨公司利润分配办法；⑩公司的解散事由和清算办法；⑪公司的通知和公告办法；⑫股东大会会议认为需要规定的其他事项。

4. 公司章程的效力

公司法规定，设立公司必须依法制定公司章程。公司章程对公司、股东、董事、监事、高级管理人员具有约束力。

（1）公司章程对公司的效力。公司自身的行为要受公司章程的约束：①公司应当依其章程规定的办法，产生权力机构、业务执行和经营意思，决定机构、监督机构等公司组织机构，并按章程规定的权限范围行使职权；②公司应当使用公司章程上规定的名称，在公司章程确定的经营范围内从事经营活动；③公司依其章程对公司股东负有义务，股东的权利如果受到公司侵犯，可对公司起诉。

（2）公司章程对股东的效力。主要表现为股东依章程规定享有权利和承担义务。如股东有权出席股东会、行使表决权、转让出资、查阅有关公开资料、获取股息红利等；同时，负有缴纳所认缴的出资及公司章程上规定的其他义务。

（3）公司章程对董事、监事和高级管理人员的效力。主要表现为公司的董事、监事、高级管理人员应当遵守公司章程，依照法律和公司章程的规定行使职权。若董事、监事、高级管理人员之行为超出公司章程对其赋予的职权范围，应就自己的行为对公司负责。

5. 公司章程的变更

公司章程的变更是指已经生效的公司章程的修改。原则上公司章程所记载的事项，均可变更。但公司章程在变更时，应遵循以下原则：①不损害股东利益；②不损害债权人利益；③不妨害公司法人的一致性原则，即不得因公司章程的变更，而使一个公司法人转变为另一个公司法人。

变更公司章程，首先由董事会提出修改公司章程的提议；其次将修改公司章程的提议通知其他股东；再次，由股东会或股东大会表决通过。我国公司法规定，有限责任公司修改公司章程的决议，必须经代表三分之二以上表决权的股东通过；股份有限公司修改公司章程的决议，必须经出席股东大会的股东所持表决权的三分之二以上通过。公司章程变更后，公司董事会应向工商行政管理机关申请变更登记。

（四）公司的资本

公司资本也称为股本，它在公司法上的含义是指由公司章程确定并载明的、全体股东的出资总额。

公司资本的具体形态有以下几种：

注册资本。即狭义上的公司资本，是指公司在设立时筹集的、由章程载明的、经公司登记机关登记注册的资本。《公司法》规定，有限责任公司的注册资本为在公司登记机关登记的全体股东认缴的出资额；股份有限公司采取发起设立方式设立的，注册资本为在公司登记机关登记的全体发起人认购的股本总额。股份有限公司采取募集方式设立的，注册资本为在公司登记机关登记的实收股本总额。

发行资本，又称认缴资本，是指公司实际上已向股东发行的股本总额。发行资本可能等于注册资本，也可能小于注册资本。

认购资本。是指出资人同意缴付的出资总额。

实缴资本，又称实收资本，是指公司成立时公司实际收到的股东的出资总额。它是公司现实拥有的资本。由于股东认购股份以后，可能一次全部缴清，也可能在一定期限内分期缴纳。故而实缴资本可能等于或小于注册资本。

我国《公司法》对公司资本采纳了一定程度上的授权资本制，即允许公司成立时股东只实际缴付一定比例的认缴资本，其余认缴的资本在公司成立后的一定期限内缴清即可。所以，公司的注册资本等于公司成立时全体股东的认缴资本总额，但公司成立时的实缴资本可能小于注册资本。

（五）公司的股东

股东是指向公司出资、持有公司股份、享有股东权利和承担股东义务的人。股东可以是自然人，可以是法人，可以是非法人组织，还可以是国家，当国家作为股东时需明确代表国家行使股东权的具体组织，例如国有资产监督管理机构。

法律对股东并无行为能力的要求，所以理论上股东可以是限制行为能力人或无行为能力人。当限制行为能力人或无行为能力人作为股东时，由其法定代理人代理其行使股东权利。

1. 股东的权利

由于股东的出资往往是不一样的，又由于公司是负有限责任的，由此决定了股东权的两项基本原则，即股东的有限责任原则和股东权平等原则。

股东的有限责任原则是指股东除按认缴的股份缴足出资款外，对于公司之债务或公司债权人不负任何其他责任，或曰股东仅以出资额为限对公司承担责任。

股东权平等原则是指任一股东所享有之权利与负担之义务均属平等而无差别待遇或歧视，即所谓同股同权。但股东权平等事实上是指按照股份数额的比例而言平等，并非按股东人数的划一平等。因为如前所述，每一股东的出资额在绝大多数情况下都是不一致的，股东只能根据其对公司的出资额的比例来具体享有权利和负担义务，所以每一股东实际享有的权利和负担的义务取决于其出资比例。但每一股份所代表的权利是平等的，持有较多股份的股东在法律上并不比持有较少股份的股东优越，尽管在事实上持有较多的股份的股东的意志比持有较少股份的股东的意志更有可能在公司得到实现，但这种差别是由表决规则决定的，而非由股权差别决定的。

《公司法》规定，公司股东依法享有资产收益、参与重大决策和选择管理者等权利。除该条之外，《公司法》在很多其他条文中都规定了股东的具体权利。

股东权利归纳起来可分为以下几类：①发给股票或其他股权证明请求权；②股份转让权；③股息红利分配请求权，即资产收益权；④股东会临时召集请求权或自行召集权；⑤出席股东会并行使表决权，即参与重大决策权和选择管理者的权利；⑥对公司财务的监督检查权和会计账簿的查阅权；⑦公司章程和股东会、股东大会会议记录、董事会会议决定、监事会会议决定的查阅权和复制权，但股份有限公司的股东没有复制权；⑧优先认购新股权；⑨公司剩余财产分配权；⑩权利损害救济权和股东代表诉讼权；公司重整申请权；对公司经营的建议与质询权。其中，第①②③⑧⑨项为股东权中的财产权，第④⑤⑥⑦⑩项为股东权中的管理参与权。

2. 股东的义务

（1）全体股东的共同义务。作为公司股东,应当根据出资协议、公司章程和法律、行政法规的规定，履行相应的义务。这些义务主要包括：

第一，出资义务。这是股东最主要的义务。股东应当根据出资协议和公司章程的规定，履行向公司出资的义务。对于已缴纳给公司的出资财产,股东不能抽回。第二,参加股东会会议的义务。参加股东会会议既是股东的权利，同时也是股东的一项义务。股东应当按照公司机构通知的时间、地点参加股东会会议，不能亲自参加时可以委托其他股东出席股东会会议并行使表决权。第三，不干涉公司正常经营的义务。股东依据公司章程规定的关于股东会或股东大会的权限以及公司法规定的股东权利行使权利，应当尊重公司董事会和监事会依据公司法和公司章程各自履行自己的职责，不得干涉董事会、经理的正常经营管理活动，不得干涉监事会的正常工作。第四，特定情形下的表决权禁行义务。公司为公司股东或者实际控制人提供担保的，必须经股东会或者股东大会决议，被提供担保的股东或者受被提供担保的实际控制人支配的股东，不得参加关于该事项的股东会或者股东大会决议的表决。

第五，不得滥用股东权利的义务。

（2）控股股东的特别义务。控股股东是指其出资额占有限责任公司资本总额50%以上或者其持有的股份占股份有限公司股本总额50%以上的股东；出资额或者持有股份的比例虽然不足50%，但依其出资额或者持有的股份所享有的表决权已足以对股东会、股东大会的决议产生重大影响的股东。我国公司法对控股股东的特别义务主要体现在以下方面：第一，不得滥用控股股东的地位，损害公司和其他股东的利益。实践中滥用股东权利的行为主要是控股股东实施的。除控股股东外，还有公司的实际控制人，实际控制人是指虽不是公司的股东，但通过投资关系、协议或者其他安排，能够实际支配公司行为的人。第二，不得利用其关联关系损害公司利益。所谓关联关系，是指公司控股股东、实际控制人、董事、监事、高级管理人员与其直接或者间接控制的企业之间的关系，以及可能导致公司利益转移的其他关系。但是，国家控股的企业之间不因为仅仅同受国家控股而具有关联关系。第三，滥用股东权利的赔偿义务。控股股东或实际控制人滥用股东权利或者利用关联关系损害公司或其他股东利益的，应当承担赔偿责任。

3. 股东代表诉讼制度

股东代表诉讼，又称派生诉讼、股东代位诉讼，是指当公司的合法权益受到不法侵害而公司却怠于起诉时公司的股东即以自己的名义起诉、所获赔偿归于公司的一种诉讼制度。我国《公司法》规定，董事、监事、高级管理人员执行公司职务时违反法律、行政法规或者公司章程的规定，给公司造成损失的，应当承担赔偿责任。在发生该条规定的情形时，有限责任公司的股东、股份有限公司连续180日以上单独或者合计持有公司百分之一以上股份的股东，可以书面请求监事会或者不设监事会的有限责任公司的监事向人民法院提起诉讼；监事有本法第一百五十条规定的情形的，前述股东可以书面请求董事会或者不设董事会的有限责任公司的执行董事向人民法院提起诉讼。监事会、不设监事会的有限责任公司的监事，或者董事会、执行董事收到前款规定的股东书面请求后拒绝提起诉讼，或者自收到请求之日起30日内未提起诉讼，或者情况紧急、不立即提起诉讼将会使公司利益受到难以弥补的损害的，前款规定的股东有权为了公司的利益以自己的名义直接向人民法院提起诉讼。此外，他人侵犯公司合法权益，给公司造成损失的，上述股东可以依照前述规定向人民法院提起诉讼。这就是我国公司法规定的股东代表诉讼制度，它赋予了公司股东为公司利益而以自己的名义直接向法院提起诉讼的权利。

（六）公司的董事、监事、高级管理人员

公司董事是指有限责任公司、股份有限公司董事会的全体董事。公司监事是指有限责任公司的监事会的全体监事或者不设监事会的有限责任公司的监事，以及股份有限公司监事会的全体监事。公司的高级管理人员是指公司的经理、副经理、财务负责人、上市公司董事会秘书和公司章程规定的其他人员。

1. 不得担任公司的董事、监事、高级管理人员的情形

根据《公司法》的规定，有下列情形之一的，不得担任公司的董事、监事、高级管理人员：①无民事行为能力或者限制民事行为能力；②因犯有贪污、贿赂、侵占财产、挪用财产罪或者破坏社会经济秩序罪，被判处刑罚，执行期满未逾5年，或者因犯罪被剥夺政治权利，执行期满未逾5年；③担任破产清算的公司、企业的董事或者厂长、经理，并对该公司、企业的破产负有个人责任的，自该公司、企业破产清算完结之日起未逾3年；④担任因违法被吊销营业执照、责令关闭的公司、企业的法定代表人，并负有个人责任的，自该公司、企业被吊销营业执照之日起未逾3年；⑤个人所负数额较大的债务到期未清偿。

上述各项规定，适用于有限责任公司和股份有限公司的董事、监事和高级管理人员。

董事、监事、高级管理人员如果在任职期间出现上述情形的，

公司应当解除其职务。

股东向公司委派董事，公司股东会或者股东大会选举董事和监事，公司董事会聘任高级管理人员，均应遵守上述规定的条件。如果公司未按上述条件委派、选举董事、监事或者聘任高级管理人员，则该委派行为、选举行为和聘任行为无效。

董事、监事、高级管理人员对公司负有忠实义务和勤勉义务。忠实义务强调董事、监事、高级管理人员应当忠诚于公司，不得为有损公司利益的行为，勤勉义务强调董事、监事、高级管理人员应当积极履行职责，依法谋求公司利益和股东利益的最大化。

2. 董事、监事、高级管理人员的义务

董事、监事、高级管理人员的共同性义务：①遵守法律、行政法规，遵守公司章程，忠实履行职务，维护公司利益；②不得利用在公司的地位和职权为自己牟取私利；③不得利用职权收受贿赂或者其他非法收入；④不得侵占公司的财产；⑤不得泄露公司秘密。

股东会或者股东大会要求董事、监事、高级管理人员列席会议的，董事、监事、高级管理人员应当列席，并接受股东的质询。

董事、高级管理人员的特定性义务：董事和高级管理人员负责公司的经营决策和日常管理，其行为直接关乎公司和股东的利益，故法律对他们有更多、更为具体的规则要求，其中特别体现在对他们的禁止性规定方面。董事和高级管理人员不得有下列行为：①挪用公司资金；②将公司资金以其个人名义或者以其他个人名义开立账户存储；③违反公司章程的规定，未经股东会、股东大会或者董事会同意，将公司资金借贷给他人或者以公司资产为他人提供担保；④违反公司章程的规定或者未经股东会、股东大会同意，与本公司订立合同或者进行交易；⑤未经股东会或者股东大会同意，利用职务之便利为自己或者他人谋取属于公司的商业机会，自营或者为他人经营与所任职公司同类的业务；⑥接受他人与公司交易的佣金归为己有；⑦擅自披露公司秘密；⑧违反对公司忠实义务的其他行为。

董事、高级管理人员违反上述规定所得的收入归公司所有。

（七）公司的变更、合并与分立

1. 公司的变更

公司的变更是指公司设立登记事项中某一项或某几项的改变。公司变更的内容，主要包括公司名称、住所、法定代表人、注册资本、公司组织形式、经营范围、营业期限、有限责任公司股东或者股份有限公司发起人的姓名或名称的变更。

公司变更设立登记事项，应当向原公司登记机关即公司设立登记机关申请变更登记。但公司变更住所跨公司登记机关辖区的，应当在迁入新住所前向迁入地公司登记机关申请变更登记；迁入地公司登记机关受理的，自原公司登记机关将公司登记档案移送迁入地公司登记机关。未经核准变更登记，公司不得擅自改变登记事项。

公司申请变更登记，应当向公司登记机关提交下列文件：①公司法定代表人签署的变更登记申请书；②依照公司法作出的变更决议或者决定；③国家工商行政管理总局规定要求提交的其他文件。公司变更登记事项涉及修改公司章程的，应当提交由公司法定代表人签署的修改后的公司章程或者公司章程修正案。变更登记事项依照法律、行政法规或者国务院决定规定在登记前须经批准的，还应当向公司登记机关提交有关批准文件。

公司法规定，如果公司股东会或者股东大会、董事会的决议无效，或者被人民法院撤销的，而公司根据上述决议已经办理了变更登记，则在人民法院宣告上述决议无效或者撤销上述决议后，公司应当向公司登记机关申请撤销变更登记。公司申请撤销变更登记时应当提交下列文件：①公司法定代表人签署的申请书；②人民法院关于宣告决议无效或撤销决议的裁判文书。

2. 公司的合并

公司合并是指两个或两个以上的公司订立合并协议依照公司

法的规定不经过清算程序直接结合为一个公司的法律行为。公司合并有两种形式：一是吸收合并，是指一个公司吸收其他公司后存续，被吸收的公司解散。二是新设合并，是指两个或两个以上的公司合并设立一个新的公司，合并各方解散。

依照公司法的有关规定，公司合并的程序为：①作出决定或决议。有限责任公司由股东会就公司合并作出决议，作出合并的决议需经代表三分之二以上有表决权的股东通过。股份有限公司由股东大会就公司合并作出决议；②签订合并协议。合并协议由合并各方共同签订。合并协议应当包括下列主要内容：合并各方的名称、住所，合并后存续公司或新设公司的名称、住所，合并各方的资产状况及其处理办法，合并各方的债权债务处理办法（应当由合并存续的公司或者新设的公司承继）；③编制资产负债表和财产清单；④通知债权人。即公司应当自作出合并决议之日起10日内通知债权人，并于30日内在报纸上公告。债权人自接到通知书之日起30日内，未接到通知书的自公告之日起45日内，可以要求公司清偿债务或者提供相应的担保；⑤办理合并登记手续。公司合并，应当自公告之日起45日后申请登记。

公司合并是合同权利义务即债权债务概括移转的法定原因，合并后的公司必须承受原公司的全部债权和债务，除非公司与债权人达成了另外的协议。如果公司在合并时未清偿债权债务，债权人有权请求合并后的公司清偿合并前的公司所负的债务。

3. 公司的分立

公司分立是指一个公司通过依法签订分立协议，不经过清算程序，分为两个或两个以上公司的法律行为。公司分立有两种形式：一是派生分立，是指公司以其部分资产另设一个或数个新的公司，原公司存续。二是新设分立，是指公司全部资产分别划归两个或两个以上的新公司，原公司解散。

根据公司法的规定，公司分立时，应当编制资产负债表及财产清单。公司应当自作出分立决议之日起10日内通知债权人，并于30日内在报纸上公告。

公司分立前的债务由分立后的公司承担连带责任。但是，公司在分立前与债权人就债务清偿达成的书面协议另有约定的除外。公司分立时应当对其财产进行分割。公司分立的程序与公司合并的程序基本相同。

（八）公司的解散

公司的解散是指已成立的公司基于一定的合法事由而使公司消灭的法律行为。公司解散的原因有三大类：一类是一般解散的原因；一类是强制解散的原因；一类是股东请求解散。

1. 一般解散的原因

一般解散的原因是指，只要出现了解散公司的事由公司即可解散。我国《公司法》规定的一般解散的原因有：①公司章程规定的营业期限届满或者公司章程规定的其他解散事由出现时。但在此种情形下，可以通过修改公司章程而使公司继续存在，并不意味着公司必须解散。如果有限责任公司经持有三分之二以上表决权的股东通过或者股份有限公司经出席股东大会会议的股东所持表决权的三分之二以上通过修改公司章程的决议，公司可以继续存在；②股东会或者股东大会决议解散；③因公司合并或者分立需要解散。

2. 强制解散的原因

强制解散的原因是指由于某种情况的出现，主管机关或人民法院命令公司解散。公司法规定强制解散公司的原因主要有：①主管机关决定。国有独资公司由国家授权投资的机构或者国家授权的部门作出解散的决定，该国有独资公司应即解散；②责令关闭。公司违反法律、行政法规被主管机关依法责令关闭的，应当解散；③被吊销营业执照。

3. 请求解散的原因

《公司法》第一百八十三条规定，当公司经营管理发生严重困难，继续存在会使股东利益受到重大损失，通过其他途径不能解决的，持有公司全部股东表决权10%以上的股东可以请求人民法院解散公司。

（九）有限责任公司

有限责任公司，是指股东以其认缴的出资额为限对公司承担责任，公司以其全部资产对公司债务承担责任的企业法人。

1. 有限责任公司的设立条件

（1）股东的人数和资格。在我国设立有限责任公司，股东最多不能超过50个股东。最少则为1个，此种情形下为一人有限责任公司。除国有独资公司外，有限责任公司的股东可以是自然人，也可以是法人。

（2）公司的资本。设立有限责任公司，注册资本最低限额为人民币3万元。特定行业的有限责任公司注册资本最低限额需高于上述最低限额的，由法律、行政法规另行规定。

有限责任公司股东的出资方式可以是多样的。股东的出资方式有：货币；实物；知识产权；土地使用权。全体股东的货币出资额不得低于注册资本的30%。

（3）出资期限。有限责任公司股东认缴的出资，可以在公司成立时一次缴清，也可以在公司成立后分次缴清。如果是在公司成立后分次缴清，则全体股东的首次出资额不得低于注册资本的20%，且不得低于法定的注册资本最低限额即3万元。其余部分在公司成立后2年内缴足，其中投资公司可以在5年内缴足。股东应当按期缴纳公司章程中规定的各自所认缴的出资额。

（4）出资程序。股东以货币出资的，应当将货币足额存入有限责任公司在银行开设的账户。

股东以非货币财产出资的，应当评估作价，核实财产，不得高估或者低估作价。缴资时应当依法办理财产权的转移手续。

股东不按公司章程规定缴纳所认缴的出资，除应当向公司足额缴纳外，还应当向已足额缴纳出资的股东承担违约责任。

当股东缴纳出资后，必须经法定的验资机构验资并出具证明。

公司成立后，发现作为设立公司出资的非货币财产的实际价额显著低于公司章程所定价额的，应当由交付该出资的股东补足其差额；公司设立时的其他股东承担连带责任。

（5）公司设立的其他条件。设立有限责任公司除需要具备上述条件外，还应当具备下列条件：有公司名称；有公司的组织机构；有必要的生产经营条件。

2. 一人有限责任公司

根据《公司法》第五十七条规定，一人有限责任公司是指只有一个自然人股东或者一个法人股东的有限责任公司。一人有限责任公司简称一人公司或独资公司或独股公司，是指由一名股东（自然人或法人）持有公司的全部出资的有限责任公司。在该股东为公司法人时，其设立的一人公司就是通常所称的全资公司。此外，我国公司法上的国有独资公司，其性质也是一人公司，但由于其特殊性，即设立人既非自然人，亦非法人，而是由国家单独出资、由国务院或者地方人民政府委托本级人民政府国有资产监督管理机构履行出资人职责的有限责任公司，所以将其单独作为一种特殊类型的有限责任公司。

我国公司法规定的一人公司的限制性条件为：

（1）注册资本的限制。依照公司法的规定，有限公司的注册资本最低限额为 3 万元人民币，但一人公司的注册资本最低限额为 10 万元人民币。

（2）注册资本缴付的限制。依照公司法的规定，有限公司的股东可以在公司成立后分期缴付出资，在公司成立后的 2 年内缴清即可，但一人公司的股东必须在公司成立时一次足额缴清公司章程规定的全部出资额。

（3）再投资的限制。此一限制体现在两个方面：一方面，一个自然人只能投资设立一个一人有限责任公司，不能投资设立第二个一人有限责任公司；另一方面，由一个自然人投资设立的一人有限责任公司不能作为股东投资设立一人有限责任公司。但此一限制仅适用于自然人，不适用于法人。

（4）财务会计制度方面的要求。一人有限责任公司应当在每一会计年度终了时编制财务会计报告，并经会计事务所审计。

（5）人格混同时的股东连带责任。一人有限责任公司的股东不能证明公司财产独立于股东自己的财产的，即发生公司财产与股东个人财产的混同，进而发生公司人格与股东个人人格的混同，此时适用公司法人格否认制度，股东必须对公司债务承担连带责任，公司的债权人可以将公司和公司股东作为共同债务人进行追索。

3. 国有独资公司

国有独资公司是指国家单独出资、由国务院或者地方人民政府授权本级人民政府国有资产监督管理机构履行出资人职责的有限责任公司。

国有独资公司不设股东会。但不设股东会并不意味着国有独资公司没有权力机关，其惟一股东就是公司的权力机关，即国有资产监督管理机构以惟一股东的身份行使股东会的职权。主要有：①委派或更换董事会成员；从董事会成员中指定董事长、副董事长；②授权董事会行使股东会部分职权；③依照法律、行政法规的规定，对公司的国有资产实施监督管理；④依照法律、行政法规的规定，办理审批和财产权转移手续；⑤决定公司的合并、分立、解散、增减资本和发行公司债券。

国有独资公司的董事会与经理。国有独资公司设董事会，为公司的执行机关。董事的人选来自两个方面：其一是由国有资产监督管理机构委派，其二是公司职工代表，由公司职工通过职工代表大会民主选举产生。董事会成员中应当有公司职工代表。董事会的任期每届任期为 3 年。

国有独资公司董事会的职权比一般有限责任公司董事会的职权要多。《公司法》第六十七条规定，国有独资公司设立董事会，依照本法第四十七条、第六十七条规定行使职权。这表明，国有独资公司董事会的职权包括两部分：一部分是法定职权，即本法

第四十七条规定，行使一般有限责任公司董事会的职权；一部分是因授权而行使的职权，即本法第六十七条规定，由国有资产监督管理机构授权行使一股有限责任公司股东会的部分职权。根据法律的规定，国有独资公司的董事会有权决定公司的重大事项，但下列事项必须由国有资产监督管理机构决定：①公司的合并或分立；②公司的解散；③公司增加或减少注册资本；④发行公司债券。其中，重要的国有独资公司的合并、分立、解散、申请破产的，应当由国有资产监督管理机构审核后报本级人民政府批准。

国有独资公司设经理，履行公司法规定的经理的职责。经理由董事会聘任或者解聘。经国有资产监督管理机构同意，董事会成员可以兼任经理。

国有独资公司的董事长、副董事长、董事、高级管理人员，未经国有资产监督管理机构同意，不得在其他有限责任公司、股份有限公司或者其他经济组织兼职。

监事会。国有独资公司设监事会，作为公司的监督机构。监事会主要由国有资产监督管理机构委派的人员组成，并有公司职工代表参加。监事会的成员不得少于5人，其中职工代表的比例不得少于三分之一。监事列席董事会会议。董事、高级管理人员及财务负责人不得兼任监事。

（十）股份有限公司

股份有限公司，是指其全部资本分为等额股份，股东以其所持股份为限对公司承担责任，公司以其全部资产对公司的债务承担责任的企业法人。它具有以下特征：

公司的全部资本分为等额股份，即公司资本划分为股份，每股金额相等，由发起人或股东认购并持有。这是股份有限公司最重要的特征。

股东负有限责任。股份有限公司股东对公司的责任仅以其所持股份为限，公司则以其全部资产对外承担负责。

开放性与社会性。股份有限公司可以通过对外公开发行股票，向社会募集资金。任何投资者都可以通过购买股票而成为股份有限公司的股东，股东可以自由转让其持有的公司股份。法律规定了股份有限公司的信息披露制度。所以，股份有限公司也被称为开放性公司。

1. 设立条件

按照我国公司法的规定，设立股份有限公司应当具备下列条件：

（1）发起人符合法定人数。设立股份有限公司，应当有 2 人以上 200 人以下为发起人，其中须有半数以上的发起人在中国境内有住所。发起人可以是自然人，可以是法人或其他经济组织。

（2）发起人认缴和募集的股本达到法定资本最低限额。股份有限公司的注册资本最低限额为人民币 500 万元。法律、行政法规对股份有限公司的注册资本最低限额有较高规定的，从其规定。

（3）股份发行、筹办事项符合法律规定。

（4）发起人制订公司章程，采用募集方式设立的经创立大会通过。

（5）有公司名称，建立符合股份有限公司要求的组织机构。

（6）有公司住所。

2. 设立方式

股份有限公司的设立方式有两种：一是发起设立；二是募集设立。

发起设立，是指由发起人认购公司应发行的全部股份，不向发起人之外的任何人募集而设立公司。发起设立的程序包括以下几方面：

（1）发起人认购股份。发起人应当书面认购公司章程规定其认购的股份。认购采用书面形式，载明认股人的姓名或名称、住所、认股数、应交股款金额、出资方式，由认股人填写、签章。认购书一经填妥并签署，即具有法律上的约束力。

（2）发起人缴清股款。发起人在认购股份后，如规定其一次缴纳的，应即缴纳全部出资；分期缴纳的，应即缴纳首期出资。发起人以实物、工业产权、非专利技术或者土地使用权出资的，应当依法估价，并办理财产权转移手续。

（3）选举董事会和监事会。发起人缴纳首期出资后，应当选举董事会和监事会。

（4）申请设立登记。董事会应向公司登记机关申请设立登记，申请时应当报送公司章程、验资机构出具的验资证明以及其他文件。公司登记机关自接到股份有限公司的设立申请之日起 30 日内作出是否予以登记的决定。对符合法律规定条件的，发给公司营业执照。公司以营业执照签发日期为公司成立日期。公司成立后，应当进行公告。

募集设立，是指由发起人认购公司应发行股份的一部分，其余部分向社会公开募集而设立公司。募集设立的程序如下：第一，发起人认购股份。以募集方式设立股份有限公司的，发起人认购的股份不得少于公司应发行股份总数的 35%。法律、行政法规对此另有规定的，从其规定。第二，公告招股说明书，制作认股书。第三，签订承销协议和代收股款协议。第四，召开创立大会。创立大会通常被认为是股份有限公司募集设立过程中的决议机构。发起人应当在发行股份的股款缴足后 30 日内主持召开创立大会。创立大会由发起人、认股人组成。创立大会的职权包括：①审议发起人关于公司筹办情况的报告；②通过公司章程；③选举董事会成员；④选举监事会成员；⑤对公司的设立费用进行审核；⑥对发起人用于抵作股款的财产的作价进行审核；⑦发生不可抗力或者经营条件发生重大变化直接影响公司设立的，可以作出不设立公司的决议。创立大会对前款所列事项作出决议，必须经出席会议的认股人所持表决权过半数通过。第五，设立登记并公告。以募集方式设立的公司在创立大会结束后 30 日内，由董事会向公司登记机关即工商行政管理局申请设立登记，并按照公司登记管理条例的规定，提交有关文件，包括：①公司登记申请书；

②创立大会的会议记录；③公司章程；④验资证明；⑤法定代表人、董事、监事的任职文件及其身份证明；⑥发起人的法人资格证明或者自然人身份证明；⑦公司住所证明。其中，以募集方式设立股份有限公司公开发行股票的，还应当向公司登记机关报送国务院证券监督管理机构的核准文件。

二、企业法

（一）企业的概念

企业是指依法成立的以营利为目的的独立从事生产经营活动的经济组织。企业的特征表现为：

1. 企业必须依法设立

企业必须依据法律规定的条件和程序设立，才能取得相应的民事权利能力和行为能力。

2. 企业是社会经济组织

企业作为市场主体，是由人和物等主要生产要素组合而成的集体。它既区别于非企业组织的公民个人、个体承包户，也不同于不具有持续性的临时合伙、一次性交易等行为。

3. 企业是以营利为目的从事生产经营活动的经济组织

企业作为经济组织，与其他社会组织如国家机关、事业单位、社会团体的主要区别就在于前者从事经营活动而后者从事公益活动。企业的生产经营活动既包括物质资料的生产、销售，也包括提供商业性的信息、技术、咨询等服务活动。企业从事生产经营活动的目的是为了营利。

4. 企业是具有独立或相对独立法律人格的经济组织

企业的法律地位因其法律形态的判别而各不相同：各类公司企业属法人企业，具有独立的法律人格；个人独资企业和合伙企业则属自然人企业，不具有法人资格，其债务要由投资人或合伙人承担无限的或连带的责任。但非法人企业仍具有一定的市场主体资格，在财产、责任及生产经营上表现出相对独立性。企业的内部机构不具有上述属性，因而不能成为市场主体。

（二）企业的分类

依据不同的标准，可以对企业进行不同的分类，从不同侧面认识和把握企业的特性，有针对性地规范各类企业的行为。

按企业法律形式的不同分为公司企业、合伙企业、个人独资企业；按出资者国籍的不同分为内资企业和外商投资企业；按企业主要营业的性质的区别分为工业企业、商业企业、金融企业、科技企业等；按企业经济性质的标准，分为国有企业、集体企业、私有企业、混合所有企业；按企业法律地位的不同分为法人企业和非法人企业；按企业的经营规模不同分为大型企业、中型企业、小型企业等。依据企业出资方式和责任方式不同，可以分为个人独资、合伙、公司企业。

（三）企业法的概念和我国的企业法体系

企业法是调整企业在设立、组织、运营、终止过程中发生的社会关系的法律规范的总称。企业法是由调整有关企业的特定社会关系的全部法律规范组成的，既包括形式意义的企业法，也包括实质意义的企业法。企业法所调整的特定的社会关系包括：国家对企业的经济管理关系，企业的内部组织关系，与企业组织特点直接相关的经营活动所产生的社会关系。

我国的企业立法与我国企业体制改革相伴，历经了整个新旧体制转换时期，形成了按所有制为标准立法，如《全民所有制工业企业法》《乡村集体所有制企业条例》《乡镇企业法》《私营企业暂行条例》等；按企业资本构成和投资人责任形式为标准立法，如《公司法》《合伙企业法》《个人独资企业法》等；按内外资区别为标准立法，如《中外合资经营企业法》《外资企业法》《中外合作经营企业法》，以上三种企业立法并存的局面。

1. 全民所有制企业法

全民所有制企业亦称国有企业，指企业财产属于全民所有，法律上具有法人资格，经济上自主经营，从事生产和经营活动的单位。国有企业在国民经济体系中具有主导作用和骨干地位。1988 年 4 月全国人民代表大会通过《中华人民共和国全民所有制工业企业法》是建国以来颁布的全民所有制工业企业的基本法。按照法律规定，国有企业的性质和地位如下：企业财产为全民所有，是全民所有制经济组织；经济上自主经营、自负盈亏、独立核算，是社会主义商品生产和经营单位；法律上具有法人主体资格，对国家授予其经营管理的财产具有经营权，并独立承担民事责任。

（1）国有企业的设立、变更和终止。企业设立需具备基本条件。按照《企业法人登记管理条例》，设立企业的基本条件为：①有企业名称；②有企业章程或协议；③有符合法律规定的资本；④建立符合法律规定的组织制度；⑤有符合法律规定的经营范围；⑥有确定的生产经营场所。国有企业设立还需报请政府主管部门审核批准，依法定程序经工商行政管理机关注册登记，领取营业执照。

企业变更。指企业组织形式、企业登记事项的变化。企业变更主要有合并和分立两种。企业登记事项如名称、法定代表人、注册资本、经营范围、住所、分支机构、经营期限的变更，应办理变更登记手续。

企业终止。指企业法律主体资格的消失。企业终止的原因主要有：①企业违法被撤销；②企业章程或协议规定的期限届满和解散事由出现；③政府主管部门依法决定解散企业；④企业合并或分立需要解散；⑤企业破产解散；⑥其他原因。除因合并、分立需要解散的以外，企业终止必须进行清算，清算结束后，经企业登记机关核准注销登记，即告终止。

（2）国有企业的权利和义务。国有企业的权利，包含 14 项经营权：生产经营决策权；产品、劳务定价权；产品销售权；物资采购权；进出口权；投资决策权；留用资金支配权；资产处置权；联营、兼并权；劳动用工权；人事管理权；工资、奖金分配权；

内部机构设置权；拒绝摊派权。

国有企业承担两类责任，一是民事责任，二是经营责任。国有企业的义务包含：遵守法律、法规；完成指令性计划；有效利用企业资产，实现资产增值；依法纳税；保护国家财产；保证产品质量和服务质量；保护环境；做好安全生产和劳动保护工作等。

（3）国有企业内部领导体制。国有企业实行厂长（经理）负责制。厂长是企业的法定代表人，全面负责企业生产和经营管理。厂长产生方式是主管机关委任或聘任；职工代表大会选举或推荐。厂长任期每届 3 ~ 5 年，可以连任，任期内实行目标责任制。

国有企业实行职工民主管理制度。职工代表大会是企业实行民主管理的基本形式，是职工行使民主管理的权力机构。

国有企业实行党委保障监督制度。企业党组织是政治思想领导的核心，对党和国家的方针、政策的贯彻执行实行保证监督。党组织的任务是搞好企业党的思想建设、组织建设，做好思想政治工作，支持厂长充分行使职权实现任期目标，教育、培养、考察、监督干部，对企业重大决策提出意见和建议。

2. 集体所有制企业法

集体所有制企业，指企业财产属于劳动群众集体所有，实行共同劳动、按劳分配的经济组织。集体所有制经济是公有制经济的基本组成部分。集体所有制企业一直按照城乡分为城镇集体企业和乡镇集体企业。1991 年 9 月国务院颁布《中华人民共和国城镇集体所有制企业条例》。1996 年 10 月颁布《中华人民共和国乡镇企业法》。

（1）城镇集体企业。城镇集体企业必须具备法定条件，经工商行政机关核准登记，取得法人资格。企业以全部财产独立承担民事责任，遵循自愿组合、自筹资金、独立核算、自负盈亏、自主经营、民主管理、集体积累、自主支配、按劳分配的原则。

城镇集体企业实行厂长（经理）负责制，对企业职工大会负责。职工代表大会是企业的权力机构。党的基层组织是企业的政治领导核心。企业的分配坚持兼顾国家、集体和个人利益的原则。

（2）乡镇集体企业。乡镇集体企业是公有制经济的组成部分。乡镇企业财产属于举办该企业的乡、村范围内的全体农民集体所有,农民大会行使企业财产所有权。企业可实行多种经营,如承包、租赁、联营等，但企业财产所有权不变，所有者与经营者分离。

乡镇企业具备法定设立条件，经县级政府主管部门批准，向当地工商行政机关办理登记，取得法人资格，或领取营业执照。乡镇企业实行自主经营，独立核算、自负盈亏。

乡镇集体企业实行民主管理和厂长负责制。企业职工有参加管理、提出批评和控告的权利。企业职工大会有权对企业经营管理提出意见和建议，评议、监督厂长和管理人员，维护职工的合法权益。

3. 私营企业法

私营企业，指企业财产属于私人所有、营利性的经济组织。私营企业的特征是：企业资产属于私人所有；企业存在雇佣关系，即有 8 人以上雇工；企业是营利性的经济组织。

私营企业享有完全、充分的所有权，可以依法继承。主要义务是遵守法律和政策，依法纳税，服从国家机关的监督管理。

私营企业分为合伙企业、独资企业、有限责任公司三类。

（1）合伙企业法。合伙企业,指两人以上订立书面合伙协议,共同出资，合伙经营，共担风险，共负盈亏，对合伙债务承担无限连带责任的营利性组织。

合伙企业设立应具备的条件：①有两个以上具有完全民事行为能力、并依法承担无限责任的合伙人；②有书面合伙协议；③有各合伙人实际缴付的出资；④有合伙企业名称、经营场所和从事经营的必要条件。合伙企业经工商行政机关注册登记，领取合伙企业营业执照。

各合伙人对执行合伙企业事务享有同等的权利。委托或约定执行合伙企业事务的合伙人，对外代表合伙企业，执行合伙企业事务过程中所产生的收益归全体合伙人，所产生的亏损或民事责任，由全体合伙人承担。合伙企业对其债务，应先以其全部财产进行清偿。合伙企业财产不足清偿到期债务的，各合伙人应当承担无限连带责任。

（2）个人独资企业法。个人独资企业，指由一个自然人投资，财产为投资人个人所有，投资者以其个人财产对企业债务承担无限责任的经营实体。

个人独资企业应具备的条件：①投资人为一个有完全民事行为能力的自然人；②有合法的企业名称；③有投资人申报的出资；④有固定的生产经营场所和必要的生产经营条件；⑤有必要的从业人员。个人独资企业经工商行政机关注册登记，领取个人独资企业营业执照。

个人独资企业投资人对企业财产依法享有所有权，其有关权利可以依法进行转让或继承。个人独资企业亏损，其财产不足清偿债务的，投资人应以个人的其他财产予以清偿；如果在申请企业设立登记时明确以其家庭共有财产作为个人出资的，应依法以家庭共有财产对企业债务承担无限责任。

（3）有限责任公司法。有限责任公司是指在中国境内设立的，股东以其认缴的出资额为限对公司承担责任，公司以及全部资产为限对公司的债务承担责任的企业法人。

有限责任公司设立应具备下列条件：①股东符合法定人数；②有符合公司章程规定的全体股东认缴的出资额；③股东共同制定公司章程；④有公司名称，建立符合有限责任公司要求的组织机构；⑤有公司住所。

有限责任公司是一种合资公司，由50个以下股东出资设立。有限责任公司的股东，仅以其出资额为限对公司承担责任。

4. 外商投资企业法

外商投资企业，指外国企业和其他经济组织或个人依法在中国境内，以直接投资方式参与或独立投资设立的企业。外商投资企业主要有中外合作经营企业、中外合资经营企业、外资企业，简称"三资企业"。我国颁布的外商投资企业法有《中华人民共和国中外合作经营企业法》《中华人民共和国中外合资经营企业法》《中华人民共和国外资企业法》等。

（1）中外合资经营企业法。中外合资经营企业，指中国合营者与外国合营者依照中国法律在中国境内设立的，双方共同投资、共同经营、共担风险、共负盈亏的企业。简称合营企业。

设立合营企业须经国务院对外经贸主管部门审查批准，并向工商行政管理部门登记注册，领取企业法人营业执照。合营企业的形式为有限责任公司。

合营企业的注册资本中，外国合营者的出资比例一般不低于25%，注册资本在合营期内不得减少。合营各方以各自出资额比例分享利润和承担亏损有限责任。

合营企业是中国法人。董事会是合营企业的最高权力机构，决定合营企业的一切重大问题。总经理执行董事会决议，组织领导合营企业的经营管理工作。

（2）中外合作经营企业法。中外合作经营企业，指中国合作者与外国合作者依法在中国境内共同举办的，按合作企业合同的约定投资合作、分配利润和产品、分担风险和亏损的企业。简称合作企业。申请设立合作企业，应报国务院对外经贸主管部门和地方政府审查批准。

合作企业符合企业法人条件的，依法取得中国企业法人资格。合作企业为契约式的，双方的出资不折算成股份，双方的权利、义务按合同的约定履行。

（3）外资企业法。外资企业，指依照中国法律在中国境内设立的，全部资本由外国投资者投资的企业。外资企业不包括外国的企业和其他经济组织在中国境内的分支机构。外资企业的组织形式是有限责任公司，经批准也可以为其他责任形式。申请设立外资企业，由国务院对外经贸主管部门批准，发给批准证书。

第五章

保障民生篇

【本章导读】

社会法是一个全新的部门法，其主旨在于保护公民的社会权利，特别是保护弱势群体的利益。在市场经济条件下，由于市场竞争会在社会中导致强者越强、弱者越弱，因此有必要通过公权力的介入来保护弱者的利益，改变社会群体失衡的局面。一个完善的社会法体系，对于保障公民的社会权、构建和谐社会具有重要意义。本章主要介绍了社会法的概念和特征，重点介绍了劳动法、劳动合同法、社会保障法、消费者权益保护法的基本知识。

第一节　社会法概述

一、社会法的概念

在中国特色社会主义法律体系中，社会法是一个比较新的法律部门。现代大陆法系的国家首先提出了“社会法”的概念。

在传统的法律划分中，有公法和私法的划分。公法是利用国家权力，宏观调整社会财富分配，调整国家与公民的关系的法律，如行政法、刑法、诉讼法；私法则是遵循当事人意思自治原则，确立财产所有权，保障自身利益的追求，如民法、商法。随着社会的发展，出现了“法律社会化”现象，形成了一种新的法律，即社会法，如社会保障法等。这是因为存在既非国家利益，又非私人利益的独立的社会利益。因此，有人称社会法是介于公法和私法之间的法律。

随着经济的发展，社会问题和社会矛盾逐渐变得突出，尤其是社会弱势群体的生存和发展，面临许多挑战，需要国家加强社会领域的立法，以保护经济上的弱势群体，维护他们的基本生存权和发展权，促进经济和社会的协调发展。传统的法律部门对社会生活和文化生活的关注是远远不够的。作为与经济相并列的社会领域的事务需要法律的调整和保护，公民政治权利和民事权利之外的权利（可以称之为“社会权利”）的保障也需要新的法律部门加以保护。这是社会法作为独立法律部门出现的客观必然性。

在我国，党中央提出中国特色社会主义事业的总体布局，是社会主义经济建设、政治建设、文化建设、社会建设、生态文明建设五位一体,社会建设被摆在突出的位置。“五位一体”中的“社会建设”以及和谐社会的构建，不仅要依靠传统的公法、私法部门加以保障和推进，更要加强社会领域的立法加以推进和保障。就法治保障而言，“社会建设”，则要求加强社会领域的立法，尤其是推动“社会法”的制度完善和理论创新。

2001 年 3 月，时任全国人大常委会委员长的李鹏在九届全国人大四次会议上指出，根据立法工作的需要，初步将有中国特色的社会主义法律体系划分为七个法律部门，即宪法及宪法相关法、民法商法、行政法、经济法、社会法、刑法、诉讼与非诉讼程序法。同时将社会法界定为调整劳动关系、社会保障和社会福利关系的法律。2003 年 4 月，吴邦国委员长在十届全国人大二次会议中指出，中国特色社会主义法律体系主要由宪法和宪法相关法、民法商法、行政法、经济法、社会法、刑法、诉讼与非诉讼程序法等七个法律部门组成。

因此，有学者给社会法下了一个定义，即社会法是“规范劳动关系、社会保障、社会福利和特殊群体权益保障方面的法律关系的总和。社会法是在国家干预社会生活过程中逐渐发展起来的一个法律门类，所调整的是政府与社会之间、社会不同部分之间的法律关系”。

二、社会法的特征

社会法是一个新兴的法律部门，调整的主要是社会领域的法律关系。简单地说，社会法具有以下特征：

（一）主体的特殊性

社会法以现实社会中的特定人群所构成的社会集团，即具体化的人所组成的“利益共同体”,作为其所调整和保护的基本主体。

（二）调整手段和方式上的特殊性

社会法采取了行政、民事和刑事等诸规制手段并用的方式，并且根据不同规制对象的性质运用不同的规制手段。这与传统的公法或者私法采取单一规制手段调整社会关系有很大不同。

（三）法律规范上的混合形态

社会法的最本质的特征，就是其表现为公法和私法的混合物。因为，在传统立法中，国家是不主动介入平等主体之间形成的各种经济关系的，同时，作为公权力的拥有者也不积极地参与平等主体间的投资与交易活动的。然而，社会立法明显不同，其不仅设定了国家对存在于经济社会中的雇佣与被雇佣关系实施积极地介入和干预，而且还要求国家出于维护市场竞争秩序、保护中小企业以及消费者等经济弱势者的利益和社会的公共利益的需要，必须对存在于市场竞争中的交易关系、支配与被支配关系实施有效地规制。同时，还要求其必须对每个社会成员的生存权予以关注和提供法律保障，并作为法定的义务要求其通过调整社会分配承担起国家的责任。

第二节　劳动法

劳动法的调整对象是劳动关系，包括劳动就业、劳动合同、劳动报酬、劳动安全、劳动时间和休假、劳动卫生、劳动保护、劳动纪律、劳动争议和职业培训等劳动问题。

一、劳动者的权利和义务

《劳动法》规定用人单位应当依法建立和完善规章制度，保障劳动者享有劳动权利和履行劳动义务。

劳动者的权利。劳动者享有平等就业和选择职业的权利、取得劳动报酬的权利、休息休假的权利、获得劳动安全卫生保护的权利、接受职业技能培训的权利、享受社会保险和福利的权利、提请劳动争议处理的权利以及法律规定的其他劳动权利。

劳动者的义务。劳动者应当完成劳动任务，提高职业技能，执行劳动安全卫生规程，遵守劳动纪律和职业道德。

二、工作时间和休假

国家实行劳动者每日工作时间不超过 8 小时、平均每周工作时间不超过 44 小时的工时制度。用人单位应当保证劳动者每周至少休息一日。节日期间应当依法安排劳动者休假。

因生产经营需要，经与工会和劳动者协商后可以延长工作时间，在保障劳动者身体健康的条件下延长工作时间，每日不得超过 3 小时，但是每月不得超过 36 小时。用人单位延长工作时间，应当按照下列标准支付工资报酬：①安排劳动者延长工作时间的，支付不低于工资的 150% 的工资报酬；②休息日安排劳动者工作又不能安排补休的，支付不低于工资的 200% 的工资报酬；③法定休假日安排劳动者工作的，支付不低于工资的 300% 的工资报酬。

三、工资

工资是劳动者的劳动报酬。劳动报酬包括工资、奖金、津贴、补助等形式。国家实行最低工资保障制度。用人单位支付劳动者的工资不得低于当地最低工资标准。工资应以货币形式支付给劳动者，不得克扣或无故拖欠。劳动者在法定假日、假期及依法参加社会活动期间，用人单位应当依法支付工资。

四、劳动安全卫生与劳动保护

用人单位必须建立、健全劳动安全卫生制度，严格执行国家劳动安全卫生规程和标准，劳动安全卫生设施必须符合国家规定的标准。用人单位必须为劳动者提供符合国家规定的劳动安全卫生条件和必要的劳动防护用品，对从事有职业危害作业的劳动者应当定期进行健康检查。劳动者对用人单位管理人员违章指挥、强令冒险作业，有权拒绝执行；对危害生命安全和身体健康的行为，有权提出批评、检举和控告。劳动者在劳动过程中发生的伤亡事故和劳动者的职业病状况，按照国家报告处理制度进行统计、报告和处理。劳动者在劳动过程中必须严格遵守安全操作规程。

国家对女职工和年满 16 周岁未满 18 周岁的未成年工实行特殊劳动保护。禁止安排女职工从事超过体力劳动强度和应禁忌的劳动，以及实行相应特殊劳动保护。禁止招用未满 16 周岁的未成年人。禁止已满 16 周岁未满 18 周岁的未成年工从事超过体力劳动强度和应禁忌的劳动。

五、职业培训

国家发展职业培训事业，提高劳动者素质。国家确定职业分类，对规定的职业制定职业技能标准，实行职业资格证书制度，由考核鉴定机构负责对劳动者实施职业技能考核鉴定。用人单位应当建立职业培训制度，有计划地对劳动者进行职业培训。从事技术工种的劳动者，上岗前必须经过培训。

六、劳动争议的解决

用人单位与劳动者发生劳动争议，当事人可以依法申请调解、仲裁、提起诉讼，也可以协商解决。调解原则适用于仲裁和诉讼程序。劳动争议发生后，当事人可以向本单位劳动争议调解委员会申请调解；调解不成，当事人一方要求仲裁的，可以向劳动争议仲裁委员会申请仲裁。当事人一方也可以直接向劳动争议仲裁委员会申请仲裁。对仲裁裁决不服的，可以向人民法院提起诉讼。

解决劳动争议，应当根据合法、公正、及时处理的原则，依法维护劳动争议当事人的合法权益。

第三节　劳动合同法

一、劳动合同的概念和种类

劳动合同，是劳动者与用人单位之间确立劳动关系，明确双方权利和义务的书面协议。建立劳动关系应当订立劳动合同，劳动合同是确立劳动关系的普遍性法律形式，是用人单位与劳动者履行劳动权利义务的重要依据，劳动合同区别于民商事合同，具有以国家意志为主导，以当事人意志为主体的特征。

根据《劳动合同法》第十二条的规定，劳动合同的类型分为固定期限、无固定期限和以完成一定工作任务为期限三种。用人单位与劳动者协商一致，可以订立固定期限劳动合同、无固定期限劳动合同、以完成一定工作任务为期限的劳动合同，但要遵守法律强制性规定，在具备签订无固定期限劳动合同的法定情形时，劳动者提出签订无固定期限劳动合同，用人单位应当与之签订无固定期限劳动合同。

固定期限的劳动合同，是指用人单位与劳动者约定合同终止时间的劳动合同。固定期限劳动合同的期限届满，双方无续订劳动合同的意思表示，劳动合同即告终止，劳动关系消灭。如果双方有续订劳动合同的意思表示的，可以经协商一致续订。劳动合同法对固定期限劳动合同的期限长短及签订条件并无限制性规定，双方当事人可以自由协商确定是否签订固定期限劳动合同及起止时间，适用范围较为广泛。

无固定期限劳动合同，是指用人单位与劳动者约定无确定终止时间的劳动合同。即双方当事人在合同书上只约定合同生效的起始日期，没有确定合同的终止日期。在不出现法律、法规规定的或当事人约定的变更、解除劳动合同的条件或法定终止情形时，无固定期限劳动合同可持续至劳动者法定退休年龄为止。但无固定期限劳动合同并不是“铁饭碗”，在符合法律、法规规定的或双方当事人约定的变更、解除的条件或法定终止情形时，可以依法解除、变更、终止。法律规定无固定期限劳动合同的目的在于保护劳动者的职业稳定权，解决劳动合同短期化问题。

劳动合同法规定，有下列情形之一的，劳动者提出或者同意续订、订立劳动合同的，除劳动者提出订立固定期限劳动合同外，用人单位应当与劳动者订立无固定期限劳动合同：①劳动者在该用人单位连续工作满10年的。连续工作满10年的起始时间应当自用人单位用工之日起计算，包括劳动合同法施行前的工作年限；②用人单位初次实行劳动合同制度或者国有企业改制重新订立劳动合同时，劳动者在该用人单位连续工作满10年且距法定退休年龄不足10年的；③连续订立2次固定期限劳动合同，且劳动者没有《劳动合同法》第三十九条规定的过错性辞退和第四十条第一款、第二款规定的非过错性辞退情形，续订劳动合同的；④用人单位自用工之日起满1年不与劳动者订立书面劳动合同的，视为用人单位与劳动者已订立无固定期限劳动合同。

在符合上述签订无固定期限劳动合同的法定情形下，劳动者提出订立无固定期限劳动合同的，用人单位应当与其订立无固定期限劳动合同，对劳动合同中涉及劳动报酬和劳动条件标准等内容的，双方应当按照合法、公平、平等自愿、协商一致、诚实信用的原则协商确定；对协商不一致的内容，适用集体合同规定；没有集体合同或者集体合同未规定劳动报酬的，实行同工同酬；没有集体合同或者集体合同未规定劳动条件等标准的，适用国家有关规定。

除具备法定情形应当签订无固定期限劳动合同外，用人单位与劳动者协商一致，也可以订立无固定期限劳动合同。但地方各级人民政府及县级以上地方人民政府有关部门为安置就业困难人员提供的给予岗位补贴和社会保险补贴的公益性岗位，其劳动合同不适用劳动合同法有关无固定期限劳动合同的规定。

为鼓励和引导用人单位履行签订无固定期限劳动合同的法定义务，《劳动合同法》第八十二条规定了用人单位不履行该义务时应当加倍支付工资，即用人单位违反劳动合同法规定不与劳动者订立无固定期限劳动合同的，自应当订立无固定期限劳动合同之日起向劳动者每月支付2倍的工资。

以完成一定工作任务为期限的劳动合同，是指用人单位与劳动者约定以某项工作任务的完成时间为合同期限的劳动合同。当该项工作完成后，劳动合同即告终止。这种劳动合同没有明确约定合同有效时间的长短，而是把某项工作任务完成的时间作为劳动合同终止的时间，实际是固定期限劳动合同的转化。主要是便于用人单位根据工作性质、工作任务完成的状况，灵活确定劳动合同开始和结束的时间，具有较大的灵活性。劳动合同法对以完成一定工作任务为期限的劳动合同在签订上没有特殊或强制性的要求，用人单位与劳动者协商一致，可以订立以完成一定工作任务为期限的劳动合同。

二、劳动合同的订立

《劳动合同法》第十条第一款规定："建立劳动关系，应当订立书面劳动合同。"除非全日制用工双方当事人可以口头订立劳动合同外，用人单位与劳动者建立劳动关系，均应订立书面劳动合同；已建立劳动关系，未同时订立书面劳动合同的，应当自用工之日起1个月内订立书面劳动合同。用人单位与劳动者在用工前订立劳动合同的，劳动关系自用工之日起建立。同时要求劳动合同文本应当由用人单位和劳动者各执一份。

为解决有可能出现的劳动者不愿订立书面劳动合同的问题，规定自用工之日起1个月内，经用人单位书面通知后，劳动者不与用人单位订立书面劳动合同的，用人单位应当书面通知劳动者终止劳动关系，依法向劳动者支付其实际工作时间的劳动报酬，但无须向劳动者支付经济补偿而使双方的劳动关系消灭；自用工之日起超过1个月不满1年，劳动者不与用人单位订立书面劳动合同的，用人单位应当书面通知劳动者终止劳动关系，但应依法向劳动者支付经济补偿金。

签订书面劳动合同是劳动合同法规定的用人单位应履行的强制性义务。不签订书面劳动合同，用人单位将承担相应的法律责任。劳动合同法规定，用人单位自用工之日起超过1个月不满1年未与劳动者订立书面劳动合同的，应当向劳动者每月支付2倍的工资，并与劳动者补订书面劳动合同，每月支付2倍工资的起算时间为用工之日起满1个月的次日，截止时间为补订书面劳动合同的前1日；用人单位自用工之日起满1年未与劳动者订立书面劳动合同的，自用工之日起满1个月的次日至满1年的前1日应当依法向劳动者每月支付2倍的工资，并视为自用工之日起满1年的当日已经与劳动者订立无固定期限劳动合同，应当立即与劳动者补订书面劳动合同。

为保护劳动者的劳动报酬权，用人单位未在用工的同时订立书面劳动合同，与劳动者约定的劳动报酬不明确的，新招用的劳动者的劳动报酬应当按照企业的或者行业的集体合同规定的标准执行；没有集体合同的，用人单位应当对劳动者实行同工同酬。

劳动合同的书面形式除劳动合同书外，还包括用人单位依法制定的劳动规章制度等劳动合同书的附件。用人单位的劳动规章制度要依法制定，在制定、修改或者决定有关劳动报酬、工作时间、休息休假、劳动安全卫生、保险福利、职工培训、劳动纪律以及劳动定额管理等直接涉及劳动者切身利益的规章制度或者重大事项时，应当经职工代表大会或者全体职工讨论，提出方案和意见，与工会或者职工代表平等协商确定。在规章制度和重大事项决定实施过程中，工会或者职工认为不适当的，有权向用人单位提出，通过协商予以修改完善。用人单位并应当将直接涉及劳动者切身利益的规章制度和重大事项决定公示，或者告知劳动者。用人单位制定的内部规章制度与集体合同或者劳动合同约定的内容不一致，劳动者请求优先适用合同约定的，人民法院应予支持。

三、劳动合同的条款

劳动合同的条款，一般分为必备条款和可备条款。劳动合同的必备条款是法律规定劳动合同必须具备的条款，它是生效劳动合同所必须具备的条款。必备条款的不完善，会导致合同的不能成立。向劳动者提供载明法律规定的必备条款的劳动合同文本是用人单位的法定义务，不履行这一义务用人单位将承担行政责任和赔偿责任。《劳动合同法》第八十一条规定："用人单位提供的劳动合同文本未载明本法规定的劳动合同必备条款或者用人单位未将劳动合同文本交付劳动者的，由劳动行政部门责令改正；对劳动者造成损害的，应当承担赔偿责任。"

1. 必备条款

包括：①用人单位的名称、住所和法定代表人或者主要负责人；②劳动者的姓名、住址和居民身份证或者其他有效身份证件号码；③劳动合同期限；④工作内容和工作地点；⑤工作时间和休息休假；⑥劳动报酬；⑦社会保险；⑧劳动保护、劳动条件和职业危害防护；⑨法律、法规规定应当纳入劳动合同的其他事项。

2. 可备条款

即劳动合同的约定条款，是指除法定必备条款外劳动合同当事人可以协商约定、也可以不约定的条款。是否约定，由当事人确定。约定条款的缺少，并不影响劳动合同的成立。虽然约定哪些条款由双方当事人决定，但国家对约定条款的内容有强制性、禁止性规定的，仍应当遵守，约定条款不得违反法律、法规的规定。劳动合同的约定条款一般包括：①试用期条款；②保守商业秘密和与知识产权相关的保密事项条款；③竞业限制条款；④服务期限协议；⑤违约金条款。

四、劳动合同的效力

劳动合同依法成立，即具有法律效力，对双方当事人都有约束力。双方必须履行劳动合同中规定的义务。劳动合同由用人单位与劳动者协商一致，并经用人单位与劳动者在劳动合同文本上签字或者盖章生效。一般情况下，劳动合同依法成立，即双方当事人意思表示一致，签订劳动合同之日，就产生法律效力。双方当事人约定须公证方可生效的劳动合同，其生效时间始于公证之日。由于劳动合同的公证采取自愿原则，所以公证不是法律规定的劳动合同生效的必经程序。

劳动合同的无效是指当事人违反法律、法规，订立的不具有法律效力的劳动合同。劳动合同的无效有下列情形：①以欺诈、胁迫的手段或者乘人之危，使对方在违背真实意思的情况下订立或者变更劳动合同的；②用人单位免除自己的法定责任、排除劳动者权利的；③违反法律、行政法规强制性规定的。对劳动合同的无效或者部分无效有争议的，由劳动争议仲裁委员会或者人民法院确认。

无效劳动合同的法律后果有：①停止履行；②支付劳动报酬、经济补偿、赔偿金；③修正劳动合同；④赔偿损失。

五、劳动合同的履行、变更

（一）劳动合同的履行

劳动合同的履行是指劳动合同的双方当事人按照合同规定，履行各自应承担义务的行为。劳动合同依法订立即具有法律约束力，用人单位与劳动者应当按照劳动合同的约定，全面履行各自的义务。履行劳动合同应保障劳动者劳动报酬权的实现，用人单位应当按照劳动合同约定和国家规定向劳动者及时足额支付劳动报酬；用人单位拖欠或者未足额支付劳动报酬的，劳动者可以依法向当地人民法院申请支付令，人民法院应当依法发出支付令；用人单位安排加班的，应当按照国家有关规定向劳动者支付加班费。劳动合同应依法履行，用人单位应当严格执行劳动定额标准，不得强迫或者变相强迫劳动者加班；劳动者拒绝用人单位管理人员违章指挥、强令冒险作业的，不视为违反劳动合同。劳动者对危害生命安全和身体健康的劳动条件，有权对用人单位提出批评、检举和控告；用人单位变更名称、法定代表人、主要负责人或者投资人等事项，不影响劳动合同的履行；用人单位发生合并或者分立等情况，原劳动合同继续有效，劳动合同由承继其权利和义务的用人单位继续履行；劳动合同履行地与用人单位注册地不一致的，有关劳动者的最低工资标准、劳动保护、劳动条件、职业危害防护和本地区上年度职工月平均工资标准等事项，按照劳动合同履行地的有关规定执行。用人单位注册地的有关标准高于劳动合同履行地的有关标准，且用人单位与劳动者约定按照用人单位注册地的有关规定执行的，从其约定。

（二）劳动合同的变更

劳动合同的变更是指当事人双方对尚未履行或尚未完全履行的劳动合同，依照法律规定的条件和程序，对原劳动合同进行修改或增删的法律行为。劳动合同变更应遵守平等自愿、协商一致的原则，不得违反法律、行政法规的规定。用人单位与劳动者协商一致，可以变更劳动合同约定的内容。变更劳动合同，应当采用书面形式。变更后的劳动合同文本由用人单位和劳动者各执一份。劳动合同变更的条件应为订立劳动合同的主客观情况发生变化；其变更程序应与订立劳动合同的程序相同，如原劳动合同经过公证的，变更后的劳动合同也应当经过公证，方为有效变更。

六、劳动合同的解除和终止

（一）劳动合同的解除

劳动合同的解除是指劳动合同当事人在劳动合同期限届满之前依法提前终止劳动合同关系的法律行为。劳动合同的解除可分为协商解除、用人单位单方解除、劳动者单方解除等。

1. 双方协商解除劳动合同

用人单位与劳动者协商一致，可以解除劳动合同。

2. 用人单位单方解除劳动合同

即具备法律规定的条件时，用人单位享有单方解除权，无须双方协商达成一致意见。用人单位单方解除劳动合同有三种情况：①过错性解除。即在劳动者有过错性情形时，用人单位有权单方解除劳动合同；②非过错性解除。即劳动者本人无过错，但由于主客观原因致使劳动合同无法履行，用人单位在符合法律规定的情形下，履行法律规定的程序后有权单方解除劳动合同；③裁员，是指用人单位为降低劳动成本，改善经营管理，因经济或技术等原因一次裁减 20 人以上或者裁减不足 20 人但占企业职工总数 10%以上的劳动者。

3. 劳动者单方解除劳动合同

即具备法律规定的条件时，劳动者享有单方解除权，无须双方协商达成一致意见，也无须征得用人单位的同意。劳动者单方解除劳动合同有两种情况：①预告解除。即劳动者履行预告程序后单方解除劳动合同。有两种预告解除：一是劳动者提前 30 日以书面形式通知用人单位，可以解除劳动合同，二是劳动者在试用期内提前 3 日通知用人单位，可以解除劳动合同；②用人单位有违法、违约情形，劳动者有权单方解除劳动合同；③立即解除劳动合同。在用人单位有危及劳动者人身自由和人身安全的情形时，劳动者有权立即解除劳动合同。用人单位以暴力、威胁或者非法限制人身自由的手段强迫劳动者劳动的，或者用人单位违章指挥、强令冒险作业危及劳动者人身安全的，劳动者可以立即解除劳动合同，不需事先告知用人单位。

（二）劳动合同的终止

劳动合同的终止，是指符合法律规定情形时，双方当事人的权利义务不复存在，劳动合同的效力即行消灭。劳动合同终止不存在约定终止，只有法定终止。用人单位与劳动者不得在劳动合同法规定的劳动合同终止情形之外约定其他的劳动合同终止条件。

有下列情形之一的，劳动合同终止：劳动合同期满的；劳动者开始依法享受基本养老保险待遇的；劳动者达到法定退休年龄的；劳动者死亡，或者被人民法院宣告死亡或者宣告失踪的；用人单位被依法宣告破产的；用人单位被吊销营业执照、责令关闭、撤销或者用人单位决定提前解散的；法律、行政法规规定的其他情形。

劳动合同法对某些劳动者特殊保护，规定在劳动者有下列情形之一的，劳动合同到期也不得终止，应当酌情续延至相应情形消失时终止，从事接触职业病危害作业的劳动者未进行离岗前职业健康检查，或者疑似职业病病人在诊断或者医学观察期间的；患病或者非因工负伤，在规定的医疗期内的；女职工在孕期、产期、哺乳期的；在本单位连续工作满 15 年，且距法定退休年龄不足 5 年的；法律、行政法规规定的其他情形。

在本单位患职业病或者因工负伤并被确认丧失或者部分丧失劳动能力的劳动者的劳动合同的终止，按照国家有关工伤保险的规定执行。

（三）经济补偿金

经济补偿金是用人单位解除或终止劳动合同时，给予劳动者的一次性货币补偿。经济补偿金的目的在于从经济方面制约用人单位的解雇行为，对失去工作的劳动者给予经济上的补偿，并解决劳动合同短期化问题。

1. 补偿标准

经济补偿按劳动者在本单位工作的年限，每满 1 年支付 1 个月工资的标准向劳动者支付。6 个月以上不满 1 年的，按 1 年计算；不满 6 个月的，向劳动者支付半个月工资的经济补偿。

月工资是指劳动者在劳动合同解除或者终止前 12 个月的平均工资。劳动者工作不满 12 个月的，按照实际工作的月数计算平均工资。其计算基数按照劳动者应得工资计算，包括计时工资或者计件工资以及奖金、津贴和补贴等货币性收入。劳动者获得的经济补偿金有最低数额保障：劳动者在劳动合同解除或者终止前 12 个月的平均工资低于当地最低工资标准的，按照当地最低工资标准计算。同时，经济补偿金亦有最高数额的限制：劳动者月工资高于用人单位所在直辖市、设区的市级人民政府公布的本地区上年度职工月平均工资 3 倍的，向其支付经济补偿的标准按职工月平均工资 3 倍的数额支付，向其支付经济补偿的年限最高不超过 12 年。

2. 用人单位应当支付经济补偿金的法定情形

根据《劳动合同法》规定，用人单位应当在下列情形下，向劳动者支付经济补偿金：①因用人单位违法、违约迫使劳动者依照《劳动合同法》第三十八条解除劳动合同的；②用人单位依照《劳动合同法》第三十六条规定向劳动者提出解除劳动合同并与劳动者协商一致解除劳动合同的；③用人单位依照《劳动合同法》第四十条规定解除劳动合同的；④用人单位依照《劳动合同法》第四十一条第一款规定解除劳动合同的。即以裁员的方式解除与劳动者的劳动合同的，用人单位应向劳动者支付经济补偿金；⑤除用人单位维持或者提高劳动合同约定条件续订劳动合同，劳动者不同意续订的情形外，依照本法第四十四条第一项规定终止固定期限劳动合同的。即在劳动合同期满时，用人单位以低于原劳动合同约定的条件要求与劳动者续订劳动合同，而劳动者不同意续订的，用人单位须向劳动者支付经济补偿金。反之，用人单位则不必向劳动者支付经济补偿金；⑥依照《劳动合同法》第四十四条第四项、第五项规定终止劳动合同的。即在用人单位因被依法宣告破产，被吊销营业执照、责令关闭、撤销或者用人单位决定提前解散而终止劳动合同的，用人单位应向劳动者支付经济补偿金；⑦法律、行政法规规定的其他情形。

经济补偿金应在劳动者离职办结工作交接时，支付给劳动者。为解决法律衔接问题，劳动合同法规定，施行之日存续的劳动合同在劳动合同法施行后解除或者终止，依法应当支付经济补偿的，经济补偿年限自劳动合同法施行之日起计算；劳动合同法施行前按照当时有关规定，用人单位应当向劳动者支付经济补偿的，按照当时有关规定执行。经济补偿金应在劳动者工作交接办结后，由用人单位支付给劳动者。

七、违反劳动合同的法律责任

（一）用人单位的法律责任

规章制度违法的法律责任。用人单位直接涉及劳动者切身利益的规章制度违反法律、法规规定的，由劳动行政部门责令改正，给予警告；给劳动者造成损害的，应当承担赔偿责任。

订立劳动合同违法应承担的法律责任。用人单位提供的劳动合同文本未载明本法规定的劳动合同必备条款或者用人单位未将劳动合同文本交付劳动者的，由劳动行政部门责令改正；给劳动者造成损害的，应当承担赔偿责任。

侵犯劳动者劳动报酬权应承担的法律责任。用人单位有下列情形之一的，由劳动行政部门责令限期支付劳动报酬、加班费或者经济补偿；劳动报酬低于当地最低工资标准的，应当支付其差额部分；逾期不支付的，下列情形下劳动行政部门责令用人单位按应付金额50%以上100%以下的标准向劳动者加付赔偿金：未按照劳动合同的约定或者国家规定及时足额支付劳动者劳动报酬的；低于当地最低工资标准支付劳动者工资的；安排加班不支付加班费的；解除或者终止劳动合同，未依照本法规定向劳动者支付经济补偿的。

劳动合同无效应承担的法律责任。劳动合同依照《劳动合同法》第二十六条规定被确认无效，给对方造成损害的，有过错的一方应当承担赔偿责任。

违法解除或终止劳动合同应承担的法律责任。用人单位违法解除或者终止劳动合同的，劳动者要求继续履行劳动合同的，用人单位应当继续履行；劳动者不要求继续履行劳动合同或者劳动合同已经不能继续履行的，应当依照法律规定的经济补偿标准的 2 倍向劳动者支付赔偿金；用人单位依法支付了赔偿金的，不再支付经济补偿。赔偿金的计算年限自用工之日起计算。

用人单位违法未向劳动者出具解除或者终止劳动合同的书面证明，由劳动行政部门责令改正；给劳动者造成损害的，应当承担赔偿责任。

用人单位依照劳动合同法的规定应当向劳动者每月支付 2 倍的工资或者应当向劳动者支付赔偿金而未支付的，劳动行政部门应当责令用人单位支付。

用工单位违反劳动合同法有关劳务派遣规定的，由劳动行政部门和其他有关主管部门责令改正；情节严重的，以每位被派遣劳动者 1000 元以上 5000 元以下的标准处以罚款；给被派遣劳动者造成损害的，劳务派遣单位和用工单位承担连带赔偿责任。

侵犯劳动者人身权应承担的法律责任。用人单位有下列情形之一的，依法给予行政处罚；构成犯罪的，依法追究刑事责任；给劳动者造成损害的，应当承担赔偿责任：以暴力、威胁或者非法限制人身自由的手段强迫劳动的；违章指挥或者强令冒险作业危及劳动者人身安全的；侮辱、体罚、殴打、非法搜查或者拘禁劳动者的；劳动条件恶劣、环境污染严重，给劳动者身心健康造成严重损害的。

对不具备合法经营资格的用人单位的违法犯罪行为，依法追究法律责任；劳动者已经付出劳动的，该单位或者其出资人应当依照本法有关规定向劳动者支付劳动报酬、经济补偿、赔偿金；给劳动者造成损害的，应当承担赔偿责任。

（二）劳动者的法律责任

劳动者违法解除劳动合同，或者违反劳动合同中约定的保密义务或者竞业限制，给用人单位造成损失的，应当承担赔偿责任。

劳动者应赔偿用人单位下列损失：①用人单位招收录用其所

支付的费用；②用人单位为其支付的培训费用，双方另有约定的按约定办理；③对生产、经营和工作造成的直接经济损失；④劳动合同约定的其他赔偿费用。劳动者违反劳动合同中约定的保密事项，对用人单位造成经济损失的，按《反不正当竞争法》第二十条的规定支付用人单位赔偿费用。

（三）连带赔偿责任

连带赔偿责任就是指权利人可以向任何一个责任人要求权利时，各个责任人不分份额、不分先后次序地根据权利人的请求对外承担全部责任。在权利人提出请求时，各个责任人不得以超过自己应承担的部分为由而拒绝。劳动合同法规定的连带赔偿责任主要有：

用人单位与劳动者的连带赔偿责任：用人单位招用与其他用人单位尚未解除或者终止劳动合同的劳动者，给其他用人单位造成损失的，应当承担连带赔偿责任。

劳务派遣单位与用工单位的劳动赔偿责任。劳务派遣单位违反规定的，由劳动行政部门和其他有关主管部门责令改正；情节严重的，以每人1000元以上5000元以下的标准处以罚款，并由工商行政管理部门吊销营业执照；给被派遣劳动者造成损害的，劳务派遣单位与用工单位承担连带赔偿责任。

没有经营资质的个人承包经营违反法律规定招用劳动者，给劳动者造成损害的，发包的组织与个人承包经营者承担连带赔偿责任。

第四节　社会保障法

社会保障是指国家或社会为了补偿现代社会已被削弱的家庭功能，帮助全体社会各种成员的基本生活需求，应对现代社会的经济风险，运用社会化保障手段的经济福利制度。社会保障法是调整社会保险、社会救济、社会福利等活动中各种关系的法律规范总称。社会保障制度是指国家为公民提供一系列基本生活保障，使公民在年老、疾病、失业、灾害及丧失劳动能力等情况下，从国家和社会获得物质帮助的制度。

社会保障法的宗旨是保障基本人权，即获得最低限度生活条件的生存权；保障社会公平，即没有过度的贫富差别；保障社会安全，即形成防范和化解风险，自动减轻震荡、恢复平衡的社会安全体系。

社会保障关系包括社会保险关系、社会救助关系、社会福利关系、社会优抚关系等。

一、社会保险

在社会保障体系中，社会保险是重点部分，是整个体系的支柱。2010 年 10 月，全国人大常委会颁布《社会保险法》，对基本养老、基本医疗、失业工伤、生育等社会保险制度作了系统性的规定。

1. 养老保险

指劳动者在因年老或病残而丧失劳动能力的情况下，依法领取一定数额费用的社会保险制度。《社会保险法》规定基本养老保险基金逐步实行全国统筹，其他社会保险基金逐步实行省级统筹。基本养老保险“全国统筹”目标首次确立意义重大。我国养老保险事业发展中存在许多问题，如养老保险关系跨地区转移难、养老保障地区差别大等问题都与养老保险统筹层次低有直接关系。社会保险法确立了“全国统筹”目标，意味着不同地区的企业缴费率将统一，有助于推动企业之间的公平竞争，实现劳动力跨地区自由流动、全国范围内优化配置人力资源，解决养老保险关系跨地区转移难题，地区之间养老金待遇差距也会缩小。

法律规定建立和完善城镇居民社会养老保险制度；省、自治区、直辖市人民政府根据实际情况，可以将城镇居民社会养老保险和新型农村社会养老保险合并实施。这体现了城乡统筹发展的原则。过去我国的社会保障制度具有明显的二元特征，城乡差距大。社会保险法在缩小城乡差距、促进城乡统筹发展方面取得了进展。城市居民基本医疗保险模式和新型农村合作医疗制度模式、资金来源、筹资方式、待遇标准也正在朝着一致的方向努力。

2. 失业保险

指劳动者在法定失业期间内（最长期限24个月）获得一定物质帮助，促进再就业的社会保险制度。目前失业保险待遇主要有：失业保险金；医疗补助金；丧葬补助金和抚恤金；一次性生活补助；参加转业训练和生产自救。

3. 医疗保险

即劳动者及其供养亲属非因工伤病时从国家和社会获得医疗帮助的社会保险制度。医疗保险待遇主要表现为医疗服务，包括药品、诊疗、住院等项目。目前，我国医疗保险改革正在进行，新的医疗保障体系亟待进一步健全和完善。

4. 工伤保险

即职业伤害保险，指劳动者因工致伤、致残、死亡时，依法获得经济赔偿和物质帮助的一种社会保险制度。工伤保险中的保险事故属于广义工伤，包括工伤和职业病。工伤保险兼有经济赔偿和物质帮助性质，所以，伤害程度是据以确定工伤保险待遇内容和标准的主要因素。工伤保险是法律规定必须对全体职工实行的强制性社会保险，用人单位承担全部责任，赔偿责任实行无过错责任原则。

5. 生育保险

即女职工因生育而从国家和社会获得医疗、休息等物质帮助的社会保险制度。生育保险待遇的项目有：产假，含产前假15天，生育产假90天；生育津贴；生育医疗待遇。

二、社会救助

社会救助是指国家和社会依照法律，向那些因各种（自然的、社会的、个人的）原因导致基本物质生活陷入困境、自己无力维持最低生活水平的人，提供各种形式援助的一种社会保障制度。社会救助的项目主要包括 4 个方面：救灾、救济、五保和扶贫。

三、社会优抚

社会优抚是指政府或社会对现役、退伍、复员、残废军人及烈军属给予抚恤和优待的一种社会保障制度。社会优抚具体内容包括：①抚恤。抚恤是政府对因公伤残人员、因公牺牲及病故人员家属采取的一种物质抚慰方式，包括伤残抚恤和死亡抚恤；②优待。优待是指从政治上和物质上给予优待对象良好的物质或资金待遇、优先照顾与专项服务；③优抚社会化服务。国家和社会筹资建造的服务设施，如革命伤残军人休养院、荣复军人慢性病疗养院等。

四、社会福利

社会福利是指国家依法为所有公民普遍提供旨在保证一定生活水平和尽可能提高生活质量的资金和服务的社会保险制度。这种制度一般来讲具有四个特点：①社会福利是社会矛盾的调节器；②每一项社会福利计划的出台总是带有明显的功利主义目的，总是以缓和某些突出的社会矛盾为终极目标；③社会福利的普遍性，社会福利是为所有公民提供的，利益投向呈一维性，即不要求被服务对象缴纳费用，只要公民属于立法和政策划定的范围之内，就能按规定得到应该享受的津贴服务；④社会福利较社会保险而言是较高层次的社会保险制度，它是在国家财力允许的范围内，在既定的生活水平的基础上，尽力提高被服务对象的生活质量。

第五节　消费者权益保护法

一、消费者与消费者权益保护法

消费者是指为了满足个人生活消费需要购买、使用商品或者接受服务的公民。消费者权益是指消费者依法享有的权利以及该权利受到保护时应得的利益。

消费者权益保护法是调整在保护消费者权益的过程中发生的经济关系的法律规范的总称。1993 年 10 月我国制定了《中华人民共和国消费者权益保护法》，2009 年对其进行了第一次修正，2013 年进行了第二次修正。

《消费者权益保护法》的立法宗旨是通过制定保护消费者权益的专门法律，来保护消费者的合法权益，维护社会经济秩序，促进社会主义市场经济的健康发展。

《消费者权益保护法》的基本原则是：①在经营者与消费者进行交易方面，应遵循自愿、平等、公平、诚实信用原则；②在国家对消费者权益的保护方面，应遵循保护消费者的合法权益不受侵害原则、尊重和保障人权原则。

《消费者权益保护法》的适用范围是：消费者为生活消费需要而购买、使用商品或者接受服务，其权益受该法保护；经营者为消费者提供其生产、销售的商品或者提供服务，其行为受该法规范。此外，农民购买、使用直接用于农业生产的生产资料，亦参照该法执行。

二、消费者的权利和经营者的义务

（一）消费者的权利

消费者的权利是消费者权益保护法的核心。我国消费者权益保护法规定，消费者享有下列权利：

1. 安全保障权

消费者在购买、使用商品和接受服务时享有人身、财产安全不受损害的权利。消费者有权要求经营者提供的商品和服务，符合保障人身、财产安全的要求。

2. 知悉真情权

消费者享有知悉其购买、使用的商品或者接受的服务的真实情况的权利。消费者有权根据商品或者服务的不同情况，要求经营者提供商品的价格、产地、生产者、用途、性能、规格、等级、主要成分、生产日期、有效期限、检验合格证明、使用方法说明书、售后服务，或者服务的内容、规格、费用等有关情况。

3. 自主选择权

消费者享有自主选择商品或者服务的权利。消费者有权自主选择提供商品或者服务的经营者，自主选择商品品种或者服务方式，自主决定购买或者不购买任何一种商品、接受或者不接受任何一项服务。消费者在自主选择商品或者服务时，有权进行比较、鉴别和挑选。

4. 公平交易权

消费者享有公平交易的权利。消费者在购买商品或者接受服务时，有权获得质量保障、价格合理、计量正确等公平交易条件，有权拒绝经营者的强制交易行为。

5. 要求赔偿权

消费者因购买、使用商品或者接受服务受到人身、财产损害的，享有依法获得赔偿的权利。

6. 结社权

消费者享有依法成立维护自身合法权益的社会团体的权利。

7. 获得有关商品知识权

消费者享有获得有关消费和消费者权益保护方面的知识的权利。

8. 受尊重权

消费者在购买、使用商品和接受服务时，享有其人格尊严、民族风俗习惯得到尊重的权利。

9. 监督权

消费者享有对商品和服务以及保护消费者权益工作进行监督的权利。消费者有权检举、控告侵害消费者权益的行为和国家机关及其工作人员在保护消费者权益工作中的违法失职行为，有权对保护消费者权益工作提出批评、建议。

（二）经营者的义务

对于经营者，《消费者权益保护法》规定了直接、具体的义务：①经营者向消费者提供商品和服务，应当依法履行法定或约定义务；②应当听取意见和接受监督；③应当保障人身和财产安全的要求；④应当提供真实信息，不作引人误解的虚假宣传；⑤应当出具购货凭证或服务单据；⑥应当标明经营者真实名称和标记；⑦应当保证提供的商品或者服务具有的质量、性能、用途和有效期限；⑧应当按照国家规定或者约定履行包修、包换、包退或者损害赔偿责任；⑨不得从事不公平、不合理交易；⑩不得对消费者进行侮辱、诽谤，不得搜查消费者的身体及其携带的物品，不得侵犯消费者的人身自由。

三、消费者权益的保护机构和组织

（一）消费者权益的保护机构

《消费者权益保护法》第四章规定了国家保护消费者合法权益的基本内容。国家通过立法机关、行政机关和司法机关的各种职能活动，实现对消费者合法权益的保护。

立法保护机关。有关消费者权益保护方面的各项法律、行政法规是由全国人大及其常委会，国务院及所属的主管机关或省、自治区、直辖市人大及其常委会制定和颁布的，它是国家充分有效地保护消费者合法权益的基础和依据。

行政保护机关。各级人民政府及其所属工商行政管理机关、技术监督部门、卫生监督管理部门、进出口商品检验部门等行政部门是《消费者权益保护法》的主要实施者，它们通过履行各自的行政管理职能，保护消费者的合法权益。

司法保护机关。人民法院和人民检察院是对消费者合法权益实施司法保护的主要机关。人民法院是代表国家行使审判权的司法机关。《消费者权益保护法》特别规定了人民法院对消费者合法权益的保护职责。按规定，人民法院应当采取措施，方便消费者提起诉讼，对符合《民事诉讼法》起诉条件的消费者权益争议必须受理，及时审理，依法惩处侵害消费者权益的违法犯罪行为，加强对消费者的全面保护。

（二）消费者权益的保护组织

中国消费者协会和地方各级消费者协会，是我国保护消费者合法权益的主要社会组织。根据《消费者权益保护法》的规定，消费者协会有以下 7 项基本职能：①向消费者提供信息和咨询服务；②参与有关行政部门对商品和服务的监督检查；③就有关消费者合法权益问题，向有关行政部门反映、查询、提出建议；④受理消费者的投诉，并对投诉事项进行调查、调解；⑤投诉事项涉及商品和服务质量问题的，可以提请鉴定部门鉴定，鉴定部门应当告之鉴定结论；⑥就损害消费者合法权益的行为，支持受害的消费者提起诉讼；⑦对损害消费者合法权益的行为，通过大众传播媒介予以揭露、批评。

消费者组织依法履行以上职责，对商品和服务进行社会监督，保护消费者的合法权益。为了保证消费者协会的权威性、独立性和公正性，法律规定消费者协会不得从事商品经营和营利服务，不得以牟利为目的向社会推荐商品和服务。

四、争议的解决和法律责任

（一）争议的解决

消费者与经营者之间发生消费者权益争议时，可以通过以下途径解决：①与经营者协商和解；②请求消费者协会调解；③向有关行政部门申诉；④根据与经营者达成的仲裁协议提请仲裁机构仲裁；⑤向人民法院提起诉讼。

（二）法律责任

《消费者权益保护法》的主要内容是围绕消费者的权利和经营者的义务而展开的，而权利的实现、义务的履行必须以法律责任作为依据。消费者权益保护中的法律责任，就是经营者违反消费领域的法定义务或者约定义务，侵犯消费者合法权益而依法承受的不利的法律后果。它具体表现为经营者的民事责任、行政责任和刑事责任。民事责任属于私法责任，是经营者应向消费者承担的责任；行政责任和刑事责任则属于公法责任，是经营者应向国家承担的责任。尽管三种责任的性质、内容各不相同，但对于督促经营者履行义务、保护消费者合法权益、维护社会公共利益却都有着重要的意义。

1. 民事责任

经营者的民事责任有：①人身损害的赔偿责任。人身损害包括死亡和致伤损害两种。②财产损害的赔偿责任。经营者提供商品或者服务，造成消费者财产损害的，应当按照消费者的要求，以修理、重作、更换、退货、补足商品数量、退还货款和服务费用或者赔偿损失等方式承担民事责任。消费者与经营者另有约定的，按照约定履行。③惩罚性赔偿责任。经营者提供商品或者服务有欺诈行为的，应当按照消费者的要求增加赔偿其受到的损失，增加赔偿的金额为消费者购买商品的价款或者是接受服务的费用的1倍。

2. 行政责任

我国《消费者权益保护法》规定，经营者有下列情形之一的，《中华人民共和国产品质量法》和其他有关法律、法规对处罚机关和处罚方式有规定的，依照法律、法规的规定执行；法律、法规未作规定的，由工商行政管理部门责令改正，可以根据情节单处或者并处警告、没收违法所得、处以违法所得1倍以上5倍以下的罚款，没有违法所得的，处以1万元以下的罚款；情节严重的，责令停业整顿，吊销营业执照：①生产、销售的商品不符合保障人身、财产安全要求的；②在商品中掺杂、掺假，以假充真，以次充好，或者以不合格商品冒充合格商品的；③生产国家明令淘汰的商品或者销售失效、变质的商品的；④伪造商品的产地，伪造或者冒用他人的厂名、厂址，伪造或者冒用认证标志、名优标志等质量标志的；⑤销售的商品应当检验、检疫而未检验、检疫或者伪造检验、检疫结果的；⑥对商品或者服务作引人误解的虚假宣传的；⑦对消费者提出的修理、重作、更换、退货、补足商品数量、退还货款和服务费用或者赔偿损失的要求，故意拖延或者无理拒绝的；⑧侵犯消费者人格尊严或者侵犯消费者人身自由的；⑨法律、法规规定的对损害消费者权益应当予以处罚的其他情形。

3. 刑事责任

一方面是经营者的刑事责任。经营者提供商品或者服务，造成消费者或者其他受害人人身伤害或死亡，构成犯罪的，应依法追究刑事责任。以暴力、威胁等方法阻碍有关行政部门工作人员依法执行职务的，依法追究刑事责任；拒绝、阻碍有关行政部门工作人员依法执行职务，未使用暴力、威胁方法的，由公安机关依照《中华人民共和国治安管理处罚法》的规定处罚。

另一方面是国家机关工作人员的刑事责任。国家机关工作人员有玩忽职守或者包庇经营者侵害消费者合法权益的行为的，由其所在单位或者上级机关给予行政处分；情节严重，构成犯罪的，依法追究刑事责任。

第六章

环境资源篇

【本章导读】

党的十八届三中全会对建设美丽中国作出了战略部署，党的十八届五中全会将“绿色”理念高度融入未来五年直至更久的发展规划之中，这就要求加快建立生态文明制度，健全资源节约利用、生态环境保护的体制机制，推动形成人与自然和谐发展现代化建设新格局。本章重点介绍生态环境保护、资源能源节约利用等方面的法律法规，特别是针对当前人民群众关注的环境污染问题，介绍了环境保护法、大气污染防治法。

第一节　自然资源法

一、自然资源法的概念

自然资源是存在于自然界中的人类可直接获得和利用的一切自然要素。按资源的可再生性质标准，自然资源可分为可再生资源、不可再生资源、恒定性资源三类。

自然资源法是调整人们在自然资源开发、利用、保护和管理中形成的各种经济关系的法律规范的总称。自然资源法主要由土地、水、矿产、森林、草原、野生动物、渔业、自然保护区等法律规定构成。

二、我国自然资源法的原则

我国自然资源法的原则指自然资源法确认的、实施可持续发展战略的基本方针、政策，为国家资源管理遵循的基本原则。主要包含：①重要自然资源属于国家即全民所有的原则；②国家、集体、个人三者合理开发利用自然资源的原则；③统一规划，综合利用，科学开发，有效保护自然资源的原则；④经济、生态和社会效益相统一的原则;⑤开源节流,可持续利用自然资源的原则。

三、我国自然资源法的基本制度

自然资源法的基本制度，一方面是自然资源所有权制度。自然资源法规定自然资源所有权为国家所有权和集体所有权两种。在此基础上，自然资源使用权分为国有资源使用权和集体资源使用权两种。随着市场经济的发展，自然资源使用权在一定的限制规则下可以进行转让，此外，自然资源法还规定资源专项权益，如采伐权、捕捞权、养殖权、采矿权等。

自然资源综合利用制度。根据资源特征、功能、分布,科学开发,合理利用。总体规划自然资源的开发利用、保护、恢复和管理。

自然资源许可制度。国家对开发利用自然资源进行审查批准并颁发许可证明，实行有偿使用自然资源制度。许可证分为资源开发许可证，如采矿、采伐；资源利用许可证，如土地、草原；资源进出口许可证，如野生动物、植物。此外还有自然资源利用禁限、补救制度。为防止自然资源退化，实现资源的可持续利用，对利用资源的对象、方式、时间、范围、工具等规定禁止和限制。对造成的资源损害和破坏，开发者必须承担补救、恢复的义务和责任。违反法律规定，破坏自然资源造成损害的当事人，将被追究法律责任，受到法律制裁。

第二节　环境保护法

环境是人类生存的空间及其直接、间接影响人类生存和发展的各种自然因素的总称。人类的生存环境包括大气、水、土地、海洋、森林、草原、矿藏、野生生物、自然和人文遗迹、城市和乡村等。

环境保护法是调整保护人类生存环境，防止污染和其他公害方面关系的法律规范的总称。环境保护法主要由环境、野生环境、野生动物保护法和大气、水污染防治法等法规构成。

保护人类生存环境，防治环境公害污染，是我国和全人类共同面对的重大问题。我国环境保护法规定，国家制定的环境保护规划必须纳入国民经济和社会发展计划，统筹兼顾，遵循环境保护同社会经济建设协调发展的原则；遵循环境污染预防为主、防治结合、综合整治的原则；实行开发者养护、污染者治理的原则。

一、新《环境保护法》的立法目的

2014 年 4 月 24 日，十二届全国人大常委会第八次会议审议通过了号称“史上最严格”的《中华人民共和国环境保护法》，并于 2015 年 1 月 1 日起施行。《环境保护法》第一条对立法目的进行了调整，规定为“为保护和改善环境，防止污染和其他公害，保障公众健康，推进生态文明建设，促进经济社会可持续发展，制定本法”。相比于原来的立法目的表述“为保护和改善生活环境与生态环境，防治污染和其他公害，保障人体健康，促进社会主义现代化建设的发展，制定本法”。主要有三点变化：一是以“环境”替代“生活环境和生态环境”，更能准确表达法律保护的对象，因为生活环境和生态环境没有绝对的严格的区分。二是从原来的“保障人体健康”改为“保障公众健康”，体现了保护更多公共利益的指导思想，表述更周延。三是将“促进社会主义现代化建设”改为“推进生态文明建设，促进社会经济可持续发展”，这种变化体现了整体主义、保护优先的现代理念，摒弃光要发展不要环境的落后理念，这是新环境保护法的重要突破。

二、推动建立基于环境承载能力的绿色发展模式

《环境保护法》要求建立资源环境承载能力检测预警机制，

实行环保目标责任制和考核评价机制，制定经济政策应充分考虑对环境的影响，对未完成环境质量目标的地区实行环评限批，分阶段、有步骤地改善环境质量，体现了生态文明、可持续发展、保护优先等新理念，是推行绿色国民经济核算，建立基于环境承载能力的发展模式，促进中国经济绿色转型的重要依据。

三、建立多元共治的现代环境治理体系

《环境保护法》明确了政府、企业、个人在环境保护中的权利与义务，建立了公众参与机制。各级政府对环境质量负责，企业承担主体责任，公民进行违法举报，社会组织依法参与，新闻媒体进行舆论监督。《环境保护法》规定，国家建立跨区联合防治协调机制，划定生态保护红线，健全生态保护补偿制度，国家机关优先绿色采购；国家建立环境与公众健康制度；国家实行总量控制和排污许可管理制度；政府建立环境污染公共检测预警机制，鼓励投保环境污染责任保险。同时，也明确规定公民享有环境知情权、参与权和监督权，要求各级政府、环保部门公开环境信息，及时发布环境违法企业名单，企业环境违法信息记入社会诚信档案；排污单位必须公开自身环境信息，鼓励和保护公民举报环境违法。

四、生态保护红线制度

《环境保护法》第四条宣示“保护环境是国家的基本国策”，“国家采取有利于节约和循环利用资源，保护和改善环境、促进人与自然和谐的经济、技术政策和措施，使经济社会发展与环境保护相协调”。红线的概念最早源于城市规划领域，是指城市建设用地的控制边界，长期以来城市规划领域一直是将建设用地和发展空间作为关注重点，近些年来生态用地空间开始逐渐受到重视。生态保护红线是指在自然生态服务功能、环境质量安全、自然资源利用等方面，需要实行严格保护的空间边界与管理限值，以维护国家和区域生态安全及经济社会可持续发展，保障人民群众健

康。“生态保护红线”是继“18亿亩耕地红线”后，另一条被提到国家层面的“生命线”。

五、环境规划制度

《环境保护法》要求县级以上人民政府将环境保护工作纳入国民经济和社会发展规划，国务院环境保护主管部门和地方人民政府环境保护主管部门会同有关部门，根据国民经济和社会发展规划编制国家环境保护和区域环境保护规划。按规划的制定主体，环境规划可分为：国家规划与地方规划。按时间期限分为：短期规划，一般为5年；中期规划，以15年为限；长期规划，又称战略规划。环境保护规划的内容应包含生态保护和污染防治两方面的目标、任务、保障措施，必须与主体功能区规划、土地利用总体规划和城乡规划等相衔接。在国家的规划体系中，环境保护规划属于专门规划。国民经济和社会发展总体规划属于综合规划，环境保护规划要根据这个综合规划的总体要求进行编制，并由国务院批准对外公布。地方也如此，地方的环境保护规划由同级人民政府批准并公布，有助于提升政府公信力。

六、环境影响评价制度

《环境保护法》规定，编制有关开发利用规划，建设对环境有影响的项目，应当依法进行环境影响评价。根据《环境影响评价法》和《建设项目环境保护管理条例》的规定，凡是从事对环境有影响的建设项目都必须进行环境影响评价，范围包括工业、交通、水利、农林、商业卫生、文教、科研、市政等对环境有影响的一切基本建设项目、技术改造项目、区域开发建设项目、引进的建设项目（三资企业的建设项目）。环境影响评价过程中，要做到信息公开，建设单位或者其委托的环境影响评价机构、环境保护行政部门应当按照规定，采用便于公众知悉的方式，向公众公开有关环境影响评价的信息。建设单位或者其委托的环境影响评价机构应当在发布信息公告、公开环境影响报告书的简本后，采取调查公众意见、咨询专家意见、座谈会、论证会、听证会等形式，公开征求意见。征求公众意见的期限不得少于10日。未依法进行环境影响评价的开发利用规划，不得组织实施；未依法进行环境影响评价的建设项目，不得开工建设。

七、总量控制制度

所谓总量控制，就是在规定时间内，对某一区域或某一企业在生产过程中所产生的污染物最终排入环境的数量的限制。企业在生产过程中排放总量包括：以“三废”形式排放的有组织的排放量；以杂质形式附着于产品、副产品、回收品而被带走的量；在生产过程中以跑、冒、滴、漏等形式无组织排放的量。区域排放总量包括：区域内工业污染源、交通污染源、生活污染源产生的污染物的排放量之总和。污染物总量控制是以环境质量目标为基本依据，对区域内各污染源的污染物的排放总量实施控制的管理制度。在实施总量控制时，污染物的排放总量应小于或等于允许排放总量。区域的允许排污量应当等于该区域环境允许的纳污量。环境允许纳污量则由环境允许负荷量和环境自净容量确定。

八、重点环境要素保护制度

根据《环境保护》第三十二条规定，对大气、水、土壤三项重点环境要素，必须采取调查、检测、评估和修复措施，以保障生态安全，维护生态平衡。这主要考虑到当前空气污染加剧，雾霾遍布全国；水污染日益严重，据统计中国河流长度67.8%被污染；土地污染惊人，以18亿亩耕地面积计算，约有3.49亿亩耕地被污染，尤其是重金属污染令人恐慌。基于此，对大气、水、土壤环境的调查、检测、评估和修复非常重要。调查是检测的基础，检测是评估的前提，评估是修复的依据。这四个方面构成了一套完备的大气、水、土壤环境保护制度。

九、“三同时”制度

指一切新建、改建和扩建的基本建设项目（包括小型建设项目）、技术改造项目以及自然开发项目和可能对环境造成损害的工程建设，其中防治污染和其他公害的设施及其他环境保护设施，必须与主体工程同时设计、同时施工、同时投产的法律规定。建设项目一般包括设计、施工和投入使用三个阶段，“三同时”制度贯穿于建设项目的全过程，并对三个阶段提出了不同要求。实践中，“三同时”制度必须与建设项目环境影响评价制度结合实施，才能为“预防为主”原则的落实提供制度支持。“三同时”中的第一个“同时”不仅与建设项目的环境影响评价密切相关，本身就应该成为建设项目环境影响评价的重要内容，这样才能保证建设项目的选址、设计符合环保的要求。

十、禁止污染转移制度

污染转移是指经济相对发达的地区，将污染严重的设备或者技术转移给没有防治污染能力的地区，技术较先进的企业将淘汰落后的污染设备转移给技术落后的企业，是被转移地区的环境严重受到污染。即包括禁止国内污染转移，也包括禁止国外污染转移。

十一、企业对保护环境的责任和违法后果

一是排污者的环境防范义务。向环境中排放污染物的企业、事业单位，以及个体工商户等其他生产经营者，应当提前或者及时采取有效措施，防治生产建设或者其他生产活动中产生的废气、废水、废渣、医疗废物、粉尘、恶臭气体、光辐射、放射性物质以及噪声、震动、磁辐射造成环境污染。

二是排污单位负责人的责任。向环境中排放污染物的企业、事业单位，要将环境保护纳入本单位发展计划，制定明确的环境保护任务和指标，明确单位环境保护负责人和相关人员，明确排污单位的权利和义务、负责人的权利和义务，落实到生产管理、

技术管理等各个方面和环节，并建立考核和奖惩制度。一旦排污单位违法协议规定，便依据协议追究单位负责人和相关人员的环境保护责任。

三是重点排污单位的环境污染监测义务。列入重点排污名录的单位向环境中排放污染物，必须安装符合规定和监测规范的监测设备，并应该确保监测设备能够正常工作，监测所获得的原始监测数据要妥善保存以备查。

四是严禁逃避监管的行为。国家禁止通过私铺暗管、私打渗井、私挖渗坑、偷偷灌注、私自篡改或伪造数据，以及不正常运行防治污染设施等逃避监管的方式，将污染物排放到地下水体、地表水体，或者将污染物掩埋到地下，或者篡改、伪造排污数据等以逃避责任。如有以上行为，尚不足以构成犯罪的，除已依法予以处罚外，由环境主管部门或者其他有关部门将案件移送公安机关，对其负责的主管人员和其他直接责任人员，处10以上15日以下拘留，情节较轻的，处5日以上10日以下拘留。

五是重点排污单位的信息公开义务。县级以上人民政府环境保护主管部门认定和发布的重点排污单位，要公开主要污染的名称、排放方式、排放浓度和总量、超标排放情况，以及防治污染设施的建设和运行情况。如不公开或者不如实公开环境信息的，由环境主管部门责令公开，处以罚款，并予以公告。

十二、排污费的征收和减免

直接向环境排放污染物的企业、事业单位，以及个体工商户等其他生产经营者，应当依照《排污费征收使用管理条例》的规定缴纳排污费。征收排污费的污染物包括污水、废气、固体废物、噪声和放射性物质等几大种类。

依照《大气污染防治法》和《海洋环境保护法》的规定，向大气、海洋排放污染物的，按照排放污染物的种类、数量缴纳排污费。

依照《水污染防治法》的规定，向水体排放污染物的，按照排放污染物的种类、数量缴纳排污费；向水体排放污染物超过国家和地方规定的排放标准的，按照排放污染物的种类、数量加倍缴纳排污费。

依照《固体废物污染环境防治法》的规定，没有建设工业固体废物储存或者处置的设施、场所，或者工业固体废物或者处置的设施、场所不符合环境保护标准的，按照排放污染物的种类、数量缴纳排污费；以填埋方式处置危险废物不符合国家有关规定的，按照排放污染的种类、数量缴纳危险废物排污费。

依照《环境噪声污染防治法》的规定，产生环境噪声污染超过国家环境噪声标准的，按照排放噪声的超标声级缴纳排污费。

排污者向城市污水集中处理设施排放污水、缴纳污水处理费用的，不再缴纳排污费。排污者建成工业固体废物贮存或者处置设施、场所并符合环境保护标准，或者其原有工业固体废物贮存或者处置设施、场所经改造符合环境保护标准的，自建成或者改造完成之日起，不再缴纳排污费。

排污者遇台风、火山爆发、洪水、干旱、地震等不可抗力自然灾害以及因突发公共卫生事件、火灾、他人破坏等遭受重大直接经济损失，可以申请减缴或者免缴排污费。排污者因未及时采取有效措施，造成环境污染的不得申请减缴或者免缴。排污者申请减免排污费的最高限额不得超过 1 年的排污费应缴额。养老院、残疾人福利机构、殡葬机构、幼儿园、特殊教育学校、中小学校（不含其所办企业）等国务院财政、价格、环保部门规定的非盈利性社会公益事业单位，在达标排放污染物的情况下，经负责征收排污费的环保部门核准后可以免缴排污费。

第三节　大气污染防治法

《大气污染防治法》于 2015 年 8 月 29 日修订通过，于 2016 年 1 月 1 日起施行。修订后的大气污染防治法完善了一些重要管理制度，健全了重点区域大气污染联防联控、重污染天气应对等机制，在燃煤、工业、机动车船、扬尘、农业等领域规定了有针对性的措施，加大了对违法行为的处罚力度，抓住了当前大气污染防治的主要矛盾和关键问题，对群众关心的热点、焦点作了回应，对改善大气环境质量提供了有力的法制保障。

一、总则

（一）防治大气污染的目标、原则和主要措施

这次修法的一大亮点就是，将大气污染防治工作从注重污染防治转向注重大气环境质量，把改善大气环境质量作为大气污染防治的目标。防治大气污染的原则包括：坚持源头治理、规划先行，转变经济发展方式，优化产业结构和布局，调整能源结构。主要措施包括：防治大气污染，应当加强对燃煤、工业、机动车船、扬尘、农业等大气污染的综合防治，推行区域大气污染联合防治，对颗粒物、二氧化硫、氮氧化物、挥发性有机物、氨等大气污染物和温室气体实施协同控制。

（二）政府责任

县级以上人民政府应当将大气污染防治工作纳入国民经济和社会发展规划，加大对大气污染防治的财政投入。

地方各级人民政府应当对本行政区域的大气环境质量负责，制定规划，采取措施，控制或者逐步削减大气污染物的排放量，使大气环境质量达到规定标准并逐步改善。

国务院环境保护主管部门会同国务院有关部门，按照国务院的规定，对省、自治区、直辖市大气环境质量改善目标、大气污染防治重点任务完成情况进行考核。省、自治区、直辖市人民政府制定考核办法，对本行政区域内地方大气环境质量改善目标、大气污染防治重点任务完成情况实施考核。考核结果应当向社会公开。

（三）企业和公民的义务

企业事业单位和其他生产经营者建设对大气环境有影响

的项目，应当依法进行环境影响评价、公开环境影响评价文件；向大气排放污染物的，应当符合大气污染物排放标准，遵守重点大气污染物排放总量控制要求。排放工业废气或者有毒有害大气污染物的企业事业单位、集中供热设施的燃煤热源生产运营单位以及其他依法实行排污许可管理的单位，应当取得排污许可证，对其排放的工业废气和有毒有害大气污染物进行监测，并保存原始监测记录。向大气排放污染物的，应当依照法律法规和国务院环境保护主管部门的规定设置大气污染物排放口。

公民应当增强大气环境保护意识，采取低碳、节俭的生活方式，自觉履行大气环境保护义务。包括绿色出行、节约用电、使用优质煤、节约使用纸张木材等。

二、大气污染防治标准和限期达标规划

大气污染防治标准，是指国家为保护人体健康和生态环境，对大气中的污染物或者其他有害因素的最大容许浓度所作的规定。大气环境质量标准分为国家标准和地方标准。1982 年，我国首次颁发了国家的空气质量标准，到 2012 年，作了三次修订。根据大气环境质量标准，国务院环保部门或者省、自治区、直辖市人民政府制定大气污染物排放标准，主要规定二氧化硫、氮氧化物、一氧化碳、硫化氢、氯、氟以及颗粒物等污染物的容许排放量。大气环境质量标准、大气污染物排放标准的执行情况应当定期进行评估，根据评估结果对标准适时进行修订。

未达到国家大气环境质量标准城市的人民政府应当及时编制大气环境质量限期达标规划，采取措施，按照国务院或者省级人民政府规定的期限达到大气环境质量标准。城市大气环境质量限期达标规划应当向社会公开。城市人民政府每年在向本级人民代表大会或者其常务委员会报告环境状况和环境保护目标完成情况时，应当报告大气环境质量限期达标规划执行情况，并向社会公开。

三、大气污染防治的监督管理

（一）排污权交易

《大气污染防治法》规定，国家逐步推行重点大气污染物排污权交易。所谓排污权交易，是指在总量控制要求下，为促进环境资源高效配置，排污权以有偿方式在政府与排污单位、排污单位之间相互流转的活动。排污权是运用市场手段盘活总量指标、优化经济发展、促进企业珍惜环境资源、激励企业深度减排的机制。

（二）约谈和区域限批

对超过国家重点大气污染物排放总量控制指标或者未完成国家下达的大气环境质量改善目标的地区，省级以上人民政府环境保护主管部门应当会同有关部门约谈该地区人民政府的主要负责人，并暂停审批该地区新增重点大气污染物排放总量的建设项目环境影响评价文件。约谈情况应当向社会公开。

（三）淘汰制度

国家对严重污染大气环境的工艺、设备和产品实行淘汰制度。国务院经济综合主管部门会同国务院有关部门确定严重污染大气环境的工艺、设备和产品淘汰期限，并纳入国家综合性产业政策目录。生产者、进口者、销售者或者使用者应当在规定期限内停止生产、进口、销售或者使用列入前款规定目录中的设备和产品。工艺的采用者应当在规定期限内停止采用列入前款规定目录中的工艺。被淘汰的设备和产品，不得转让给他人使用。

四、大气污染防治措施

（一）调整能源结构，优化煤炭使用方式

煤炭占我国化石能源资源的96%。近30年来，我国煤炭的生产和消费量占比一直保持在70%左右。以燃煤为主的能源生产和消费结构，是造成当前大气污染严峻形势的重要原因。《大气污染防治法》规定，调整能源结构，推广清洁能源的生产和使用；

优化煤炭使用方式，推广煤炭清洁高效利用，逐步降低煤炭在一次能源消费中的比重，减少煤炭生产、使用、转化过程中的大气污染物排放。国家禁止进口、销售和燃用不符合质量标准的煤炭，鼓励燃用优质煤炭。各级人民政府应当采取措施，加强民用散煤的管理，禁止销售不符合民用散煤质量标准的煤炭，鼓励居民燃用优质煤炭和洁净型煤，推广节能环保型炉灶。

（二）防治工业污染

工业是排放粉尘、硫化物和氮氧化物等大气污染物的最重要来源。本着源头治理的原则，不仅要关注工业企业排放粉尘、硫化物和氮氧化物是否符合有关大气污染物排放标准，还应积极加强工业企业的生产过程管理，采用清洁生产工艺，配套建设除尘、脱硫、脱硝等装置，或者采取技术改造等其他控制大气污染物排放的措施。钢铁、建材、有色金属、石油、化工、制药、矿产开采等企业，应当加强精细化管理，采取集中收集处理等措施，严格控制粉尘和气态污染物的排放。工业生产企业应当采取密闭、围挡、遮盖、清扫、洒水等措施，减少内部物料的堆存、传输、装卸等环节产生的粉尘和气态污染物的排放。

（三）防治机动车船等污染

机动车污染问题日益突出，尾气已成为空气污染的重要来源。解决机动车污染问题需要加强源头治理，体现“车、油、路”统筹原则。《大气污染防治法》国家倡导低碳、环保出行，根据城市规划合理控制燃油机动车保有量，大力发展城市公共交通，提高公共交通出行比例。国家采取财政、税收、政府采购等措施推广应用节能环保型和新能源机动车船、非道路移动机械，限制高油耗、高排放机动车船、非道路移动机械的发展，减少化石能源的消耗。

需要注意的是，尽管法律规定了“根据城市规划合理控制燃油机动车保有量”这种限购措施，但这种措施给人民群众生活带来诸多不便，不应该成为政府决策的首选。如果确需限购，应该广泛征求意见，进行科学论证，不能搞突然袭击。

（四）防治扬尘污染

建设单位应当将防治扬尘污染的费用列入工程造价，并在施工承包合同中明确施工单位扬尘污染防治责任。施工单位应当制定具体的施工扬尘污染防治实施方案。从事房屋建筑、市政基础设施建设、河道整治以及建筑物拆除等施工单位，应当向负责监督管理扬尘污染防治的主管部门备案。施工单位应当在施工工地设置硬质围挡，并采取覆盖、分段作业、择时施工、洒水抑尘、冲洗地面和车辆等有效防尘降尘措施。建筑土方、工程渣土、建筑垃圾应当及时清运；在场地内堆存的，应当采用密闭式防尘网遮盖。工程渣土、建筑垃圾应当进行资源化处理。施工单位应当在施工工地公示扬尘污染防治措施、负责人、扬尘监督管理主管部门等信息。暂时不能开工的建设用地，建设单位应当对裸露地面进行覆盖；超过三个月的，应当进行绿化、铺装或者遮盖。

（五）防治农业源污染

农业源大气污染主要有以下几个方面：化肥、农药的不科学施用、畜禽养殖业臭气的释放、秸秆的露天焚烧。特别是秸秆的露天焚烧已成为某一段时间内大气污染的主要原因之一。各级人民政府及其农业行政等有关部门应当鼓励和支持采用先进适用技术，对秸秆、落叶等进行肥料化、饲料化、能源化、工业原料化、食用菌基料化等综合利用，加大对秸秆还田、收集一体化农业机械的财政补贴力度。县级人民政府应当组织建立秸秆收集、贮存、运输和综合利用服务体系，采用财政补贴等措施支持农村集体经济组织、农民专业合作经济组织、企业等开展秸秆收集、贮存、运输和综合利用服务。法律还规定，农业生产经营者应当改进施肥方式，科学合理施用化肥并按照国家有关规定使用农药，减少氨、挥发性有机物等大气污染物的排放。禁止在人口集中地区对树木、花草喷洒剧毒、高毒农药。

五、重点区域大气污染联合防治

当前我国在传统煤烟型污染尚未得到控制的情况下，大气污染正向煤烟与机动车尾气复合型过渡，区域性大气污染问题日趋严重。国家应建立重点区域大气污染联防联控机制，统筹协调重点区域内大气污染防治工作。国务院环境保护主管部门应根据主体功能区划、区域大气环境质量状况和大气污染传输扩散规律，划定国家大气污染防治重点区域。重点区域内有关省、自治区、直辖市人民政府应当确定牵头的地方人民政府，定期召开联席会议，按照统一规划、统一标准、统一监测、统一的防治措施的要求，开展大气污染联合防治，落实大气污染防治目标责任。实践中，京津冀、长三角、珠三角已分别建立了区域大气污染防治协作机制，取得了较好效果。

六、应对重污染天气

国家建立重污染天气监测预警体系，县级以上地方人民政府应当将重污染天气应对纳入突发事件应急管理体系。省、自治区、直辖市、设区的市人民政府依据重污染天气预报信息，进行综合研判，确定预警等级并及时发出预警。预警信息发布后，人民政府及其有关部门应当通过电视、广播、网络、短信等途径告知公众采取健康防护措施，指导公众出行和调整其他相关社会活动。县级以上地方人民政府应当依据重污染天气的预警等级，及时启动应急预案，根据应急需要可以采取责令有关企业停产或者限产、限制部分机动车行驶、禁止燃放烟花爆竹、停止工地土石方作业和建筑物拆除施工、停止露天烧烤、停止幼儿园和学校组织的户外活动、组织开展人工影响天气作业等应急措施。

第四节　循环经济法

循环经济是指在生产、流通和消费等过程中进行的减量化、再利用、资源化活动的总称，也是资源节约和循环利用活动的总称。循环经济作为一种新的发展模式，是在我国传统的高消耗、高排放、低利用的经济增长模式所带来的资源约束和环境压力背景下提出来的。2008 年，我国颁布了《循环经济促进法》，建立了如下制度：

循环经济规划制度。规定了编制循环经济发展规划的程序和内容，为政府及部门编制循环经济发展规划提供了依据。

抑制资源浪费和污染物排放的总量调控制度。明确要求各级政府必须依据上级政府制定的本区域污染物排放总量控制指标和建设用地、用水总量控制指标，规划和调整本行政区域的经济和产业结构，把本地的资源和环境承载能力作为经济和社会发展规模的重要依据。

生产者责任延伸制度。明确规定生产者在产品废弃后应当承担的回收、利用、处置等责任，将生产者的责任从单纯的生产阶段、产品使用阶段逐步延伸到产品废弃后的回收、利用和处置阶段。

对高耗能、高耗水企业的监督管理。国家对钢铁、有色金属、煤炭、电力、石油加工、化工、建材、建筑、造纸、印染等行业年综合能源消费量、用水量超过国家规定总量的重点企业、实行能耗、水耗的重点监督管理制度。

产业政策的规范和引导。国务院循环经济发展综合管理部门会同国务院环境保护等有关主管部门，定期发布鼓励、限制和淘汰的技术、工艺、设备、材料和产品名录。

明确减量化的具体要求。对于生产过程，规定了产品的生态设计制度，对工业企业的节水节油提出了基本要求，对矿业开采、建筑建材、农业生产等领域发展循环经济提出了具体要求。对于流通和消费过程，规定了服务业的节能、节水、节材要求；国家在保障产品安全和卫生的前提下，限制一次性消费品的生产和消费等。此外，还对政府机构提出了厉行节约、反对浪费的要求。

再利用和资源化的具体要求。对于生产过程，规定了发展区域循环经济、工业固体废物综合利用、工业用水循环利用、工业余热余压等综合利用、建筑废物综合利用、农业综合利用以及对产业废物交换的要求。对于流通和消费过程，规定了建立健全再生资源回收体系、对废电子产品进行回收利用、报废机动车船回收拆解、机电产品再制造，以及生活垃圾、污泥的资源化等具体要求。

建立激励机制。主要包括建立循环经济发展专项资金；对循环经济重大科技攻关项目实行财政支持；对促进循环经济发展的产业活动给予税收优惠；对有关循环经济项目实行投资倾斜；实行有利于循环经济发展的价格政策、收费制度和有利于循环经济发展的政府采购政策。

第七章

国家和公共安全篇

【本章导读】

加强国家安全和公共安全，是深化平安中国建设，保证人民群众安居乐业的迫切需要。这既需要各国家机关提高维护国家安全和公共安全的能力，同时也需要人民群众增强安全意识和预防能力。本章重点介绍国家安全和公共安全领域的法律法规，包括反间谍法、反恐怖主义法、食品安全法、安全生产法、突发事件应对法。

第一节　反间谍法

2014 年 11 月 1 日，十二届全国人大常委会第十一次会议审议通过了《反间谍法》。反间谍法是为了适应我国国家安全面临的新形势、新任务，对 1993 年公布施行的《国家安全法》进行的重新定位和修订。也就是将原来的“国家安全法”名称改为“反间谍法”，内容上突出反间谍工作。从国家安全的总体要求看，我国还需要一部统揽国家安全领域，具有综合性、全局性、基础性的新的国家安全法。反间谍法是国家安全立法中的一部重要法律，也是为将来新的国家安全法打基础的法律。

一、间谍行为

间谍行为，包括：①间谍组织及其代理人实施或者指使、资助他人实施，或者境内外机构、组织、个人与其相勾结实施的危害中华人民共和国国家安全的活动；②参加间谍组织或者接受间谍组织及其代理人的任务的；③间谍组织及其代理人以外的其他境外机构、组织、个人实施或者指使、资助他人实施，或者境内机构、组织、个人与其相勾结实施的窃取、刺探、收买或者非法提供国家秘密或者情报，或者策动、引诱、收买国家工作人员叛变的活动；④为敌人指示攻击目标的；⑤进行其他间谍活动的。

《反间谍法》规定境外机构、组织、个人实施或者指使、资助他人实施的，或者境内机构、组织、个人与境外机构、组织、个人相勾结实施的危害中华人民共和国国家安全的间谍行为，都必须受到法律追究。这明确了间谍行为的主体及涉外特征，有三个层次的内容：一是境外机构、组织、个人实施的间谍行为；二是境外机构、组织、个人指使、资助他人实施间谍行为；三是境内机构、组织、个人与境外机构、组织、个人相勾结实施间谍行为。

二、国家安全机关在反间谍工作中的职权

1983 年，国家设立了国家安全机关。1983 年 9 月，六届全国人大常委会第二次会议通过了《全国人民代表大会常务委员会关于国家安全机关行使公安机关的侦查、拘留、预审和执行逮捕的职权的决定》，规定国家安全机关承担原由公安机关主管的间谍、特务案件的侦查工作，是国家公安机关的性质，因而国家安全机关可以行使宪法和法律规定的公安机关的侦查、拘留、预审和执行逮捕的职权。刑事诉讼法规定，国家安全机关办理危害国家安全的刑事案件，行使与公安机关相同的职权。

查验身份、调查询问权。国家安全机关的工作人员依法执行任务时，依照规定出示相应证件，有权查验中国公民或者境外人员的身份证明，向有关组织和人员调查、询问有关情况。

进入场所、调取资料权。国家安全机关的工作人员依法执行任务时，依照规定出示相应证件，可以进入有关场所、单位。对一些限制进入的地区、场所、单位，国家安全机关工作人员经过批准，出示相应证件，可以进入，并可以查阅或者调取有关的档案、

资料、物品。

优先通行、优先使用权。在依法执行紧急任务的情况下，经出示相应证件，国家安全工作人员可以优先乘坐公共交通工具，遇交通阻碍时，优先通行。因反间谍工作需要，可以优先使用或者依法征用机关、团体、企业事业组织和个人的交通工具、通信工具、场地和建筑物，必要时，可以设置相关工作场所和设备、设施，任务完成后应当及时归还或者恢复原状，并依照规定支付相应费用；造成损失的，应当补偿。

技术侦察权。国家安全机关可以采取技术侦察，但需经过严格的批准手续。

查验、查封电子器材权。国家安全机关因反间谍工作需要，可以依照规定查验有关组织和个人的电子通信工具、器材等设备、设施。查验中发现存在危害国家安全情形的，国家安全机关应当责令其整改；拒绝整改或者整改后仍不符合要求的，可以予以查封、扣押。

三、公民和组织的义务和权利

协助反间谍工作。公民和组织应当为反间谍工作提供便利或者其他协助。因协助反间谍工作，本人或者其近亲属的人身安全面临危险的，可以向国家安全机关请求予以保护。国家安全机关应当会同有关部门依法采取保护措施。

及时报告及处理。公民和组织发现间谍行为，应当及时向国家安全机关报告；向公安机关等其他国家机关、组织报告的，相关国家机关、组织应当立即移送国家安全机关处理。

提供证据和保守秘密。在国家安全机关调查了解有关间谍行为的情况、收集有关证据时，有关组织和个人应当如实提供，不得拒绝。任何公民和组织都应当保守所知悉的有关反间谍工作的国家秘密。

不得非法持有国家秘密。任何个人和组织都不得非法持有属于国家秘密的文件、资料和其他物品。国家秘密的密级分为绝密、机密、秘密三级。属于国家秘密文件，是指经过法定程序，被列为国家秘密并规定了密级的文件，这类文件下发都标有一定的范围。政党的秘密事项也属于国家秘密。

不得非法持有、使用专用间谍器材。间谍器材包括：暗藏式窃听、窃照起草；突发式收发报机、一次性密码本、密写工具；用于获取情报的电子窃听、截取器材；其他专用间谍器材。

第二节　反恐怖主义法

2015年12月27日，十二届全国人大常委会第十八次会议表决通过《反恐怖主义法》，自2016年1月1日起施行。反恐怖主义法明确，国家反对一切形式的恐怖主义，依法取缔恐怖活动组织，对任何组织、策划、准备实施、实施恐怖活动，宣扬恐怖主义，煽动实施恐怖活动，组织、领导、参加恐怖活动组织，为恐怖活动提供帮助的，依法追究法律责任。国家不向任何恐怖活动组织和人员作出妥协，不向任何恐怖活动人员提供庇护或者给予难民地位。

一、恐怖主义的定义和行为

恐怖主义，是指通过暴力、破坏、恐吓等手段，制造社会恐慌、危害公共安全、侵犯人身财产，或者胁迫国家机关、国际组织，以实现其政治、意识形态等目的的主张和行为。恐怖活动组织，是指三人以上为实施恐怖活动而组成的犯罪组织。恐怖活动人员，是指实施恐怖活动的人和恐怖活动组织的成员。恐怖事件，是指正在发生或者已经发生的造成或者可能造成重大社会危害的恐怖活动。恐怖活动，包括下列行为：

一是组织、策划、准备实施、实施造成或者意图造成人员伤亡、重大财产损失、公共设施损坏、社会秩序混乱等严重社会危害的活动的；二是宣扬恐怖主义，煽动实施恐怖活动，或者非法持有宣扬恐怖主义的物品，强制他人在公共场所穿戴宣扬恐怖主义的服饰、标志的；三是组织、领导、参加恐怖活动组织的；四是为恐怖活动组织、恐怖活动人员、实施恐怖活动或者恐怖活动培训提供信息、资金、物资、劳务、技术、场所等支持、协助、便利的。

二、安全防范

完善组织架构。国家将反恐怖主义纳入国家安全战略，设立反恐怖主义工作领导机构，统一领导和指挥全国反恐怖主义工作。设区的市级以上地方人民政府设立反恐怖主义工作领导机构，县级人民政府根据需要设立反恐怖主义工作领导机构，在上级反恐怖主义工作领导机构的领导和指挥下，负责本地区反恐怖主义工作。

加强教育。教育、人力资源行政主管部门和学校、有关职业培训机构应当将恐怖活动预防、应急知识纳入教育、教学、培训的内容。

电信业务经营者、互联网服务商的义务。电信业务经营者、互联网服务提供者应当依照法律、行政法规规定，落实网络安全、信息内容监督制度和安全技术防范措施，防止含有恐怖主义、极端主义内容的信息传播；发现含有恐怖主义、极端主义内容的信息的，应当立即停止传输，保存相关记录，删除相关信息，并向公安机关或者有关部门报告。

物流运营单位的责任。铁路、公路、水上、航空的货运和邮政、快递等物流运营单位应当实行安全查验制度，对客户身份进行查验，依照规定对运输、寄递物品进行安全检查或者开封验视。

对枪支弹药等加强监管。生产和进口单位应当依照规定对枪支等武器、弹药、管制器具、危险化学品、民用爆炸物品、核与放射物品作出电子追踪标识，对民用爆炸物品添加安检示踪标识物。有关单位应当依照规定对传染病病原体等物质实行严格的监督管理，严密防范传染病病原体等物质扩散或者流入非法渠道。

调查恐怖主义的融资行为。国务院反洗钱行政主管部门发现涉嫌恐怖主义融资的，可以依法进行调查，采取临时冻结措施。审计、财政、税务等部门在依照法律、行政法规的规定对有关单位实施监督检查的过程中，发现资金流入流出涉嫌恐怖主义融资的，应当及时通报公安机关。

制止极端主义。公安机关和有关部门对宣扬极端主义，利用极端主义危害公共安全、扰乱公共秩序、侵犯人身财产、妨害社会管理的，应当及时予以制止，依法追究法律责任。公安机关发现极端主义活动的，应当责令立即停止，将有关人员强行带离现场并登记身份信息，对有关物品、资料予以收缴，对非法活动场所予以查封。

加强对重点目标的管理。公安机关应当会同有关部门，将遭受恐怖袭击的可能性较大以及遭受恐怖袭击可能造成重大的人身伤亡、财产损失或者社会影响的单位、场所、活动、设施等确定为防范恐怖袭击的重点目标，报本级反恐怖主义工作领导机构备案。

三、情报信息

国家反恐怖主义工作领导机构建立国家反恐怖主义情报中心，实行跨部门、跨地区情报信息工作机制，统筹反恐怖主义情报信息工作。国家反恐怖主义情报中心、地方反恐怖主义工作领导机构以及公安机关等有关部门应当对有关情报信息进行筛查、研判、核查、监控，认为有发生恐怖事件危险，需要采取相应的安全防范、应对处置措施的，应当及时通报有关部门和单位，并可以根据情况发出预警。有关部门和单位应当根据通报做好安全防范、应对处置工作。

四、调查

公安机关接到恐怖活动嫌疑的报告或者发现恐怖活动嫌疑，需要调查核实的，应当迅速进行调查。公安机关调查恐怖活动嫌疑，可以依照有关法律规定对嫌疑人员进行盘问、检查、传唤，可以提取或者采集肖像、指纹、虹膜图像等人体生物识别信息和血液、尿液、脱落细胞等生物样本，并留存其签名。公安机关调查恐怖活动嫌疑，经县级以上公安机关负责人批准，可以查询嫌疑人员的存款、汇款、债券、股票、基金份额等财产，可以采取查封、扣押、冻结措施。

五、应对处置

国家建立健全恐怖事件应对处置预案体系。国家反恐怖主义工作领导机构应当针对恐怖事件的规律、特点和可能造成的社会危害，分级、分类制定国家应对处置预案，具体规定恐怖事件应对处置的组织指挥体系和恐怖事件安全防范、应对处置程序以及事后社会秩序恢复等内容。

恐怖事件发生后，发生地反恐怖主义工作领导机构应当立即启动恐怖事件应对处置预案，确定指挥长。有关部门和中国人民解放军、中国人民武装警察部队、民兵组织，按照反恐怖主义工作领导机构和指挥长的统一领导、指挥，协同开展打击、控制、救援、救护等现场应对处置工作。人民警察、人民武装警察以及其他依法配备、携带武器的应对处置人员，对在现场持枪支、刀具等凶器或者使用其他危险方法，正在或者准备实施暴力行为的人员，经警告无效的，可以使用武器；紧急情况下或者警告后可能导致更为严重危害后果的，可以直接使用武器。

第三节　食品安全法

新修订的《食品安全法》于 2015 年 10 月 1 日起施行。新食品安全法围绕建立最严格的食品安全监管制度这一总体要求，在完善统一权威的食品安全监管机构，加强食品的生产经营过程控制，强化企业主体责任，突出对特殊食品的严格监管，加大对违法行为的惩处力度等方面对原法作了修改完善。

一、食品安全法的适用范围

一是食品生产，包括食品生产和加工。二是食品经营，包括食品销售和餐饮服务。三是食品添加剂、食品相关产品的生产经营和使用。四是食品的贮存和运输。

二、食品安全工作方针

《食品安全法》第三条规定：“食品安全工作实行预防为主、风险管理、全程控制、社会共治，建立科学、严格的监督管理制度。”预防为主，是指各项工作关口前移，防患于未然，规定了责任约谈制度、生产经营者自查制度等。风险管理，包括食品安全风险监测、风险评估、风险监督管理和风险交流等各项制度。全程控制，是指建立从农田到餐桌的全过程管理制度，强化全程监管。社会共治，是指政府监管部门、食品生产经营者、行业协会、消费者协会乃至公民个人，共同参与食品安全工作，形成共管共治的格局。规定了食品安全违法行为有奖举报制度，规范了食品安全信息发布制度。

三、食品安全标准

食品安全标准是强制执行的标准，除食品安全标准外，不得制定其他食品强制性标准。截止目前，我国已经公布了500项食品安全国家标准，包括通用标准、产品标准、生产经营规范、检验方法标准四方面的内容。《食品安全法》第二十六条规定：“食品安全标准应当包括下列内容：①食品、食品添加剂、食品相关产品中的致病性微生物，农药残留、兽药残留、生物毒素、重金属等污染物质以及其他危害人体健康物质的限量规定；②食品添加剂的品种、使用范围、用量；③专供婴幼儿和其他特定人群的主辅食品的营养成分要求；④对与卫生、营养等食品安全要求有关的标签、标志、说明书的要求；⑤食品生产经营过程的卫生要求；⑥与食品安全有关的质量要求；⑦与食品安全有关的食品检验方法与规程；⑧其他需要制定为食品安全标准的内容。”

对地方特色食品，如果没有食品安全国家标准的，省、自治区、直辖市人民政府卫生行政部门可以制定并公布食品安全地方标准，报国务院卫生行政部门备案。食品安全国家标准制定后，该地方立法标准即行废止。

国家标准或者地方标准，是保障食品安全的底线。为了增强市场竞争力，企业可以制定严于国家标准或者地方标准的企业食品安全标准。国家鼓励企业的这种行为。《食品安全法》第三十条规定："国家鼓励食品生产企业制定严于食品安全国家标准或者地方标准的企业标准，在本企业适用，并报省、自治区、直辖市人民政府卫生行政部门备案。"

四、食品生产经营

按照食品安全标准进行生产经营是《食品安全法》对食品生产经营最基本、最核心的要求。除了应当符合食品安全标准外，食品生产经营还应当符合下列要求：一是对场所的要求，规定具有与生产经营的食品品种、数量相适应的食品原料处理和食品加工、包公、贮存等场所，保持该场所环境整洁，并与有毒、有害场所以及其他污染源保持规定的距离。二是对设备、设施的要求，规定具有与生产经营的食品品种、数量相适应的生产经营设备或者设施，有相应的消毒、更衣、盥洗、采光、照明、通风、防腐、防尘、防蝇、防鼠、防虫、洗涤以及处理废水、存放垃圾和废弃物的设备或者设施。三是对人员和制度的要求，规定有专职或者兼职的食品安全专业技术人员、食品安全管理人员和保证食品安全的规章制度。四是对设备布局和工艺流程的要求，规定具有合理的设备布局和工艺流程，防止待加工食品与直接入口食品、原料与成品交叉污染，避免食物接触有毒物、不洁物。五是对使用的食品相关产品的要求，规定餐具、饮具和盛放直接入口食品的容器，清洗干净，并进行消毒，消灭病原体，降低细菌数量，防止使用者互相传染。六是对贮存、运输和装卸食品的要求，规定贮存、运输和装卸食品的容器、工具和设备应当安全、无害；对贮存、运输和装卸食品有特殊要求的，应当在合适的温度、湿度等环境下进行，防止食品腐烂变质；不得将食品与有毒有害物品一同贮存、运输。七是对直接入口的食品食用的包装材料等食品相关产品的要求，规定直接入口的食品应当使用无毒、无铅的饮具和容器。八是对食品生产经营人员的要求，规定食品生产经营人员应当保持个人卫生。九是对用水的要求，规定用水应当符合国家规定的生活应用水卫生标准。十是对使用洗涤剂、消毒剂的要求，规定使用的洗涤剂、消毒剂应当对人体安全无害。

国家对食品添加剂生产实行许可制度。食品添加剂作为食品安全管理的重要环节，由食品药品监管部门进行统一监管。食品添加剂应当在技术上却有必要且经过风险评估证明安全可靠方可列入允许使用的范围。食品生产经营者应当按照食品国家标准使用食品添加剂。食品添加剂应当有标签、说明书和包装，并且是真实、准确的。

国家建立食品安全全程追溯制度，鼓励食品生产经营者采用信息化手段采集、留存生产经营信息建立食品安全追溯体系。为了不增加企业负担，法律没作硬性要求，只要如实记录相关事项并保存相应期限，能够保证食品可追溯即可。

食品生产经营者要建立食品安全自查制度，定期对食品安全状况进行检查评价。这体现政府监管思路的转变，因为保障食品安全，仅靠政府是不够的，要激励企业进行自我管理。当自我检查时发现存在安全问题的，可以处理的应当立即采取措施进行处理，如发现安全隐患的，应当立即采取措施加以排除。

国家对保健食品、特殊医学用途配方食品和婴幼儿配方食品等特殊食品实行严格监督管理。表现在：一是进行产品注册或者备案；二是要求按照良好生产规范的要求建立与所生产食品相适应的生产质量管理体系。三是具体的管理制度，比如对保健食品的广告要求写明不能代替药物，比如对婴幼儿配方食品实施逐批检验。

随着电子商务的发展，网络食品交易规模越来越大。《食品安全法》对网络食品交易进行了规范，规定了网络食品交易第三方平台提供者对入网食品经营者身份的审查义务，要进行实名登记，保证交易的可追溯和责任的可追究。如第三方平台发现入网食品经营者有违法行为，要及时制止、报告和停止提供服务的行为。

五、食品检验

2008 年，在多个属于“国家免检产品”的奶制品被检出有三聚氰胺后，国务院废止了食品免检制度。《食品安全法》确立了食品安全抽样检验制度，包括对食品生产、食品销售、餐饮服务活动环节的食品进行抽样检验。对检验结论有异议的，生产经营者可以申请复检。

六、食品安全事故处置

食品安全事故，是指食物中毒、食源性疾病、食品污染等源于食品，对人体健康有危害或者可能有危害的事故。国务院和各级政府都要制定食品安全事故应急预案，食品生产经营者企业要制定食品安全事故处置方案。

处理食品安全事故，两个环节非常重要。一是事故发生单位在第一时间内采取应急措施，防止危害扩散；二是及时报告和通报，启动相应级别的食品安全事故应急预案，果断采取措施。应当启动预案的食品安全事故分四级，即特别重大食品安全事故、重大食品安全事故、较大食品安全事故、一般食品安全事故。

食品生产经营企业，是食品安全的第一责任人。发生食品安全事故的单位应当立即采取措施，防止事故扩大，同时及时向当地食品药品监督管理、卫生行政部门报告。对于食品安全有关的信息，卫生行政部门有通报义务。任何单位、个人不得对食品安全事故隐瞒、谎报、缓报，不得隐匿、伪造、毁灭有关证据。

县级以上人民政府食品药品监管部门接到食品安全事故的报告后，应当立即采取防止、减轻社会危害的措施，会同卫生行政、质量监督、农业行政等部门进行调查处理，开展应急救援，封存可能导致食品安全事故的食品及原料，封存被污染的食品相关产品，并做好信息发布工作。

七、法律责任

《食品安全法》用最严谨的标准、最严格的监管、最严厉的处罚、最严肃的问责，体现了严惩重处的原则。主要表现在以下四个方面：

一是强化了刑事责任的追究。要求执法部门对违法行为进行一个判断，是否构成刑事犯罪，比如非法添加化学物质、经营病死禽等，如构成犯罪，则直接由公安机关侦查。如果不构成犯罪，由行政部门进行行政处罚。对因食品安全犯罪增加了“终身禁入”的资格罚规定，对因食品安全犯罪被判处有期徒刑以上刑罚的，终身不得从事生产经营管理工作。

二是强化了行政责任的追究。一是针对添加非食用物质，经营病死禽，违法使用剧毒、高毒农药等屡禁不止等7类最严重违法行为，增加了行政拘留的处罚。二是大幅度提高行政罚款额度。对生产经营添加药品的食品，生产经营营养成分不符合国家标准的婴幼儿乳粉等违法行为，《食品安全法》规定，最高处货值金额30倍的罚款。对发生食品安全事故单位，隐匿、伪造、毁灭有关证据的，最高处50万元的罚款。对非法提供场所的行为增设了行政处罚。

三是强化了民事责任的追究。规定了消费者赔偿首负责任制，要求食品生产和经营者接到消费者的赔偿请求后，应该实行首负责任制，先行赔付，不得推诿。完善了惩罚性赔偿制度，消费者可以要求支付损失3倍赔偿性的惩罚性赔偿。完善相关主体的连带责任，对网络交易第三方平台提供者未能履行法定义务，食品检验机构出具虚假检验报告，认证机构出具虚假认证结论，使消费者权益受到损害的，要求与生产经营者承担连带责任。强化了编造、散布虚假食品安全信息的民事责任，要求编造、散布虚假食品安全信息的媒体承担赔偿责任。

四是强化了对政府负责人的责任追究。将引咎辞职问责机制的适用范围从食品安全监管部门负责人扩展到了地方政府主要负责人。

第四节　安全生产法

《安全生产法》是2002年施行的，2014年进行了修订。修订后的《安全生产法》共七章一百一十四条，更加强调了以人为本、安全发展的理念，要求坚守决不能以牺牲人的生命代价这条“红线”。

一、安全生产工作“十二字方针”

《安全生产法》确立了“安全第一、预防为主、综合治理”的安全生产工作“十二字方针”，明确了安全生产的重要地位、主体任务和实现安全生产的根本途径。

二、落实“三个必须”，明确安全监管部门执法地位

“三个必须”就是管业务必须管安全、管行业必须管安全、管生产经营必须管安全。《安全生产法》规定，国务院和县级以上地方各级人民政府应当加强对安全生产工作的领导，支持、督促各有关部门依法履行安全生产监督管理职责，建立健全安全生产工作协调机制，及时协调、解决安全生产监督管理中存在的重大问题。

国务院安全生产监督管理部门对全国安全生产工作实施综合监督管理；县级以上地方各级人民政府安全生产监督管理部门，

对本行政区域内安全生产工作实施综合监督管理。

三、生产经营单位的安全生产主体责任

《安全生产法》把明确安全责任、发挥生产经营单位安全生产管理机构和安全生产管理人员作用作为一项重要内容，作出四个方面的重要规定：

一是明确委托规定的机构提供安全生产技术、管理服务的，保证安全生产的责任仍然由本单位负责。

二是明确生产经营单位的安全生产责任制的内容，规定生产经营单位应当建立相应的机制，加强对安全生产责任制落实情况的监督考核。

三是明确生产经营单位的安全生产管理机构及安全生产管理人员履行的七项职责。①组织或者参与拟订本单位安全生产规章制度、操作规程和生产安全事故应急救援预案；②组织或者参与本单位安全生产教育和培训，如实记录安全生产教育和培训情况；③督促落实本单位重大危险源的安全管理措施；④组织或者参与本单位应急救援演练；⑤检查本单位的安全生产状况，及时排查生产安全事故隐患，提出改进安全生产管理的建议；⑥制止和纠正违章指挥、强令冒险作业、违反操作规程的行为；⑦督促落实本单位安全生产整改措施。

四是规定矿山、金属冶炼建设项目和用于生产、储存危险品的建设项目竣工投入生产或者使用前，由建设单位负责组织对安全设施进行验收。

四、建立事故预防和应急救援的制度

《安全生产法》把加强事前预防和事故应急救援作为一项重要内容。

生产经营单位应当建立健全生产安全事故隐患排查治理制度，采取技术、管理措施，及时发现并消除事故隐患。事故隐患排查治理情况应当如实记录，并向从业人员通报。

县级以上地方各级人民政府安全生产监督管理职责部门应当建立健全重大事故隐患治理督办制度，督促生产经营单位消除重大事故隐患。

对未建立隐患排查治理制度、未采取有效措施消除事故隐患的行为，设立了严格行政处罚。

赋予负有安全监管职责的部门对拒不执行执法决定、有发生生产安全事故现实危险的生产经营单位依法采取停电、停供民用爆炸物品等措施，强制生产经营单位履行决定。

国家建立应急救援基地和应急救援队伍。

五、建立安全生产标准化制度

《安全生产法》第十条规定："国务院有关部门应当按照保障安全生产的要求，依法及时制定有关的国家标准或者行业标准，并根据科技进步和经济发展适时修订。生产经营单位必须执行依法制定的保障安全生产的国家标准或者行业标准。"

六、推行注册安全工程师制度

为解决中小企业安全生产"无人管、不会管"的问题，促进安全生产管理人员朝着专业化、职业化方向发展，《安全生产法》确立了注册安全工程师制度，并从两个方面加以推进：一是危险物品的生产、储存单位以及矿山、金属冶炼单位应当有注册安全工程师从事安全生产管理工作。二是注册安全工程师按专业分类管理。

七、推进安全生产责任保险制度

国家鼓励生产经营单位投保安全生产责任保险。一是增加事故救援费用和第三人（事故单位从业人员以外的事故受害人）赔付的资金来源，有助于减轻政府负担，维护社会稳定。二是通过保险费率浮动、引进保险公司参与企业安全管理，可以有效促进企业加强安全生产工作。

八、加大对安全生产违法行为的责任追究力度

规定了事故行政处罚和终身行业禁入。第一，将原来行政法规的规定上升为法律，按照两个责任主体、四个事故等级，设立了对生产经营单位及其主要负责人的八项罚款处罚明文。第二，大幅度提高对事故责任单位的罚款金额：①发生一般事故的，处二十万元以上五十万元以下的罚款；②发生较大事故的，处五十万元以上一百万元以下的罚款；③发生重大事故的，处一百万元以上五百万元以下的罚款；④发生特别重大事故的，处五百万元以上一千万元以下的罚款；⑤情节特别严重的，处一千万元以上二千万元以下的罚款。第三，生产经营单位的主要负责人依照前款规定受刑事处罚或者撤职处分的，自刑罚执行完毕或者受处分之日起，五年内不得担任任何生产经营单位的主要负责人；对重大、特别重大生产安全事故负有责任的，终身不得担任本行业生产经营单位的主要负责人。

加大罚款处罚力度。《安全生产法》结合各地经济发展水平、企业规模等实际，维持罚款下限不变，将罚款上限提高了 2 ~ 5 倍，罚款不再将限期整改作为前置条件，反映了“重典治乱”的现实需要。

九、关于生产安全事故等级

根据安全生产事故造成的人员伤亡或者直接经济损失，事故一般分为以下等级：

特别重大事故，是指造成 30 人以上死亡，或者 100 人以上重伤（包括急性工业中毒，下同），或者 1 亿元以上直接经济损失的事故；

重大事故，是指造成 10 人以上 30 人以下死亡，或者 50 人以上 100 人以下重伤，或者 5000 万元以上 1 亿元以下直接经济损失的事故；

较大事故，是指造成 3 人以上 10 人以下死亡，或者 10 人以

上 50 人以下重伤，或者 1000 万元以上 5000 万元以下直接经济损失的事故；

一般事故，是指造成 3 人以下死亡，或者 10 人以下重伤，或者 1000 万元以下直接经济损失的事故。

第五节　突发事件应对法

一、《突发事件应对法》的主要内容

突发事件，是指突然发生，造成或者可能造成严重社会危害，需要采取应急处置措施予以应对的自然灾害、事故灾难、公共卫生事件和社会安全事件。按照社会危害程度、影响范围等因素，自然灾害、事故灾难、公共卫生事件分为特别重大、重大、较大和一般四级。

《突发事件应对法》是一部重要的行政应急管理法，共 7 章 70 条，主要规定了突发事件应急管理体制，突发事件的应急准备、监测与预警、应急处置与救援、事后恢复与重建等方面的基本制度，明确了政府与社会成员的应急权利义务及其相互关系，全面规定了突发事件预防与应急准备的基础性工作。包括：制定应急预案、开展应急培训、宣传及应急演练、各类救援队伍组建、物资储备、经费保障、通信保障、建设应急避难场所、建立健全监测预警制度，开展危险源调查、登记、风险评估，调处和化解易引发突发事件的基层矛盾纠纷等。有关企事业单位特别是高危行业企业、公共场所、公共交通工具和其他人群密集场所的管理单位、居民委员会、村民委员会应当积极配合、协助政府及有关部门做好预防和应急准备工作。

二、预防与应急准备

当前，我国现行应急预案可分为五种类型：总体预案、专项预案、部门预案、企事业单位预案和大型活动与特殊场所的应急

预案。国家建立健全突发事件应急预案体系。国务院制定国家突发事件总体应急预案，组织制定国家突发事件专项应急预案；国务院有关部门根据各自的职责和国务院相关应急预案，制定国家突发事件部门应急预案。地方各级人民政府和县级以上地方各级人民政府有关部门根据有关法律、法规、规章、上级人民政府及其有关部门的应急预案以及本地区的实际情况，制定相应的突发事件应急预案。

三、检测与预警

突发事件的监测和预警制度是指突发事件的早发现、早报告、早预警，是及时做好应急准备，有效处置突发事件的前提。

国务院建立全国统一的突发事件信息系统。县级以上地方各级人民政府应当建立或者确定本地区统一的突发事件信息系统，汇集、储存、分析、传输有关突发事件的信息，并与上级人民政府及其有关部门、下级人民政府及其有关部门、专业机构和监测网点的突发事件信息系统实现互联互通，加强跨部门、跨地区的信息交流与情报合作。

县级以上人民政府及其有关部门、专业机构应当通过多种途径收集突发事件信息。县级人民政府应当在居民委员会、村民委员会和有关单位建立专职或者兼职信息报告员制度。获悉突发事件信息的公民、法人或者其他组织，应当立即向所在地人民政府、有关主管部门或者指定的专业机构报告。

地方各级人民政府应当按照国家有关规定向上级人民政府报送突发事件信息。县级以上人民政府有关主管部门应当向本级人民政府相关部门通报突发事件信息。专业机构、监测网点和信息报告员应当及时向所在地人民政府及其有关主管部门报告突发事件信息。

有关单位和人员报送、报告突发事件信息，应当做到及时、客观、真实，不得迟报、谎报、瞒报、漏报。

国家建立健全突发事件预警制度。可以预警的自然灾害、事故灾难和公共卫生事件的预警级别，按照突发事件发生的紧急程度、发展势态和可能造成的危害程度分为一级、二级、三级和四级，分别用红色、橙色、黄色和蓝色标示，一级为最高级别。

四、应急处置与救援

突发事件发生后，政府必须在第一时间组织各方面力量，依法及时采取有力措施控制事态发展，开展应急救援工作，避免其发展为特别严重的事情，努力减轻和消除其对人民生命财产的损害。

启动预案。突发群体伤亡事件或重大生产安全事故发生后，最先接报的部门或人员要第一时间向事故应急工作领导小组报告，工作领导小组立即通过各种途径核实事件性质等信息，并迅速召集工作小组所有成员，通报事故现场情况，认真评估事故危害程度，要在 20 分钟内确定是否启动应急预案。

先期处置。应急预案启动后，要迅速派员赶赴现场，会同有关部门、人员、维护现场秩序，查实事件性质、发生原因、涉及范围、人员财产损失等基本情况后，及时向工作领导小组报告。

信息发布。工作领导小组根据事态情况，及时发布事件信息，作出紧急疏散和撤离等警报，也可以向社会和周边发布警报。

现场处置。处置人员到达现场后，要协调有关部门及时采取控制、救援、保全等措施，防止事态扩大或次生事故的发生，并安排专人对事故伤亡人员进行登记。

善后处理。应急抢险救援行动结束后，有组长下达解除应急救援的命令，按照预案要求组建事故善后处理领导小组，包括：事故调查组、事故善后处理组、接待工作组、事故经费保障组。

五、事后恢复与重建

《突发事件应对法》规定了突发事件损失的评估制度和重建计划的制定。应急处置阶段结束后，履行统一领导职责的人民政府面临两大重要任务：一是对突发事件造成的损失进行评估；二是基于评估的内容，制定恢复和重建计划。

六、各级政府和部门的法律责任

地方各级人民政府和县级以上各级人民政府有关部门违反本法规定，不履行法定职责的，由其上级行政机关或者监察机关责令改正；有下列情形之一的，根据情节对直接负责的主管人员和其他直接责任人员依法给予处分：①未按规定采取预防措施，导致发生突发事件，或者未采取必要的防范措施，导致发生次生、衍生事件的；②迟报、谎报、瞒报、漏报有关突发事件的信息，或者通报、报送、公布虚假信息，造成后果的；③未按规定及时发布突发事件警报、采取预警期的措施，导致损害发生的；④未按规定及时采取措施处置突发事件或者处置不当，造成后果的；⑤不服从上级人民政府对突发事件应急处置工作的统一领导、指挥和协调的；⑥未及时组织开展生产自救、恢复重建等善后工作的；⑦截留、挪用、私分或者变相私分应急救援资金、物资的；⑧不及时归还征用的单位和个人的财产，或者对被征用财产的单位和个人不按规定给予补偿的。

第八章

互联网篇

【本章导读】

互联网给公众生活带来便利的同时，也引发了很多法律问题。本次普法宣传教育首次将宣传互联网领域的法律法规作为重点，旨在教育引导网民依法规范网络行为，促进形成网络空间良好秩序。本章重点介绍互联网领域中消费者权益保护、网络犯罪和电子签名法的相关知识。

关于互联网领域的法律法规，主要有三个层面：一是国家法律层面，包括2000年通过的《全国人大常委会关于维护互联网安全的决定》、2004年颁布的《中华人民共和国电子签名法》和2012年颁布的《全国人大常委会关于加强网络信息保护的决定》。二是行政法规层面，与互联网直接相关的有《中华人民共和国电信条例》《互联网信息服务管理办法》《信息网络传播权保护条例》《互联网上网服务营业场所管理条例》等10余部，而涉及互联网生活的重要部门规章有20多部，主要针对网络信息服务、视听节目、网络游戏、网络教育等多个门类。三是司法解释层面，最高人民法院和最高人民检察院先后颁布了《关于利用信息网络实施诽谤等刑事案件适用法律若干问题的解释》《关于办理利用互联网、移动通讯终端、声讯台制作、复制、出版、贩卖、传播淫秽电子信息刑事案件具体应用法律若干问题的解释》等重要司法解释。

第一节　网络消费者权益保护

网络消费既有普通消费的一般性特点，同时又有自己的特殊性质，在传统交易方式下，消费者的消费行为易于辨认，消费者的身份也容易判定，但在虚拟环境下，信息的船体、接受和保存都是通过数字体现，网络消费具有数字化、无纸化特点。

一、网络消费者的权利

《消费者权益保护法》规定，消费者享有安全保障权、知情权、公平交易权、获得赔偿权、结社权、受尊重权、监督权等多项权益。网络消费是特殊的消费者，当然也享有上述权益。但实践中，网络消费者的权利重点应该集中在安全保障权、知情权、自主选择权和公平交易权四个方面。

安全保障权。是指消费者在购买、使用商品和接受服务是享有人身、财产安全不受损害的权利。《消费者权益保护法》第七条规定：“消费者在购买、使用商品和接受服务时享有人身、财产安全不受损害的权利。消费者有权要求经营者提供的商品和服务，符合保障人身、财产安全的要求。”同时，第十一条还规定“消费者因购买、使用商品或者接受服务受到人身、财产损害的，享有依法获得赔偿的权利”。

知情权。《消费者权益保护法》第八条规定：“消费者享有知悉其购买、使用的商品或者接受服务的真实情况的权利。消费者有权根据商品或者服务的不同情况，要求经营者提供商品的价格、产地、生产者、用途、性能、规格、等级、主要成份、生产日期、有效期限、检验合格证明、使用方法说明书、售后服务，或者服务的内容、规格、费用等有关情况。”

自主选择权。《消费者权益保护法》第九条规定：“消费者享有自主选择商品或者服务的权利。消费者有权自主选择提供商品或者服务的经营者，自主选择商品品种或者服务方式，自主决定购买或者不购买任何一种商品、接受或者不接受任何一项服务。选择商品或者服务时，有权进行比较、鉴别和挑选。”

公平交易权。《消费者权益保护法》第十条规定：“消费者享有公平交易的权利。消费者在购买商品或者接受服务时，有权获得质量保障、价格合理、计量正确等公平交易条件，有权拒绝经营者的强制交易行为。”

二、网络消费中经营者的义务

在线披露义务。《消费者权益保护法》第二十条规定："经营者向消费者提供有关商品或者服务的质量、性能、用途、有效期限等信息，应当真实、全面，不得作虚假或者引人误解的宣传。经营者对消费者就其提供的商品或者服务的质量和使用方法等问题提出的询问，应当作出真实、明确的答复。经营者提供商品或者服务应当明码标价。”第二十一条规定："经营者应当标明其真实名称和标记。租赁他人柜台或者场地的经营者，应当标明其真实名称和标记。”

不得滥用格式合同。《消费者权益保护法》第二十六条规定："经营者在经营活动中使用格式条款的，应当以显著方式提请消费者注意商品或者服务的数量和质量、价款或者费用、履行期限和方式、安全注意事项和风险警示、售后服务、民事责任等与消费者有重大利害关系的内容，并按照消费者的要求予以说明。经营者不得以格式条款、通知、声明、店堂告示等方式，作出排除或者限制消费者权利、减轻或者免除经营者责任、加重消费者责任等对消费者不公平、不合理的规定，不得利用格式条款并借助技术手段强制交易。格式条款、通知、声明、店堂告示等含有前款所列内容的，其内容无效。”

保护消费者个人信息。《消费者权益保护法》第二十九条规定："经营者收集、使用消费者个人信息，应当遵循合法、正当、必要的原则，明示收集、使用信息的目的、方式和范围，并经消费者同意。经营者收集、使用消费者个人信息，应当公开其收集、使用规则，不得违反法律、法规的规定和双方的约定收集、使用信息。经营者及其工作人员对收集的消费者个人信息必须严格保密，不得泄露、出售或者非法向他人提供。经营者应当采取技术措施和其他必要措施，确保信息安全，防止消费者个人信息泄露、丢失。在发生或者可能发生信息泄露、丢失的情况时，应当立即采取补救措施。经营者未经消费者同意或者请求，或者消费者明确表示拒绝的，不得向其发送商业性信息。”

第二节 网络犯罪

网络犯罪主要有两大类：一是以计算机信息系统为对象的犯罪，二是将计算机信息系统作为工作的犯罪。

一、以计算机信息系统为对象的犯罪

非法侵入计算机系统罪。我国《刑法》第二百八十五条规定：“违反国家规定，侵入国家事务、国防建设、尖端科学技术领域的计算机信息系统的，处三年以下有期徒刑或者拘役。

违反国家规定，侵入前款规定以外的计算机信息系统或者采用其他技术手段，获取该计算机信息系统中存储、处理或者传输的数据，或者对该计算机信息系统实施非法控制，情节严重的，处三年以下有期徒刑或者拘役，并处或者单处罚金；情节特别严重的，处三年以上七年以下有期徒刑，并处罚金。

提供专门用于侵入、非法控制计算机信息系统的程序、工具，或者明知他人实施侵入、非法控制计算机信息系统的违法犯罪行为而为其提供程序、工具，情节严重的，依照前款的规定处罚。

单位犯前三款罪的，对单位判处罚金，并对其直接负责的主管人员和其他直接责任人员，依照各该款的规定处罚。”

非法获取计算机数据罪。该罪是指非法获取国家事务、国防建设、尖端科学技术领域之外的计算机信息系统的存储、传输、处理的数据，情节严重的行为。本罪犯罪主体是一般主体，单位不构成本罪。

非法控制计算机信息系统罪。是指故意非法控制国家事务、

国防建设、尖端科学技术领域之外的计算机信息系统情节严重的行为。主要是打击使用木马程序、计算机病毒控制数量很大的计算机信息系统进行牟利的行为。

提供侵入、非法控制计算机信息系统程序、工具罪。是指提供专门用于侵入、非法控制计算机系统的程序、工具，或者明知他人实施侵入、非法控制计算机信息系统违法犯罪行为而为其提供程序、工具，情节严重的行为。

破坏计算机信息系统罪。我国《刑法》第二百八十六条第一款规定:“违反国家规定，对计算机信息系统功能进行删除、修改、增加、干扰，造成计算机信息系统不能正常运作，后果严重的，处 5 年以下有期徒刑或者拘役；后果特别严重的，处 5 年以上有期徒刑。”第二款规定：“违反国家规定，对计算机信息系统中存储、处理或者传输的数据和应用程序进行删除、修改、增加的操作，后果严重的，依照前款的规定处罚。”

制作、传播计算机病毒等破坏计算机程序罪。我国《刑法》第二百八十六条第三款规定：“故意制作、传播计算机病毒等破坏性程序，影响计算机系统正常运作，后果严重的，依照第一款的规定处罚。”

二、将计算机信息系统作为工具的犯罪

1. 危害国家安全和社会稳定方面的犯罪

（1）利用互联网造谣、诽谤或者发表、传播其他有害信息，煽动颠覆国家政权、推翻社会主义制度，或者煽动分裂国家、破坏国家统一的行为。

（2）通过互联网窃取、泄露国家秘密、情报或者军事秘密的行为。

（3）利用互联网煽动民族仇恨、民族歧视，破坏民族团结的行为。

（4）利用互联网组织邪教组织、联络邪教成员，破坏国家法律、行政法规实施的行为。

2. 扰乱社会主义市场经济秩序和管理秩序方面的犯罪

（1）利用互联网销售伪劣产品或者对商品、服务作虚假宣传的行为。

（2）利用互联网损害他人商业信誉和商品信誉的行为。

（3）利用互联网侵犯他人知识产权的行为。

（4）利用互联网编造并传播影响证券、期货交易或者其他扰乱金融秩序的虚假消息的行为。

（5）网上色情行为。即在互联网上建立淫秽网站、网页，提供淫秽站点链接服务，或者传播淫秽书刊、影片、音像、图片的行为。

3. 侵犯个人、法人或其他组织人身、财产等合法权利的犯罪

（1）利用互联网侮辱他人或者捏造事实诽谤他人的行为。

（2）非法截获、篡改、删除他人电子邮件或者其他数据资料，侵犯他人通信自由和通信秘密的行为。

（3）通过互联网进行盗窃、诈骗、敲诈勒索的行为。

4. 利用互联网事实的其他犯罪

包括网络赌博、网络洗钱、网络教唆或者传播犯罪方法等犯罪行为。

第三节　电子签名法

《中华人民共和国电子签名法》于 2005 年 4 月 1 日起施行。该法分五章共三十七条。包括总则、数据电文、电子签名与认证、法律责任、附则。主要规定了以下几方面内容：确立电子签名的法律效力，对数据电文作了相关规定；设立电子认证服务市场准入制度；规定电子签名法律责任及安全保障制度。这部法律的出台，意味着电子商务和传统纸质交易一样可信。

一、电子签名的法律效力

这是《电子签名法》的核心。我国采用的是严格的技术中立

模式，法律只对电子签名的法律效力做原则性的规定。该法第十三条规定，电子签名同时符合下列条件的，视为可靠的电子签名：①电子签名制作数据用于电子签名时，属于电子签名人专有；②签署时电子签名制作数据仅由电子签名人控制；③签署后对电子签名的任何改动能够被发现；④签署后对数据电文内容和形式的任何改动能够被发现。当事人也可以选择使用符合其约定的可靠条件的电子签名。第十四条规定，可靠的电子签名与手写签名或者盖章具有同等的法律效力。

二、电子签名中的认证问题

认证指的是某法令、记录或其他书面文件的核准的文本上赋以法律证明，以便将其作为法律可采纳的证据来提供的某种行为或方式。电子认证实际上就是确认一项电子签名、电子记录或电子履行确属特定人所为，或用于确认一项电子记录中信息变动或信息错误的程序。电子认证是基于电子签名而产生的一项保证电子商务和其他电子交易安全的法律措施。为了保证电子数据及其签名的安全性和可靠性，第三方安全电子认证机构对电子签名和加密等信息进行认证，从而达到交易方的相互信任，电子认证实际上是对电子签名的进一步深化。

我国《电子签名法》采取的是市场主导与政府主导相结合的电子认证机构管理模式，即在当事人自主选择是否选择第三方认证机构提供认证服务的基础上，由信息产业部作为电子认证机构资格认定主管机关，来对该行业准入进行行政许可。

三、电子签名各方的权利义务与责任

1. 电子签名人的权利

（1）有向电子签名认证机构申请签发、中止、撤销数字证书的权利。

（2）有向电子签名认证机构提供真实、完整的信息资料，然后获得有效合格的数字证书的权利。

（3）有了解电子签名认证机构的技术人员、管理人员配置，硬件配置，操作规程、资金规模等事项的权利。

2. 电子签名人的义务

（1）妥善保管电子签名制作数据，特别是私钥。

（2）在向认证机构申请数字证书时，提供的有关信息必须是真实、完整和准确的。

3. 电子签名认证机构的权利

（1）要求电子签名人提供真实、完整和准确的信息的权利。

（2）有选择采用何种技术手段进行认证的权利。

（3）有向仿冒者追偿损失的权利。

4. 电子签名认证机构的义务

（1）严格依照确定的程序规则制作、颁发和管理数字证书，并保证证书所载信息准确的义务。

（2）向相关当事人如实披露有关信息的义务。

（3）为用户保密的义务。

（4）对外公开业务说明的义务。

第九章

程序法篇

【本章导读】

表达诉求、维护权利不仅依靠实体法，还需要程序的规范。程序法是规定以保证权利和职权得以实现或行使，义务和责任得以履行的有关程序为主要内容的法律，包括诉讼类程序法和非诉讼类的程序法。本章主要介绍了诉讼法的概念、基本原则、诉讼中的举证责任等内容。重点介绍了民事诉讼法、行政诉讼法、刑事诉讼法三大程序法和人民调解法、仲裁法等非诉讼程序法的基本知识，以引导群众依法表达诉求、维护权利，促进社会和谐稳定。

第一节　诉讼法概述

一、诉讼法的概念和种类

诉讼是国家解决社会成员、社会组织及其与行政机关之间的纠纷的一种干预和裁决，其目的在于制止和惩罚权益侵害，保护权益人的权益，维护社会的稳定和公正。现代的诉讼可分为民事诉讼、行政诉讼和刑事诉讼三种。在我国，诉讼是指国家司法机关在当事人及其他诉讼参与人的参加下，依照法律程序和方式解决和处理案件的活动。

诉讼法是国家制定的规范司法机关和诉讼参加人进行诉讼活动程序的法律规范的总称。国家对不同性质的诉讼活动的程序均有专门的法律规定，形成不同的诉讼法律制度。我国现行的诉讼法分为《民事诉讼法》《行政诉讼法》和《刑事诉讼法》三类。

《民事诉讼法》是规定人民法院和诉讼参加人在审理民事案件过程中所进行的各种诉讼活动遵循的法律规范。

《行政诉讼法》是规定人民法院和诉讼参加人在行政诉讼过程中进行的各种诉讼活动的规则和法律规范。

《刑事诉讼法》是规定国家司法、公安机关和诉讼参与人进行刑事诉讼活动遵守的原则、制度和程序的法律。

二、诉讼法的基本原则

诉讼法的基本原则是指导诉讼活动正常进行的基本准则。它为人民法院的审判活动和诉讼参与人的诉讼活动提出要求、指明方向。

诉讼法规定了一系列基本原则，法学界根据宪法原则和不同诉讼的特殊要求将这些原则分为两类：第一类为共有原则，适用于民事、行政和刑事诉讼；第二类为特有原则，反映民事、行政和刑事诉讼的特殊规律性。

（一）诉讼法的共有原则

①司法机关依法独立审判、行使职权的原则；②以事实为根据，以法律为准绳的原则；③对公民在适用法律上一律平等原则；④适用本民族语言文字进行诉讼的原则；⑤公开、辩论、回避和两审终审制原则；⑥人民检察机关对诉讼活动进行检查监督的原则。

（二）诉讼法的特有原则

我国三部诉讼法根据各自诉讼的特殊要求规定了民事、行政、刑事诉讼法的特有原则。

1.《民事诉讼法》的特有原则

（1）当事人诉讼权利平等原则。当事人诉讼权利平等原则，是指在民事诉讼中，当事人平等地享有和行使诉讼权利。这一原则包括以下两个方面的内容：①民事诉讼当事人平等地享有诉讼权利；②人民法院应当为当事人平等地行使法律规定的诉讼权利提供保障和方便。

（2）诉讼权利义务同等原则和对等原则。所谓诉讼权利义务同等原则，是指一国公民、企业和组织在他国进行民事诉讼，同他国公民、法人和其他组织同等地享有该国法律所规定的诉讼权利，并同等地承担该国法律所规定的诉讼义务。所谓诉讼权利义务对等原则，是指一国司法机关如果对他国公民、企业和组织的诉讼权利加以限制的，他国司法机关可以对该国公民、企业和组织的诉讼权利同样加以限制。诉讼中的对等原则与同等原则是紧密联系,不可分割的。它们是同一个问题的两个方面,前者是手段,后者是目的。在当今复杂的国际交往中,只有通过“以限制对限制”的方法，才能达到主权国家之间互相尊重、平等对待的目的。

（3）法院调解自愿与合法原则。法院调解自愿与合法原则，是指人民法院审理民事案件，应当根据自愿和合法的原则进行调解；调解不成的，应当及时判决。这一原则包括以下三个方面的内容：①人民法院审理民事案件，只要有调解可能的，应当尽量用调解方式结案；②人民法院进行调解时，必须遵守自愿原则与合法原则；③调解不成的应当及时判决，而不能久调不决。

（4）辩论原则。民事诉讼中的辩论原则，是指在人民法院主持下，当事人有权就案件事实和争议的问题，各自陈述其主张和根据，互相进行反驳和答辩。这一原则包括以下内容：①辩论的主体只限于当事人及其诉讼代理人；②辩论的形式包括书面和口头两种；③辩论的内容，主要应当围绕案件如何进行处理的实质性问题展开，但也包括案件涉及的诉讼程序问题。民事诉讼中的辩论原则不同于刑事诉讼中的辩护原则：首先，两者赖以建立的基础不同；其次，两者辩论的内容和范围不同；第三，民事诉讼中的被告可以对原告提出反诉，使双方当事人互换诉讼地位；刑事诉讼中的被告人则始终处于受审的地位，不能对公诉人提出反诉，更不存在与公诉人互换诉讼地位的问题。

（5）处分原则。民事诉讼中的处分原则，是指当事人有权在法律许可的范围内自由支配自己的民事权利和诉讼权利。这一原则包括以下具体内容：①处分权的享有者只限于民事诉讼当事人，其他诉讼参与人不享有处分权；②当事人行使处分权的对象包括处分自己依法享有的民事权利和诉讼权利。处分原则贯穿于民事诉讼的全过程，主要体现在：①当事人的处分行为直接关系着民事诉讼程序能否开始；②当事人的处分行为对于诉讼程序的发展和终结有着重要影响；③审判保护的范围和方法，一般要尊重当事人的意愿。

（6）支持起诉原则。支持起诉原则，是指机关、社会团体、企业事业单位对损害国家、集体或者个人民事权益的行为，可以支持受损害的单位或者个人向人民法院起诉。根据《民事诉讼法》规定，支持起诉应当符合以下三个条件：①必须是发生了损害国家、集体或者个人民事权益的侵权行为；②有权支持起诉者，只限于机关、社会团体，不包括个人；③受损害者尚未起诉。

（7）人民调解原则。人民调解原则，是指人民调解委员会在基层人民政府和基层人民法院指导下，依照法律规定，根据自愿原则，采用说理疏导的方法，对民间纠纷进行调解。人民调解委员会进行调解，必须遵守以下三项原则，即合法原则、自愿原则和尊重当事人诉讼权利的原则。人民法院用调解方式解决民事纠纷，具有十分重要的意义。首先，它是我国人民司法工作的优良传统和成功经验；其次，它符合民事纠纷的性质和特点，适应了正确解决人民内部矛盾的客观需要；再次，它有利于迅速彻底解决纠纷，维护当事人之间的团结，并可以简化诉讼程序，节省时间和费用。

2. 行政诉讼法的特有原则

行政诉讼法的特有原则如下：人民法院对行政机关的具体行政行为进行合法性审查原则；被告举证原则；复议前置法定原则；行政诉讼期间不停止行政执行原则；人民法院审理行政案件不适用调解原则。

3. 刑事诉讼法的特有原则

刑事诉讼法的特有原则如下：侦查权、检查权、审判权专职职权由专门机关行使原则；人民法院、人民检察院依法独立行使审判权、检查权原则；公检法三机关分工负责、互相配合、互相制约原则；被告人有权获得辩护原则；未经人民法院依法判决不得确定有罪原则。

三、诉讼证据和举证责任

（一）诉讼证据

诉讼保护当事人的正当权利和合法权益，核心在于证据。诉讼从起诉到裁判、执行，都围绕着证据的提供、收集、判断展开，法院凭借证据查明案情，适用法律，审判裁决。

1. 证据的概念

证据，是指能够证明案件真实情况的客观事实。作为诉讼证据的事实材料，具有以下特征：①客观性。证据必须是客观存在的事实材料，其记录或痕迹能重新展现事实过程和状态，任何主观推测、臆想或捏造的情况都不能成为诉讼证据；②关联性。证据必须与待证的案件事实有内在的联系，能够证明事实的是与否、真与假，与该案无关的事实材料不能成为诉讼证据；③合法性。证据必须具备法定形式，按照法律要求和法定程序取得，任何不符合法律要求乃至非法的事实材料不能成为诉讼证据。

2. 证据的种类

证据种类是证据的外在表现形式。我国三部诉讼法对诉讼证据的分类基本一致，略有差别。

《民事诉讼法》将证据分为以下七种：①书证。是以文字、符号、图案表述人们的思想，证明案件事实的证据；②物证。是以物品客观存在的外形、质量、特征等证明案件事实的证据；③视听资料。是以录音、录像磁带等科学方法反映的图像和声音，以电子计算机储存的数据资料等证明案件事实的证据；④证人证言。

是知道案情、受法院询问或传唤到庭的证人向法庭所作证明案件事实的陈述；⑤当事人陈述。是当事人在诉讼中向法院所作的关于案情事实的陈述和承认的叙述；⑥鉴定结论。是司法机关聘请或委托鉴定部门或专业人员，对案件专业性问题进行检验、分析、论证，做出的结论性结论；⑦勘验笔录。是对案件有关的现场或物品进行勘察和检验的勘验人员对现场、物证、客观现象所作的记录。

《行政诉讼法》对行政诉讼的证据也分为如上七种，但是在勘验笔录类中增加了现场笔录。现场笔录又称为当场记录，是行政机关工作人员在执行职务的过程中实施行政行为时，对有关行为事项当场所作的证明案件事实的记录。

《刑事诉讼法》对刑事诉讼的证据同样分为七种，除基本相同者外，诉讼证据还包含被害人陈述，犯罪嫌疑人、被告人供述和辩解，勘验、检查笔录。同时规定，诉讼证据必须经过查证属实，才能作为定案的根据。

（二）举证责任

举证责任，是指当事人对自己诉讼主张的事实，有提供证据加以证明的责任。举证有提供证据和以证据证实的含义，前者为出证，后者为证明。出证是证明的前提，证明是出证的目的。

《民事诉讼法》第六十四条第一款规定："当事人对自己提出的主张，有责任提供证据。"采用了"谁主张，谁举证"的普遍原则。无论是原告提出诉讼请求，还是被告反驳、否定原告的主张和提出反诉，以及有独立请求权的第三人对原告、被告间争议的诉讼标的主张独立请求权，均必须承担举证责任。

《行政诉讼法》规定，被告对做出具体行政行为负有举证责任。在行政诉讼中实行"谁做出具体行政行为谁举证"的原则。这意味着在行政诉讼中，被告必须举出事实根据和法律根据证明具体行政行为合法，如果不能举证证明，被告承担败诉的法律后果。行政诉讼的举证责任包括：行政机关做出具体行政行为的证据和所依据的法律及行政规范文件。

《刑事诉讼法》规定，在刑事诉讼中，审判机关在行使审判权时，负有相应的证明责任。证明嫌疑人、被告人有罪的责任一般由控方承担，犯罪嫌疑人、被告人不承担证明责任。唯一例外是巨额财产来源不明罪的证明责任由嫌疑人、被告人承担。

第二节　民事诉讼法

民事诉讼法是规定人民法院和诉讼参加人在审理民事案件过程中所进行的各种诉讼活动遵循的法律规范。

一、民事纠纷与民事诉讼

民事纠纷，亦称民事争议，是人们在生活、生产、消费等领域，因观念或利益不同引起的行为冲突，导致平等主体之间发生的，以民事权利义务为内容的社会纠纷。民事纠纷主要有两类，一是财产关系纠纷，包括财产所有权关系和财产流转关系民事纠纷；二是人身关系纠纷，包括人格权关系和身份关系民事纠纷。

我国现行的民事纠纷处理方式是：和解、调解、仲裁、诉讼。

民事诉讼，是人民法院、当事人和其他诉讼参与人，在审理民事案件和民事纠纷过程中所进行的活动，以及由这些活动所产生的各种诉讼关系的总和。诉讼活动包括法院的案件受理、调查取证、采取强制措施、做出裁判等审判活动，也包括诉讼参与人的原告起诉、被告答辩或反诉、证人出庭作证等诉讼活动。

我国的民事诉讼不仅包含民事案件，还包括经济案件乃至涵盖了市场经济中新型的专门诉讼。民事诉讼法通过协调各种民事程序制度，已经形成了一个预防与处理、人民自治与司法强制相结合的强有力的民事程序法律系统。

二、民事诉讼参加人

诉讼的整个过程主要由法院和诉讼参加人的诉讼行为构成。民事诉讼参加人是指参加民事诉讼的当事人和诉讼代理人。当事人包括原告、被告、共同诉讼人和第三人。

（一）当事人

民事诉讼的当事人，是以自己的名义，就特定的民事权益争议要求法院行使民事裁判权的人及其相对人。《民事诉讼法》规定，有资格的民事诉讼当事人的主体包括公民、法人和其他组织。

1. 原告和被告

原告是为保护自己的民事权益，向人民法院提起诉讼的人。被告是被诉的相对人，是因民事权益发生争执或被指控侵犯他人民事权益，经人民法院通知应诉的人。

2. 共同诉讼人

共同诉讼是当事人一方或双方为二人以上的诉讼。二人以上的一方或双方当事人成为共同诉讼人。共同诉讼分为必要和普通共同诉讼。必要共同诉讼的诉讼标的是同一的，存在着共同的利害关系，要求共同诉讼人必须一同起诉或应诉，人民法院必须合并审理做出统一判决。普通共同诉讼的诉讼标的是同种类的，各共同诉讼人之间具有独立性，因此，既可以单独起诉，也可以共同起诉。共同诉讼法院可以合并审理，但判决必须分别做出。

3. 第三人

第三人是对原、被告争议的诉讼标的认为有独立的请求权，或认为与案件的处理结果有法律上的利害关系，而参加到正在进行的诉讼中来的人。第三人分为：①有独立请求权的第三人，其诉讼地位相当于原告；②无独立请求权的第三人，是申请参加诉讼或法院通知参加诉讼的人，其目的是为了维护自己的合法权益。

（二）诉讼代理人

诉讼代理人是指根据法律规定或者当事人的委托，代当事人进行民事诉讼的人。诉讼代理人以被代理人的名义，在代理权限范围内进行诉讼，诉讼行为的后果由被代理人承担。诉讼代理人有按照法律规定代理无诉讼行为能力的当事人的法定诉讼代理人和根据被代理人的授权进行诉讼活动的委托诉讼代理人。

三、民事诉讼的主管和管辖

我国的人民法院分为四级：最高人民法院、高级人民法院、中级人民法院、基层人民法院。人民法院对民事诉讼的主管和管辖是划定民事审判权作用的范围和划分民事诉讼受案范围的两个方面。法院主管，指法院受理、审判民事案件的权限范围。管辖是指各级法院之间和同级法院之间受理第一审民事案件的分工和权限。法律规定，人民法院在其管辖范围内对具体案件行使审判权，称为管辖权。《民事诉讼法》规定，管辖分为级别管辖、地域管辖、裁定管辖三类。

（一）级别管辖

级别管辖，指按照案件的性质、影响范围，划分上下级法院之间受理第一审民事案件的分工和权限。《民事诉讼法》规定，基层人民法院管辖除另有规定以外的所有第一审民事案件。中级人民法院管辖三类第一审民事案件：一是重大涉外案件；二是在本辖区有重大影响案件；三是最高人民法院确定由中级人民法院管辖的海事、专利、重大港澳台和金额大的经济案件。高级人民法院管辖在本辖区内有重大影响的第一审民事案件，审理不服中级人民法院判决的上诉案件。最高人民法院管辖在全国有重大影响和认为应当由最高人民法院审理的两类案件。

（二）地域管辖

地域管辖是按照人民法院的辖区和民事案件的隶属关系划分的诉讼管辖。地域管辖有以下几种：

1. 一般地域管辖

指根据当事人所在地与法院辖区的隶属关系来确定诉讼管辖。一般地域管辖的通行做法实行“原告就被告”原则，即以被告所在地作为确定管辖的标准，公民提起诉讼，由被告住所地人民法院管辖。目的在于抑制原告滥用起诉权和有利法院传唤被告、物证保全和判决执行。

2. 特殊地域管辖

指以引起诉讼的法律事实所在地或诉讼标的所在地为标准确定诉讼管辖。例如因合同纠纷提起诉讼，由被告住所地或者合同履行地法院管辖。因侵权行为提起诉讼，由侵权行为地或者被告住所地法院管辖。

3. 专属管辖

指法律规定某些特殊类型的案件专门由专署所在地特定的法院管辖。属于专属管辖的诉讼有三类：因不动产纠纷、因港口作业发生纠纷和因继承遗产纠纷提起的诉讼。

4. 共同管辖与选择管辖

共同诉讼指法律规定两个以上的法院对同一诉讼都有管辖权。选择诉讼指当事人在两个以上的法院对诉讼都有管辖权时，可以选择其中之一提起诉讼。共同管辖是选择管辖的前提。对共同管辖的诉讼，原告只能作单一的选择；原告向两个以上有管辖权的人民法院起诉，由最先立案的人民法院管辖。共同管辖和选择管辖的实质在于把管辖选择权赋予当事人。

5. 协议管辖

亦称合意或约定管辖，指双方当事人在民事纠纷发生之前或之后，以书面方式来约定管辖法院。协议管辖意味着当事人的处分权扩大，实际上是赋予当事人选择地域管辖的权利。

（三）裁定管辖

裁定管辖指依据人民法院的裁定确定管辖法院。《民事诉讼法》规定的裁定管辖有移送管辖、指定管辖和管辖权转移三种。

1. 移送管辖

指人民法院受理民事案件后，发现对案件无管辖权，依法将案件移送给有管辖权的法院审理。

2. 指定管辖

指上级人民法院以裁定方式指定下级法院对某一具体案件行使管辖权。有权进行指定管辖的法院，必须是争议各方的共同上级法院。对于上级法院的指定管辖，受指定的下级法院应无条件服从。

3. 管辖权转移

指依据上级人民法院的决定或同意，将案件的管辖权由上级法院移交给下级法院，或者由下级法院移交给上级法院。管辖权转移分为上调性转移、下调性转移和指令性转移三种情况。

四、民事诉讼程序

依照法律规定，人民法院审判民事诉讼案件实行四级两审终审制。因此，民事诉讼审判程序分别设置第一审程序和第二审程序。第一审程序包括普通程序和简易程序。普通程序是第一审程序中的基本程序，同时是整个民事审判程序的基础。

（一）第一审程序

1. 第一审普通程序

第一审普通程序是人民法院审理民事案件通常适用的程序。

（1）起诉。指原告因自己的民事权益受到侵害或者与他人发生争议，请求人民法院通过审判做出裁判的诉讼行为。起诉必须同时符合四个条件：原告是与本案有直接利害关系的公民、法人和其他组织；有明确的被告；有具体的诉讼请求和事实、理由；属于人民法院的主管范围和受诉人民法院管辖。

起诉的方式应以书面起诉为原则，以口头起诉为例外。起诉时原告应向受诉法院递交起诉状。起诉状应记明如下事项：当事人的基本情况；诉讼请求和所根据的事实与理由；证据和证据来源，证人姓名和住所。

（2）受理。指人民法院通过对原告起诉的审查，决定立案审理的职权行为。受理程序包含审查起诉和立案两个环节。人民法院对于符合法定条件的起诉必须受理，应当在7日内立案。认为不符合起诉条件的，应当在7日内裁定不予受理。原告对裁定不服的，可以提起上诉。

（3）审理前的准备。指人民法院受理原告的起诉以后为开庭审理进行的一系列准备工作。准备工作内容包括：人民法院在法定期限内，即立案之日起 5 日内将起诉状副本发送被告；告知被告应在收到起诉状副本之日起 15 日内提出答辩状；向当事人告知诉讼权利义务与合议庭组成人员；审核诉讼材料，调查收集证据；追加当事人；试行自愿协商和解等工作。

（4）开庭审理。指人民法院在审判人员主持、当事人及其诉讼代理人参加下，法庭依照法定程序对案件进行审理的诉讼活动。开庭审理必须严格依照法定程序进行，顺序阶段分为开庭准备、法庭调查、法庭辩论、案件评议、宣告判决。宣告判决时，必须告知当事人上诉权利、上诉期限和上诉法院；告知离婚案件当事人在判决发生法律效力前不得另行结婚。

人民法院办理民事案件的法定时间限制规定，案件的审结期限应当在立案之日起 6 个月内审结。特殊情况需要延长的，由院长批准，可以延长 6 个月。

2. 第一审简易程序

简易程序是简便易行的第一审程序，是普通程序的简化。简易程序专供基层人民法院和它派出的法庭审理事实清楚、权利义务关系明确、争议不大的简单民事案件。简易程序的特点在于起诉方式、受理程序、传唤方式、庭审程序都较为简便，审判组织简单，一律实行独任制审理。

（二）第二审程序

第二审程序指民事诉讼当事人不服地方各级法院未生效的第一审判决，在法定期限内向上一级法院提起上诉，上一级法院对案件进行审理的程序，亦称上诉程序。民事诉讼实行两审终审制，所以，第二审程序又称为终审程序。

上诉权是当事人的一项重要诉讼权利。提起上诉需要具备以下条件：主体合格；客体必须是依法允许上诉的、未生效的一审裁判；必须在法定的期限内通过原审人民法院或直接向第二审人民法院提出上诉。即当事人不服第一审判决的，有权在判决书送达之日起 15 日内提起上诉；当事人不服第一审裁定的，有权在判决书送达之日起 10 内提起上诉；上诉期届满，当事人没有提出上诉的，第一审裁判发生法律效力。

第二审人民法院按照“不告不理”的原则，对上诉请求的有关事实和适用法律进行审理，按照不同情况分别做出驳回上诉维持原判、原判错误依法改判或撤销原判，发回重审的判决。

（三）审判监督程序

审判监督程序又称再审程序，指为保障法院裁判的公正，人民法院依照职权、依当事人再审请求或人民检察院的抗诉，对已经发生法律效力但又确有错误的判决、裁定、调解协议得以纠正，特设的再次审理、裁判的程序。

再审程序是民事诉讼程序的一项补救制度，人民法院审理再审案件，一律实行合议制。原审法院再审，应另行组成合议庭。凡进行再审的案件，人民法院均应做出裁定，中止原判决的执行。再审案件原为第一审审结的，适用第一审程序，当事人对再审裁判不服可以上诉。再审案件原为第二审审结的，适用第二审程序，审结为终审裁判，当事人不得上诉。上级法院提审的，一律按第二审程序，审结为终审裁判，当事人不得上诉。

（四）特别程序

特别程序，指人民法院对某些非民事权益争议案件的审理程序。适用特别程序范围审理的案件仅限于两类：一类是选民资格案件；一类是非讼案件，包括宣告公民失踪、死亡案件，认定公民无民事行为能力、限制行为能力案件，认定财产无主案件。两类案件的共同特点是，既没有利害对立的双方当事人又不存在民事权利义务之争。

（五）督促程序

督促程序，指债权人以债权文书为根据，请求人民法院督促债务人限期履行义务的程序。适用督促程序审理案件包括如下程序阶段：支付令的申请和受理，人民法院对申请的审理和处理；债务人异议。

（六）公示催告程序

公示催告程序，指人民法院根据丧失票据的当事人申请，以公示方式告知并催促利害关系人在法定期间内申报权利，逾期无人申报，即作出除权判决，宣告票据无效，恢复原票据持有人票据权利的程序。

（七）企业法人破产还债程序

企业法人破产还债程序，指债务人不能清偿到期债务，人民法院根据债权人或债务人的申请，对债务人的财产进行清算，公平地分配清偿债务，终结债权债务关系的程序。企业法人破产还债程序只适用于具有法人资格的非全民所有制企业的破产还债。

五、当事人和解、法院调解和仲裁

（一）当事人和解

当事人和解，指当事人双方在诉讼中达成以终结诉讼为目的的协议。当事人自行和解，包括审判程序中的和解和执行程序中的和解。当事人在审判过程中达成和解协议，一般看作原告撤诉。

（二）法院调解

法院调解，指在人民法院审判人员的主持下，双方当事人对民事权益争议自愿平等进行协商，达成协议解决纠纷。人民法院在审理民事案件时，凡为调解结案目的而对当事人进行的一切调停工作，都属于法院调解。

（三）仲裁

仲裁又称公断，指在双方当事人对某一事实发生争议时，根据有关当事人之间的协议，由一定的机构以第三者的身份对争议事实的权利义务关系依法做出裁决，以解决争议的法律制度。仲裁协议是进行仲裁的前提条件。仲裁裁决具有终局性。

《中华人民共和国仲裁法》规定，平等主体的公民、法人和其他组织之间发生的合同纠纷和其他财产权益纠纷（主要指侵权纠纷），可以仲裁；婚姻、收养、监护、抚养、继承纠纷和依法应由行政机关处理的行政纠纷，不能提交仲裁。

《中华人民共和国仲裁法》规定的基本仲裁程序包括：仲裁的申请和受理、仲裁庭的组成、开庭和裁决等几个阶段。

第三节　行政诉讼法

行政诉讼指公民、法人或其他组织认为行政机关及其工作人员的具体行政行为侵犯其合法权益时，依法向人民法院提起诉讼，法院依法审查和裁判具体行政行为的合法性，解决行政争议的诉讼活动。行政诉讼法是规定人民法院和诉讼参加人在行政诉讼过程中进行的各种诉讼活动的规则和法律规范。

一、行政诉讼受案范围和管辖

（一）行政诉讼受案范围

行政诉讼受案范围，指人民法院受理行政诉讼案件的范围，即法律规定的法院受理、审判一定范围行政案件的权限。

行政诉讼的受案范围由人民法院受理案件和不受理事项的范围决定。人民法院受理公民、法人、其他组织对如下具体行政行为不服提起诉讼的案件：对拘留、罚款、吊销许可证和执照、责令停产停业、没收财物等行政处罚不服；对限制人身自由或者对财产的查封、扣押、冻结等行政强制措施不服；认为行政机关侵犯法律规定的经营自主权；认为符合法定条件申请行政机关颁发许可证和执照，行政机关拒绝颁发或者不予答复；申请行政机关履行保护人身权、财产权的法定职责，行政机关拒绝履行或者不予答复；认为行政机关没有依法发给抚恤金；认为行政机关违法要求履行义务；认为行政机关侵犯其他人身权、财产权。

人民法院不受理下列事项提起诉讼的案件：国防、外交等国家行为；行政法规、规章或者行政机关制定、发布的具有普遍约束力的决定、命令；行政机关对行政机关工作人员的奖惩、任免等决定；法律规定由行政机关最终裁决的具体行政行为。

（二）行政诉讼管辖

行政诉讼管辖，指各级人民法院或不同地区的同级人民法院受理第一审行政案件的权限分工。《行政诉讼法》规定，行政案件的管辖有级别管辖、地域管辖、选择管辖、裁定管辖。

1. 级别管辖

级别管辖指各级人民法院受理第一审案件的权限分工。最高人民法院管辖全国范围内重大、复杂的第一审行政案件。高级人民法院管辖本辖区内重大、复杂的第一审行政案件。中级人民法院管辖确认发明专利权、海关处理的案件；对国务院各部门或者省、自治区、直辖市人民政府所作的具体行政行为提起诉讼的案件；本辖区内重大、复杂的案件。基层人民法院管辖除上级法院管辖的案件以外的其他第一审行政案件。

2. 地域管辖

地域管辖指同级人民法院之间受理第一审行政案件的权限分工。地域管辖分为一般地域管辖和特殊地域管辖。一般地域管辖规定，行政案件由最初做出具体行政行为的行政机关所在地人民法院管辖。经复议的案件，复议机关改变原具体行政行为的，由复议机关所在地人民法院管辖。特殊地域管辖规定，对限制人身自由的行政强制措施不服提起的诉讼，由被告所在地或者原告所在地人民法院管辖；因不动产提起的行政诉讼，由不动产所在地人民法院管辖。

3. 选择管辖

选择管辖是对一般地域管辖例外规定的一种管辖，指对于两个以上的人民法院都有管辖权的案件，原告可以选择其中一个人民法院提起诉讼，原告向两个以上有管辖权的人民法院提起诉讼的，由最先收到起诉状的人民法院管辖。

4. 裁定管辖

裁定管辖指依据人民法院的裁定而非法律的直接规定确定的管辖。《行政诉讼法》规定的裁定管辖有移送管辖、指定管辖和管辖权转移三种。

移送管辖。指人民法院受理行政案件后，发现对案件无管辖权时，依法将案件移送给有管辖权的法院审理。

指定管辖。指上级人民法院以裁定方式交由下级法院对某一具体案件行使管辖权。有权进行指定管辖的法院，必须是争议各方的共同上级法院。

管辖权转移。指由上级人民法院的决定或同意，将案件的管辖权由上级法院移交给下级法院，或者由下级法院移交给上级法院。

二、行政诉讼参加人

行政诉讼参加人，指依法参加行政诉讼活动，与行政诉讼争议或诉讼结果存在直接利害关系的人。行政诉讼参加人包括当事人、共同诉讼人、诉讼中的第三人和诉讼代理人。行政诉讼参加人不同于行政诉讼参与人，行政诉讼参与人还包括证人、勘验人、鉴定人、翻译人员。

（一）行政诉讼当事人

行政诉讼当事人，指因具体行政行为的合法性发生争议，以自己的名义起诉、应诉和参加诉讼，并受人民法院裁判约束的人。广义的当事人包括原告、被告和第三人。

行政诉讼中的当事人享有广泛的诉讼权利，并承担诉讼义务。当事人诉讼权利主要有：①实体利益直接相关的诉讼权利。如原告有起诉权，变更或增加诉讼请求权，撤诉权，上诉权；被告有应诉权，答辩权，在一审中改变其具体行政行为的权利以及上诉权等；②诉讼程序上的权利。如申请回避权，举证权，辩论权，委托代理权，适用本民族语言文字进行诉讼的权利，查阅、复制本案庭审材料及有关法律文件的权利，查阅、补正庭审笔录的权利，申请诉讼保全和证据保全的权利，原告有申请停止执行具体行政行为的权利等；③对法院生效判决的执行申请权。胜诉一方有权向人民法院申请执行。此外，对法院生效的法律文书、对被告有依法强制执行的权利。

当事人诉讼义务主要有：依法行使诉讼义务，遵守诉讼程序，按时到庭参加诉讼，履行举证责任，履行生效的判决等。

1. 原告

行政诉讼的原告，指对行政机关的具体行政行为不服，向人民法院起诉请求法律保护的公民、法人或者组织。行政诉讼实行不告不理原则，没有原告，没有原告的发动，具体的诉讼无法形成。

原告资格是法律赋予特定人提起诉讼的权利，通常不能转移，但在特定情况下，法律规定原告资格可以转移。原告资格转移有两种情况：①有权起诉的公民死亡，其近亲属可以提起诉讼。近亲属的范围包括配偶、父母、子女、兄弟姐妹、祖父母、外祖父母、孙子女、外孙子女；②有权起诉的法人或者其他组织终止，承受其权利的法人或者其他组织可以提起诉讼。

2. 被告

行政诉讼的被告，指做出原告指控具体行政行为，侵犯原告合法权益并向人民法院起诉，人民法院受理后通知应诉的行政主体。

行政诉讼的被告分为以下几种类型：

直接起诉的被告。公民、法人或者其他组织直接向人民法院起诉的，做出具体行政行为的行政机关是被告。

经过复议程序的被告。相对人经过行政复议程序，对行政复议决定仍不服的，被告是：①复议机关维持原具体行政行为的，做出原具体行政行为的行政机关是被告；②复议机关改变原具体行政行为的，复议机关是被告；③复议机关在法定期限内不作复议决定，当事人对原具体行政行为不服，向人民法院起诉的，应以做出原具体行政行为的行政机关为被告；④复议机关在法定期限内不作复议决定，当事人对复议机关不履行法定职责不服的，应当以复议机关为被告。

共同做出具体行政行为的被告。两个以上行政机关共同做出具体行政行为的，共同做出具体行政行为的行政机关是共同被告。

法律、法规授权组织做出的行政行为，该组织是被告。

由行政机关委托的组织所做出的具体行政行为，委托的行政机关是被告。

行政机关被撤销的，继续行使职权的行政机关是被告。

3. 共同诉讼人

共同诉讼是当事人一方或者双方为两人以上的诉讼。包括共同原告和共同被告。共同诉讼分为必要的共同诉讼和普通的共同诉讼。

必要的共同诉讼，指当事人一方或双方为两人以上，诉讼标的是同一具体行政行为的诉讼。必要共同诉讼中的共同原告和共同被告统称为必要共同诉讼人。

普通的共同诉讼，指当事人一方或双方为两人以上，诉讼标的同样，由法院合并审理的诉讼。普通诉讼中的共同原告和共同被告统称为普通共同诉讼人。

4. 第三人

行政诉讼第三人，指与被诉具体行政行为有利害关系，申请参加或由人民法院通知参加行政诉讼的公民、法人或者其他组织。第三人具有独立的诉讼地位，是原告、被告以外的人，参加的是他人已经开始、尚未结束的诉讼。第三人纳入行政诉讼程序有利于维护自身的合法权益。

（二）行政诉讼代理人

行政诉讼代理人，指在代理权限内，以当事人的名义进行行政诉讼的人。行政诉讼代理可基于法律规定发生，也可由当事人委托成立。

行政诉讼代理人按照代理权产生依据不同，分为三类：①法定代理人，指根据法律规定而享有代理权、代替无诉讼行为能力人进行诉讼的人。法定代理人因亲权或监护权产生，法定代理为全权代理；②指定代理人，指基于法院指定而享有代理权、代替无诉讼行为能力人进行诉讼的人。法定代理人不能行使代理权、法定代理人互相推诿代理责任的，由人民法院指定其中一人代为诉讼；③委托代理人，指受当事人、法定代理人的委托代为进行诉讼活动的人。律师、社会团体、提起诉讼的公民的近亲属或其所在单位推荐的人、经人民法院许可的其他公民，可以受委托成为诉讼代理人。

三、行政诉讼程序

行政诉讼程序由起诉与受理、第一审程序、第二审程序、审判监督程序以及诉讼执行程序构成。

（一）起诉与受理

1. 起诉

起诉是指公民、法人或者其他组织，认为行政机关的具体行政行为侵犯了自己的合法权益，依法诉请法院审查具体行政行为的合法性以维护合法权益的诉讼行为。起诉是人民法院对案件行使审判权的前提。

《行政诉讼法》规定，原告提起诉讼成立，必须具备四个条件：原告是认为具体行政行为侵犯了其合法权益的公民、法人或者其他组织；有明确的被告；有具体的诉讼请求和事实根据；属于人民法院受案范围和受诉人民法院管辖。

起诉同时应遵守法定的起诉期限。直接向法院起诉的，时效为 3 个月；经复议的案件，时效为 15 日内向法院起诉；案件先行复议，复议机关逾期不做出复议决定的，自复议期满之日起 15 日内向法院起诉；行政机关做出具体行政行为时，未告知当事人诉权和起诉期限，致使当事人逾期向法院起诉的，其起诉期限从当事人实际知道诉权或起诉期限之日起计算，但不得超过 1 年；因起诉人以外的原因致使起诉超过法定期限，起诉时效延长，在障碍消除后 10 日内可申请延长期；因人身自由受限制不能提起诉讼的，限制人身自由期间不计算在起诉期限内。同一具体行政行为根据两个以上法律做出，而起诉期限规定不一致的，依期限长者计算。

起诉的程序涉及起诉前是否必须经过行政复议。我国法院实行起诉与行政复议以当事人自由选择为一般原则，以复议前置为例外。

行政诉讼的起诉可以有三种情况：法律规定应当先复议的，必须先行复议，不服行政复议再行起诉；法律没有规定必须先复议的，可以自愿选择先申请复议，对复议不服，再向法院起诉；法律没有规定必须先复议的，可以不经复议，直接向人民法院起诉。原告提起诉讼应以书面方式进行，向人民法院提交起诉状和诉状副本。

2. 受理

受理是指人民法院对原告的起诉进行审查确认符合法律规定，予以立案审理或相反，决定不予受理的行为。人民法院接到起诉状，经审查，应当在 7 日内立案或做出不予受理的裁定，并通知原告。原告对裁定不服的，可以在接到裁定之日起 10 日内向上级法院提起上诉。

（二）第一审程序

行政诉讼第一审程序是人民法院首次审理受理的行政案件所适用的程序。第一审程序是基本的、必经的程序，是第二审程序的前提。《行政诉讼法》规定的第一审程序的内容主要有：审理前的准备、庭审、审理期限、撤诉和缺席判决、对妨害诉讼的强制措施以及判决等。行政诉讼的第一审程序与民事诉讼的第一审程序相类似。

人民法院审理行政案件实行合议制，经过审理，依法作出具有强制性的裁判。第一审作出四种类型的判决：

维持判决。具体行政行为证据确凿，适用法律、法规正确，符合法定程序的。

撤销判决。具体行政行为存在以下五种情况：①主要证据不足；②适用法律、法规错误；③违反法定程序；④超越职权；⑤滥用职权。判决撤销或者部分撤销，同时可以判决被告重新作出具体行政行为。

限期履行判决。被告不履行或者拖延履行法定职责的，判决被告在一定期限内履行职责。

变更判决。行政处罚显失公正的，判决变更。

行政诉讼的决定一经宣布或送达，即发生法律效力。法律规定当事人可以申请复议的，复议期间不停止决定的执行。

（三）第二审程序

第二审程序亦称上诉审程序，指在第一审判决或裁定生效前因当事人申请上诉对案件进行重新审理的程序。第二审程序以第一审当事人的上诉为前提，第二审程序应当在收到上诉状之日起两个月内作出终审判决或裁定。第二审程序作出如下审判处理：

维持原判。第一审判决认定事实清楚，适用法律、法规正确的，判决驳回上诉，维持原判。

依法改判。第一审判决认定事实清楚，但适用法律、法规错误的，依法改判。

撤销原判，发回重审。第一审判决认定事实不清，证据不足，违反法定程序可能影响案件正确判决的，裁定撤销原判，发回原审法院重审。

（四）审判监督程序

审判监督程序亦称再审程序，指人民法院发现已经发生法律效力的判决或裁定违反法律、法规，依法对案件重新审理的程序。再审程序不是行政诉讼的必经程序，也不是一个独立审级。提起再审的程序，有如下三种情况：

各级人民法院院长提交审判委员会讨论决定再审。

上级人民法院提审或者指令下级人民法院再审。

人民检察院抗诉。抗诉是检察院对法院审判活动进行法律监督的重要方式，法院对抗诉案件必须进行再审，同时应当通知人民检察院派员出席法庭。

（五）诉讼执行程序

行政诉讼的执行是指人民法院对已经生效的法律文书，在义务人逾期拒不履行时，依法采取强制措施，从而使生效法律文书的内容得以实现的活动。强制执行制度是行政诉讼制度的终点，集中体现着法律权威与尊严。

行政诉讼的执行，必须具备法律设定的一定条件。拥有行政诉讼执行权的主体是人民法院和部分有权的行政机关。生效的行政诉讼裁决和裁定都由一审法院执行。

行政诉讼执行程序的启动，可以由申请人的申请提起，也可以由执行机关依职权决定。申请人提出执行申请的期限为 3 个月。申请期限从法律文书规定期间的最后一日起计算；如文书中没有规定履行期限的，以该文书生效之日起计算。

执行机关在执行中实施的执行措施和方法，根据特有的适用对象不同，分为：

对行政机关适用的执行措施：罚款、划拨、建议对责任人给与行政处分、建议追究责任人刑事责任。

对公民、法人、其他组织适用的执行措施：扣留、扣押、提取、划拨、冻结、拍卖、变卖、强制拆除、强行拘留等。

第四节　刑事诉讼法

刑事诉讼法是规定国家司法、公安机关和诉讼参与人进行刑事诉讼活动遵守的原则、制度和程序的法律。

一、刑事诉讼管辖

刑事诉讼中的管辖，指人民法院、人民检察院、公安机关依照法律规定立案受理刑事案件以及人民法院系统内部审判第一审刑事案件的权限分工。《刑事诉讼法》规定，刑事诉讼中的管辖包括两个方面：立案管辖，审判管辖。

（一）立案管辖

立案管辖亦称职能管辖或部门管辖，指公检法三机关各自直接受理刑事案件上的权限分工。立案管辖解决的是刑事案件首先由谁立案、谁开始诉讼的问题。

1. 公安机关立案侦查的案件

《刑事诉讼法》明确规定刑事案件的侦查由公安机关负责，法律另有规定的除外。规定表明公安机关是侦查机关，除法律另有规定的，所有刑事案件的立案侦查都由公安机关负责。所谓法律另有规定的案件是指：①依法由人民检察院侦查的案件；②国家安全机关依法立案侦查的危害国家安全的刑事案件；③军队保卫部门立案侦查的军队内部刑事案件；④监狱立案侦查的罪犯在监狱内犯罪的案件。

2. 人民检察院立案侦查的案件

人民检察院依法立案侦查的刑事案件主要是国家工作人员利用职务犯罪的案件。《刑事诉讼法》规定，贪污贿赂犯罪，国家工作人员的渎职犯罪，国家机关工作人员利用职权实施的非法拘禁、刑讯逼供、报复陷害、非法搜查的侵犯公民人身权利的犯罪以及侵犯公民民主权利的犯罪，由人民检察院立案侦查。对于国家机关工作人员利用职权实施的其他重大的犯罪案件，需要由人民检察院直接受理的时候，经省级以上人民检察院决定，可以由人民检察院立案侦查。

3. 人民法院直接受理的刑事案件

《刑事诉讼法》规定，自诉案件，由人民法院直接受理。自诉案件是被害人及其法定代理人、近亲属，为追究被告人的刑事责任，直接向人民法院提起诉讼的案件。

自诉案件包括：①告诉才处理的案件。如侮辱、诽谤案，暴力干涉婚姻自由案，虐待案，侵占私人财物案；②被害人有证据证明的轻微刑事案件。如故意伤害案，重婚案，遗弃案，妨害通讯自由案，非法侵入他人住宅案，生产、销售伪劣商品案，侵犯知识产权案，以及对被告人可能判处3年有期徒刑以下刑罚的其他轻微刑事案件；③被害人有证据证明对被告人侵犯自己人身、财产权利的行为应当依法追究刑事责任，而公安机关或者人民检察院不予追究被告人刑事责任的案件。

（二）审判管辖

审判管辖，指各级人民法院之间，同级人民法院之间，普通人民法院与专门人民法院之间，各专门人民法院之间在审理第一审刑事案件上的权限分工。审判管辖解决的是人民法院内部受理一起刑事案件应由哪种、哪级、哪个人民法院进行第一审审判的问题。

我国刑事审判管辖分为普通管辖和专门管辖。普通管辖分为级别管辖、地域管辖、指定管辖。

1. 级别管辖

级别管辖，指各级人民法院审判第一审刑事案件的职权划分。《刑事诉讼法》规定的级别管辖是：

基层人民法院管辖的第一审刑事案件。包括依法由上级人民法院管辖案件以外的绝大多数普通刑事案件。

中级人民法院管辖的第一审刑事案件。中级人民法院管辖属于性质严重、危害极大、案情重大、复杂，影响较大的第一审刑事案件，包括：危害国家安全案件；可能判处无期徒刑、死刑的普通刑事案件；外国人犯罪的刑事案件。

高级人民法院管辖的第一审刑事案件。包括全省（自治区、直辖市）性的重大刑事案件。

最高人民法院管辖的第一审刑事案件。包括全国性的重大刑事案件。

2. 地域管辖

地域管辖，指同级人民法院之间审理第一审刑事案件的权限划分。《刑事诉讼法》规定的地域管辖主要是：

犯罪地法院管辖。刑事案件由犯罪地的人民法院管辖。如果由被告人居住地的人民法院审判更为适宜的，可以由被告人居住地的人民法院管辖。犯罪地指犯罪行为发生地；居住地指户籍所在地、经常居住地、工作或学习地点。

最初受理的人民法院审判。几个同级人民法院都有权管辖的案件，由最初受理的人民法院审判。在必要的时候，可以移送主要犯罪地的人民法院审判。

3. 指定管辖

指定管辖，指由上级人民法院以指定的方式确定的案件管辖。《刑事诉讼法》规定，上级人民法院可以指定下级人民法院审判管辖不明的案件，也可以指定下级人民法院将案件移送其他人民法院审判。

4. 专门管辖

专门管辖，指专门人民法院之间，专门人民法院与普通人民法院之间对第一审刑事案件受理范围上的分工。具有刑事管辖权的专门法院有：军事法院，铁路运输法院。

二、刑事诉讼参与人

诉讼参与人，指在刑事诉讼中国家专门机关工作人员以外的，享有一定的诉讼权利、负有一定诉讼义务的人。诉讼参与人一般可分为两类：一是当事人；二是其他诉讼参与人。

（一）当事人

当事人，指与案件结局有直接利害关系，拥有广泛诉讼权利，对诉讼进程有较大影响的诉讼参与人。当事人包括：被害人、自诉人、犯罪嫌疑人、被告人、附带民事诉讼的原告人和被告人。

1. 被害人

指其合法权益遭受犯罪行为直接侵害的人。被害人是刑事诉讼中的当事人，在公诉案件中，被害人不能直接向人民法院提起诉讼，只能由人民检察院代表国家提起公诉。

2. 自诉人

指自诉案件中依法直接向人民法院提起刑事诉讼的人。自诉人的诉讼地位是原告，通常是被害人。被害人死亡或者丧失行为能力时，被害人的法定代理人、近亲属有权向人民法院提起诉讼。

3. 犯罪嫌疑人与被告人

犯罪嫌疑人与被告人都是当事人。在侦查和审查起诉阶段，检察机关向法院提起公诉以前，涉嫌犯罪的公民称为“犯罪嫌疑人”；在审判阶段，检察机关正式向法院提起公诉以后，涉嫌犯罪的人称为“被告人”。

4. 附带民事诉讼的原告人和被告人

附带民事诉讼的原告人，指因被告人的犯罪行为而直接遭受损失，在刑事诉讼中提起民事诉讼请求得到赔偿的人。

附带民事诉讼的被告人，指在刑事诉讼中因犯罪行为造成的物质损失负有赔偿责任的人。

（二）其他诉讼参与人

其他诉讼参与人，指除当事人以外的诉讼参与人。包括：法定代理人、诉讼代理人、辩护人、证人、鉴定人、翻译人员。

1. 法定代理人

指法律规定的，对被代理人负有专门保护义务并代理其进行诉讼活动的人。法定代理人包括被代理人的父母、养父母、监护人和负有保护责任的机关、团体的代表。

2. 诉讼代理人

指当事人及其法定代理人或者近亲属，依法委托、代理其参加诉讼的人。诉讼代理人包括律师、当事人的近亲属、亲友、有关的社会团体、所在单位推荐的人。

3. 辩护人

指接受犯罪嫌疑人、被告人及其法定代理人或近亲属的委托，以及受人民法院指定，行使辩护权以维护其合法权益的人。辩护人可以是律师，人民团体或犯罪嫌疑人、被告人所在单位推荐的人，犯罪嫌疑人、被告人的监护人和亲友。

4. 证人

指向公安司法机关陈述自己所了解案情的第三人。生理上、精神上有缺陷，年幼，不能辨别是非、不能正确表达的人，不能作证人。证人应当如实陈述案情，作伪证或隐匿罪证，要负法律责任。

5. 鉴定人

指受公安司法机关的指派或聘请，运用专业知识技能对案件中的专业问题进行分析判断、提出科学意见的人。

6. 翻译人员

指接受公安司法机关的指派或聘请，为特定的诉讼参与人进行语言、文字或手势翻译的人。

三、刑事诉讼强制措施

刑事诉讼中的强制措施，指公安机关、人民检察院、人民法院为保证刑事诉讼的顺利进行，依法对犯罪嫌疑人、被告人的人身自由进行限制或剥夺的强制方法。

刑事诉讼中的强制措施由拘传、取保候审、监视居住、拘留、逮捕构成。

1. 拘传

拘传指公安机关、人民检察院、人民法院强制未被羁押的犯罪嫌疑人、被告人到指定地点接受讯问的强制方法。拘传与传唤不同，区别在于拘传是一种强制措施，只适用于犯罪嫌疑人、被告人。实施拘传需要填写《拘传证》，领导审批，由侦查人员或司法警察执行。

2. 取保候审

取保候审，指公安机关、人民检察院、人民法院责令犯罪嫌疑人、被告人提出保证人或者缴纳保证金，以保证不逃避和妨碍侦查、起诉、审判，并随传随到的一种强制方法。

取保候审是一种限制人身自由的强制措施。《刑事诉讼法》规定的对象为：①可能判处管制、拘役或者独立适用附加刑的；②可能判处有期徒刑以上刑罚，采取取保候审不致发生社会危险性的；③应当逮捕，但患有严重疾病，不宜羁押的；④依法应当逮捕，但正在怀孕或者哺乳自己婴儿的；⑤对已被依法拘留的犯罪嫌疑人，经过讯问、审查，认为需要逮捕但证据不足的；⑥已被逮捕羁押的犯罪嫌疑人、被告人，在法定的侦查、起诉、一审、二审的办案期限内不能结案，采用取保候审方法没有社会危险性的。

犯罪嫌疑人、被告人取保候审最长不得超过12个月。

3. 监视居住

监视居住，指公安机关、人民检察院、人民法院责令犯罪嫌疑人、被告人在一定期限内未经批准不得离开住处或指定居所，并对其行动加以监控的强制方法。监视居住是较严厉的限制被监视居住人的人身自由，适用对象、范围与取保候审相同，多在犯罪嫌疑人、被告人找不到保证人或不能缴纳保证金，无法对其取保候审时适用。

监视居住的期限最长不得超过6个月，被监视居住人应当遵守以下规定：①未经执行机关批准不得离开住处，没有固定住处的，未经批准不得离开指定的居所；②未经执行机关批准不得会见他人；③在传讯的时候及时到案；④不得以任何形式干扰证人作证；⑤不得毁灭、伪造证据或者串供。违反上述规定，情节严重的，予以逮捕。

4. 拘留

拘留亦称刑事拘留，指公安机关、人民检察院对直接受理的案件，在侦查过程中遇到法定的紧急情况下，对现行犯或重大嫌疑分子所采取的临时剥夺人身自由的强制方法。刑事拘留不同于行政拘留和司法拘留，适用刑事拘留应当同时具备两个条件：拘留对象是现行犯或者重大嫌疑分子；具有法定的紧急情形。

法律规定有下列情形之一的，可以先行拘留：①正在预备犯罪、实行犯罪或者在犯罪后即时被发觉的；②被害人或者在场亲眼看见的人指认他犯罪的；③在身边或者住处发现有犯罪证据的；④犯罪后企图自杀、逃跑或者在逃的；⑤有毁灭、伪造证据或者串供可能的；⑥不讲真实姓名、住址，身份不明的；⑦有流窜作案、多次作案、结伙作案重大嫌疑的。

公安机关执行拘留时，应持县级以上公安机关签发的《拘留证》，向被拘留人出示并宣布实行拘留。刑事拘留的羁押期限一般情况下最长为 10 日，特殊情况下最长为 14 日，对流窜、多次结伙作案的重大嫌疑分子最长为 37 日；而行政拘留的最长期限为 15 日。

5. 逮捕

逮捕，指公安机关、人民检察院、人民法院在一定期限内依法剥夺犯罪嫌疑人、被告人的人身自由，进行羁押审查的强制方法。

适用逮捕应当具备三个条件：①有证据证明犯罪事实发生；②可能判处徒刑以上的刑罚；③采取取保候审、监视居住等方法尚不足以防止社会危险性，而有逮捕必要的。逮捕犯罪嫌疑人、被告人，必须经过人民检察院批准或者人民法院决定，由公安机关执行。

四、刑事附带民事诉讼

附带民事诉讼，指公安司法机关在刑事诉讼过程中，在依法追究被告人刑事责任的同时，附带解决由被告人的犯罪行为造成被害人遭受物质损失的赔偿问题而进行的诉讼活动。

附带民事诉讼提起，需要具备的条件是：①附带民事诉讼以刑事诉讼为前提；②被害人的损失是被告人的犯罪行为造成；③

被害人的损失必须是物质损失；④有赔偿请求权人在刑事诉讼中提出了赔偿请求。附带民事诉讼在处理程序上依附于刑事诉讼，必须以刑事诉讼为依托。

五、刑事诉讼程序

刑事案件一般从立案开始，经过侦查、提起公诉、审判、执行五个阶段。刑事诉讼程序可分为立案、侦查、提起公诉程序，审判程序，执行程序。审判程序包括第一审程序、第二审程序、死刑复核程序、审判监督程序等。

（一）立案

立案，指公安司法机关对于报案、控告、举报、自首等材料，依照管辖范围进行审查，认为有犯罪事实存在并应追究刑事责任，决定是否作为刑事案件进行侦查或审判的一种诉讼活动。立案是刑事诉讼开始的标志，是刑事案件必经的法定阶段。

《刑事诉讼法》规定，立案必须同时具备两个条件：

一是有犯罪事实。指有《刑法》规定构成犯罪的行为，而非一般违法犯纪行为，同时必须有一定的证据证明犯罪事实确已发生，决非出于主观猜测、凭空捏造。

二是需要追究刑事责任。指行为人的行为已构成犯罪，依照刑事法律规定应当受刑罚处罚。

（二）侦查

侦查，指公安机关、人民检察院在办理刑事案件过程中，依照法律进行的专门调查工作和有关的强制性措施。我国刑事诉讼中的侦查主体主要是公安机关和人民检察院。国家安全机关办理危害国家安全、军队保卫部门对军队内部、监狱对在监狱内发生的刑事案件可以进行侦查。除此以外，其他任何机关、团体、个人都无权行使侦查权。

侦查的任务是收集证据，查明犯罪事实和查获犯罪嫌疑人，为起诉做好准备；保障无罪的人不受刑事追究，以及提供可靠的证据。

侦查行为主要包括：讯问犯罪嫌疑人，讯问证人和被害人，勘验、检查，搜查，扣押物证、书证，鉴定，辨认，通缉。侦查机关经过侦查，认为事实已经查清，证据确凿，足以认定犯罪嫌疑人是否构成犯罪时，决定侦查终结。侦查终结可以为人民检察院准确提起公诉，人民法院正确进行审判奠定基础。侦查终结的案件，应分别做出移送审查起诉或者撤销案件的决定。

（三）提起公诉

刑事诉讼中的起诉，以起诉主体为标准，分为公诉和自诉两种方式。自诉指刑事被害人及其法定代理人等享有起诉权的个人或团体直接向法院起诉，提出追究被告人刑事责任的诉讼活动。公诉指由依法享有刑事起诉权的国家专门机关，代表国家和公众向法院提出诉讼请求，要求法院审判确定被告人刑事责任并予制裁的诉讼活动。我国刑事诉讼的起诉，实行公诉为主、自诉为辅的原则。

《刑事诉讼法》规定，凡需要提起公诉的案件，一律由人民检察院审查决定。人民检察院认为犯罪嫌疑人的犯罪事实已经查清，证据充分，依法应当追究刑事责任的，按照审判管辖的规定，向人民法院提起公诉。人民检察院做出提起公诉决定，犯罪嫌疑人转变为刑事被告人。

提起公诉必须具备三个条件：①犯罪嫌疑人的犯罪事实已经查清，证据确实、充分；②依法应当追究犯罪嫌疑人的刑事责任；③提起公诉应当符合审判管辖的规定。

人民检察院对案件的处理决定有两种：一是提起公诉；二是不起诉。人民检察院对公安机关移送起诉的案件，应当在 1 个月以内做出决定，重大、复杂的案件，可以延长半个月。

（四）审判

刑事审判，指人民法院对刑事案件进行审理和裁判的诉讼活动。审理是对案件事实进行举证、辩论、调查。裁判是对案件实体问题或程序问题做出公正的处理决定。我国人民法院审判刑事案件的程序有四种：第一审程序、第二审程序，为普通程序；死刑复核程序、审判监督程序，为特殊程序。

1. 第一审程序

第一审程序，指人民法院对人民检察院提起公诉或者自诉人提起自诉的案件进行初次审判的程序。第一审程序是人民法院审判活动的基本程序和必经程序。第一审的法院裁决，如果在法定期限内没有上诉或抗诉，即发生法律效力。

法庭审判有合议制和独任制两种审判组织。法庭审判程序按照以下五个阶段进行：开庭；法庭调查；法庭辩论；被告人最后陈述；评议和宣判。

2. 第二审程序

《刑事诉讼法》规定，人民法院审判案件，实行两审终审制，即一个案件经过两级人民法院审判即告终结的制度。所以，第二审程序又称上诉程序，是第二审人民法院根据上诉或者抗诉，对第一审人民法院做出的尚未发生法律效力的判决或裁定进行审理的诉讼活动。

上诉，指自诉人、被告人及其法定代理人，以及经被告人同意的辩护人、近亲属，附带民事诉讼的当事人及其法定代理人不服第一审判决或裁定，依法要求上一级法院重新审理的诉讼活动。上诉可以用书状或者口头提出，口头上诉的，人民法院应制成笔录。《刑事诉讼法》没有对提出上诉的理由作任何限制的规定，因此，有上诉权的人只要“不服”第一审未生效的判决或裁定，都可以依法定期限和程序提出上诉，自然引起第二审程序。

抗诉，指人民检察院发现或者认为人民法院的第一审判决或裁定确有错误时，提请审判机关依法重新审理并予以纠正的诉讼活动。有权对第一审未生效判决、裁定抗诉的机关是第一审人民法院的同级人民检察院。抗诉只能以抗诉书的形式提出，不能采取口头形式。人民检察院提起抗诉必须有充分的理由，即认为本级人民法院第一审的判决、裁定确有错误。

上诉、抗诉提起的期限规定：不服判决的上诉和抗诉的期限为10日；不服裁定的上诉和抗诉的期限为5日。期限从接到判决书、裁定书的第二日起计算。

第二审人民法院对第一审认定的事实和适用法律实行全面审查原则，不受上诉或者抗诉范围的限制。

第二审人民法院进行审理后，分别做出如下处理：①驳回上诉或抗诉，维持原判；②直接改判；③撤销原判，发回重审。第二审法院审判只有被告人提出上诉的案件时，不得以任何理由改判加重被告人的刑罚。但是，人民检察院提出抗诉和自诉人提出上诉的，不受上诉不加刑原则的限制。

3. 死刑复核程序

死刑复核程序，指对判处死刑的判决和裁定进行审查核准的特殊程序。死刑复核程序是判处死刑立即执行和判处死刑缓期2年执行的死刑案件必经的程序。

死刑案件由最高人民法院核准。判处死刑立即执行案件：中级人民法院判处死刑的，被告人不上诉，人民检察院不抗诉的，报请高级人民法院复核。复核同意判处死刑的，报请最高人民法院核准；中级人民法院判处死刑的，被告人上诉，人民检察院提出抗诉，高级人民法院终审裁定维持死刑判决的，报请最高人民法院核准；高级人民法院判处死刑的，被告人不上诉，人民检察院不抗诉的，报请最高人民法院核准。中级人民法院判处死刑缓期2年执行的案件，由高级人民法院核准。

4. 审判监督程序

审判监督程序亦称再审程序，指人民法院、人民检察院对已经发生法律效力的判决和裁定，发现在认定事实或适用法律上确有错误，依法提起并对案件重新审判的一种特别诉讼程序。审判监督程序不是每个刑事案件的必经程序，只有对于已经发生法律效力而又确有错误的判决或者裁定，才能适用这一程序。审判监督程序的目的是为了维护正确的判决和裁定，纠正错误的判决和裁定，保证法律的正确实施。

（五）执行

刑事诉讼中的执行，指人民法院将已经发生法律效力的判决和裁定交付执行机关付诸实施的活动。执行是刑事诉讼的最后一个程序，刑事执行包括：①交付执行；②解决执行过程中所发生的诉讼问题，即变更执行。

第五节　人民调解法

一、人民调解法的概念

人民调解，是指人民调解委员会通过说服、疏导等方法，促使当事人在平等协商基础上自愿达成调解协议，解决民间纠纷的活动。人民调解是一项具有中国特色的化解矛盾、消除纷争的非诉讼纠纷解决方式，被国际社会誉为化解社会矛盾的"东方经验"。多年来，人民调解与司法调解、行政调解等共同构成的"大调解"体系，为预防和减少民间纠纷、化解社会矛盾、维护社会和谐稳定发挥了重要作用。

2010年8月28日全国人大常委会通过的《人民调解法》，作为人民调解工作发展道路上的一座里程碑，标志着人民调解工作进入了新的发展阶段。《人民调解法》共六章三十五条，在总结我国民间调解经验基础上，以国家立法的形式对人民调解的性质、任务和原则，调解组织形式和调解员选任，调解的程序、效力等问题作出规定。

《人民调解法》规定，人民调解委员会调解民间纠纷，应当遵循下列原则：一是在当事人自愿、平等的基础上进行调解；二是不违背法律、法规和国家政策；三是尊重当事人的权利，不得因调解而阻止当事人依法通过仲裁、行政、司法等途径维护自己的权利。

人民调解委员会调解民间纠纷，不收取任何费用。

二、人民调解委员会和人民调解员

人民调解委员会是依法设立的调解民间纠纷的群众性组织。《人民调解法》规定，村民委员会、居民委员会设立人民调解委员会。企业事业单位根据需要设立人民调解委员会。

（一）人民调解委员会的组成和任期

人民调解委员会由委员3至9人组成，设主任1人，必要时，可以设副主任若干人。人民调解委员会应当有妇女成员，多民族居住的地区应当有人数较少民族的成员。

村民委员会、居民委员会的人民调解委员会委员由村民会议或者村民代表会议、居民会议推选产生；企业事业单位设立的人民调解委员会委员由职工大会、职工代表大会或者工会组织推选产生。

人民调解委员会委员每届任期3年，可以连选连任。

（二）人民调解委员会的业务指导和保障

《人民调解法》规定，国务院司法行政部门负责指导全国的人民调解工作，县级以上地方人民政府司法行政部门负责指导本行政区域的人民调解工作。基层人民法院对人民调解委员会调解民间纠纷进行业务指导。

国家鼓励和支持人民调解工作。县级以上地方人民政府对人民调解工作所需经费应当给予必要的支持和保障，对有突出贡献的人民调解委员会和人民调解员按照国家规定给予表彰奖励。

（三）人民调解员的任职条件

《人民调解法》规定，人民调解员由人民调解委员会委员和人民调解委员会聘任的人员担任。人民调解员应具备下列条件：①公道正派；②热心人民调解工作；③具有一定文化水平、政策水平和法律知识；④成年公民。

（四）人民调解员的行为规范

《人民调解法》规定，人民调解员在调解工作中有下列行为之一的，由其所在的人民调解委员会给予批评教育、责令改正，情节严重的，由推选或者聘任单位予以罢免或者解聘：①偏袒一方当事人的；②侮辱当事人的；③索取、收受财物或者牟取其他不正当利益的；④泄露当事人的个人隐私、商业秘密的。

在调解中，人民调解员应当记录调解情况。人民调解委员会应当建立调解工作档案，将调解登记、调解工作记录、调解协议书等材料立卷归档。

（五）人民调解员的保障措施

《人民调解法》规定，人民调解员从事调解工作，应当给予适当的误工补贴；因从事调解工作致伤致残，生活发生困难的，当地人民政府应当提供必要的医疗、生活救助；在人民调解工作岗位上牺牲的人民调解员，其配偶、子女按照国家规定享受抚恤和优待。

三、调解程序

《人民调解法》规定，人民调解委员会从事调解工作，遵循下列程序：①当事人申请或调委会主动。但是当事人一方明确拒绝调解的，不得调解；②人民调解委员会受理后，指定一名或者数名人民调解员，或当事人自选调解员。征得当事人同意后，邀请其亲属、邻里参与，也可以邀请具有专门知识、特定经验的人员或者有关社会组织的人员参与调解；③人民调解员在调解中，坚持原则，明法析理，主持公道。调解民间纠纷，应当及时、就地进行，防止矛盾激化。人民调解员在调解过程中，发现纠纷有可能激化的，应当采取有针对性的预防措施。对有可能引起治安案件、刑事案件的纠纷，应当及时向当地公安机关或者其他有关部门报告；④经调解达成调解协议的，可以制作调解协议书。当事人认为无需制作调解协议书的，可以采取口头协议方式，人民调解员应当记录协议内容；调解不成的，应当终止调解，并依据有关法律、法规的规定，告知当事人可以依法通过仲裁、行政、司法等途径维护自己的权利。

当事人在人民调解活动中享有下列权利：①选择或者接受人民调解员；②接受调解、拒绝调解或者要求终止调解；③要求调解公开进行或者不公开进行；④自主表达意愿、自愿达成调解协议。

当事人在人民调解活动中履行下列义务：①如实陈述纠纷事实；②遵守调解现场秩序，尊重人民调解员；③尊重对方当事人行使权利。

四、调解协议

（一）调解协议书的内容

1. 当事人的基本情况

2. 纠纷的主要事实、争议事项以及各方当事人的责任

3. 当事人达成调解协议的内容，履行的方式、期限

调解协议书自各方当事人签名、盖章或者按指印，人民调解员签名并加盖人民调解委员会印章之日起生效。调解协议书由当事人各执一份，人民调解委员会留存一份。

（二）调解协议的效力

口头调解协议自各方当事人达成协议之日起生效；调解协议书自各方当事人签名、盖章或者按指印，人民调解员签名并加盖人民调解委员会印章之日起生效。

调解协议具有法律约束力，当事人应当按照约定履行。人民调解委员会应当对调解协议的履行情况进行监督，督促当事人履行约定的义务。

达成调解协议后，当事人之间就调解协议的履行或者调解协议的内容发生争议的，一方当事人可以向人民法院提起诉讼。

达成调解协议后，双方当事人认为有必要的，可以自调解协议生效之日起 30 日内共同向人民法院申请司法确认，人民法院

应当及时对调解协议进行审查，依法确认调解协议的效力。人民法院依法确认调解协议有效，一方当事人拒绝履行或者未全部履行的，对方当事人可以向人民法院申请强制执行。人民法院依法确认调解协议无效的，当事人可以通过人民调解方式变更原调解协议或者达成新的调解协议，也可以向人民法院提起诉讼。

第六节 仲裁法

一、仲裁和仲裁法的概念

一般认为，仲裁就是指纠纷当事人在自愿的基础上达成协议，将纠纷提交非司法机构的第三者审理，第三者就纠纷居中评判是非，并作出对争议各方均有拘束力的裁决的一种解决纠纷的制度、方法或方式。

基于上述定义，仲裁具有如下要素：

各方当事人自愿采用仲裁方式解决相互间的争议；当事人选择解决争议的第三者是非司法机构；第三者为解决争议所作出的裁决，对各方当事人都具有法律上的拘束力。

与调解和诉讼一样，仲裁也是解决争议的一种方式，但仲裁却是非经司法诉讼途径即具有法律约束力的争议解决方式。这一方式广泛运用于民商事的争议解决过程中，也同时成为解决劳动争议和农业承包合同纠纷的重要方式，即劳动争议仲裁和农业承包合同纠纷仲裁。

仲裁法是国家制定或认可的，规范仲裁法律关系主体的行为和调整仲裁法律关系的法律规范的总称。

二、仲裁法的基本原则和基本制度

（一）基本原则

自愿原则。自愿原则是仲裁制度的基本原则，是仲裁制度存在和发展的基础。仲裁的自愿原则主要体现在：第一，当事人是否将他们之间发生的纠纷提交仲裁，由双方当事人自愿协商决定；第二，当事人将哪些争议事项提交仲裁，由双方当事人自行约定；第三，当事人将他们之间的纠纷提交哪个仲裁委员会仲裁，由双方当事人自愿协商决定；第四，仲裁庭如何组成，由谁组成，由当事人自主选定；第五，双方当事人还可以自主约定仲裁的审理方式、开庭方式等相关的程序事项。

根据事实、符合法律规定、公平合理解决纠纷原则。这一原则是对“以事实为根据，以法律为准绳”原则的肯定和发展。即仲裁要坚持以事实为根据、以法律为准绳的原则，同时，在法律没有规定或者规定不完备的情况下，仲裁庭可以按照公平合理的一般原则来解决纠纷。

独立仲裁原则。《仲裁法》明确规定仲裁应依法独立进行，不受行政机关、社会团体和个人的干涉。独立仲裁原则体现在仲裁与行政脱钩，仲裁委员会独立于行政机关，与行政机关没有隶属关系，仲裁委员会之间也没有隶属关系。同时，仲裁庭独立裁决案件，仲裁委员会以及其他机关、社会团体和个人不得干预。

（二）基本制度

协议仲裁制度。仲裁协议是当事人仲裁意愿的体现。当事人申请仲裁、仲裁委员会受理仲裁案件以及仲裁庭对仲裁案件的审理和裁决都必须依据当事人之间订立的有效的仲裁协议，没有仲裁协议就没有仲裁制度。

或裁或审制度。仲裁与诉讼是两种不同的争议解决方式。因此，当事人之间发生的争议只能在仲裁或者诉讼中选择其一加以采用，有效的仲裁协议即可排除法院的管辖权，只有在没有仲裁协议或者仲裁协议无效的情况下，法院才可以行使管辖权。

一裁终局制度。我国《仲裁法》明确规定，仲裁实行一裁终局制度。即仲裁庭作出的仲裁裁决即为终局裁决，裁决作出后，当事人就同一纠纷再申请仲裁或者向人民法院起诉，仲裁委员会或者人民法院不予受理：当事人应当自动履行裁决，一方当事人不履行的，另一方当事人可以向法院申请执行。

三、仲裁员

仲裁员是指在仲裁案件中对当事人的财产权益纠纷进行评判并作出决定的居中裁判者。从对争议进行审理并作出裁决的角度看，仲裁员与法官很相近，但二者实际有着本质区别。法官是经国家立法机关任命并在各级人民法院工作的国家公职人员，而仲裁员则不是一种专门职业，他可能是商人、教授、会计师、技术专家等。从裁判权的来源看，法官的审判权来源于国家的司法权力，而仲裁员的管辖权只是来源于当事人在仲裁协议中的授权。超出授权范围，则仲裁员无权行使管辖权。

我国《仲裁法》对仲裁员的资格条件做了相当具体明确的限定。《仲裁法》第十三条规定："仲裁委员会应当从公道正派的人员中聘任仲裁员。仲裁员应当符合下列条件之一：①从事仲裁工作满 8 年的；②从事律师工作满 8 年的；③曾任审判员满 8 年的；④从事法律研究、教学工作并具有高级职称的；⑤具有法律知识、从事经济贸易等专业工作并具有高级职称或者具有同等专业水平的。"

四、仲裁协议

所谓仲裁协议，是指双方当事人在自愿、协商、平等互利的基础之上将他们之间已经发生或者可能发生的争议提交仲裁解决的书面文件，是申请仲裁的必备材料。仲裁协议包括合同中订立的仲裁条款和以其他书面方式在纠纷发生前或者纠纷发生后达成的请求仲裁的协议。仲裁协议应当具有下列内容：①请求仲裁的意思表示；②仲裁事项；③选定的仲裁委员会。

有下列情形之一的，仲裁协议无效：①约定的仲裁事项超出法律规定的仲裁范围的；②无民事行为能力人或者限制民事行为能力人订立的仲裁协议；③一方采取胁迫手段，迫使对方订立仲裁协议的。

仲裁协议对仲裁事项或者仲裁委员会没有约定或者约定不明确的，当事人可以补充协议；达不成补充协议的，仲裁协议无效。

五、申请撤销仲裁裁决和执行

当事人提出证据证明裁决有下列情形之一的，可以向仲裁委员会所在地的中级人民法院申请撤销裁决：①没有仲裁协议的；②裁决的事项不属于仲裁协议的范围或者仲裁委员会无权仲裁的；③仲裁庭的组成或者仲裁的程序违反法定程序的；④裁决所根据的证据是伪造的；⑤对方当事人隐瞒了足以影响公正裁决的证据的；⑥仲裁员在仲裁该案时有索贿受贿，徇私舞弊，枉法裁决行为的。

当事人应当履行裁决。一方当事人不履行的，另一方当事人可以依照民事诉讼法的有关规定向人民法院申请执行。受申请的人民法院应当执行。被申请人提出证据证明裁决有《民事诉讼法》第二百一十七条第二款规定的情形之一的，经人民法院组成合议庭审查核实，裁定不予执行。一方当事人申请执行裁决，另一方当事人申请撤销裁决的，人民法院应当裁定中止执行。人民法院裁定撤销裁决的，应当裁定终结执行。撤销裁决的申请被裁定驳回的，人民法院应当裁定恢复执行。

附　录

全国人大常委会关于开展第七个五年法治宣传教育的决议

（二〇一六年四月二十八日第十二届全国人民代表大会常务委员会第二十次会议通过）

2011年至2015年，我国法制宣传教育第六个五年规划顺利实施，法治宣传教育在服务经济社会发展、维护社会和谐稳定、建设社会主义法治国家中发挥了重要作用。为深入学习宣传习近平总书记关于全面依法治国的重要论述，全面推进依法治国，顺利实施“十三五”规划，全面建成小康社会，推动全体公民自觉尊法学法守法用法，推进国家治理体系和治理能力现代化建设，从2016年至2020年在全体公民中开展第七个五年法治宣传教育，十分必要。通过开展第七个五年法治宣传教育，使全社会法治观念明显增强，法治思维和依法办事能力明显提高，形成崇尚法治的社会氛围。特作决议如下：

一、突出学习宣传宪法。坚持把学习宣传宪法摆在首要位置，在全社会普遍开展宪法宣传教育，重点学习宣传宪法确立的我国的国体、政体、基本政治制度、基本经济制度、公民的基本权利和义务等内容，弘扬宪法精神，树立宪法权威。实行宪法宣誓制度，组织国家工作人员在宪法宣誓前专题学习宪法。组织开展“12·4”国家宪法日集中宣传活动，教育引导一切组织和个人以宪法为根本活动准则。

二、深入学习宣传国家基本法律。坚持把学习宣传宪法相关法、民法商法、行政法、经济法、社会法、刑法、诉讼与非诉讼程序法等法律法规的基本知识，作为法治宣传教育的基本任务，结合学习贯彻创新、协调、绿色、开放、共享发展理念，加强对相关法律法规的宣传教育。在全社会树立宪法法律至上、法律面前人人平等、权由法定、权依法使等基本法治理念。

三、推动全民学法守法用法。一切有接受教育能力的公民都要接受法治宣传教育。坚持把全民普法和守法作为依法治国的长期基础性工作，加强农村和少数民族地区法治宣传教育，以群众喜闻乐见、易于接受的方式开展法治宣传教育，引导公民努力学法、自觉守法、遇事找法、解决问题靠法，增强全社会厉行法治的积极性、主动性和自觉性。大力弘扬法治精神，培育法治理念，树立法治意识，共同维护法律的权威和尊严。

四、坚持国家工作人员带头学法守法用法。坚持把各级领导干部带头学法、模范守法、严格执法作为全社会树立法治意识的关键。健全国家工作人员学法用法制度，将法治教育纳入干部教育培训总体规划。坚持把依法办事作为检验国家工作人员学法用法的重要标准，健全重大决策合法性审查机制，推行政府法律顾问制度，推动行政机关依法行政，促进司法机关公正司法。坚持把尊法学法守法用法情况作为考核领导班子和领导干部的重要内容。

五、切实把法治教育纳入国民教育体系。坚持从青少年抓起，制定青少年法治教育大纲，设立法治知识课程，完善法治教材体系，强化学校、家庭、社会“三位一体”的青少年法治教育格局，加强青少年法治教育实践基地建设，增强青少年的法治观念。

六、推进社会主义法治文化建设。把法治文化建设纳入现代公共文化服务体系，繁荣法治文化作品创作推广，广泛开展群众性法治文化活动。大力弘扬社会主义核心价值观，推动法治教育与道德教育相结合，促进法律的规范作用和道德的教化作用相辅相成。健全公民和组织守法信用记录，建立和完善学法用法先进集体、先进个人宣传表彰制度。

七、推进多层次多领域依法治理。坚持法治宣传教育与法治实践相结合，把法律规定变成引领保障经济社会发展的基本规范。深化基层组织和部门、行业依法治理，深入开展法治城市、法治县（市、区）、民主法治示范村（社区）等法治创建活动，提高社会治理法治化水平。

八、推进法治宣传教育创新。遵循现代传播规律，推进法治宣传教育工作理念、方式方法、载体阵地和体制机制等创新。结合不同地区、不同时期、不同群体的特点和需求，分类实施法治宣传教育，提高法治宣传教育的针对性和实效性，力戒形式主义。充分发挥报刊、广播、电视和新媒体新技术等在普法中的作用，推进互联网 + 法治宣传教育行动。建立法官、检察官、行政执法人员、律师等以案释法制度，充分运用典型案例，结合社会热点，开展生动直观的法治宣传教育。加强法治宣传教育志愿者队伍建设。深化法律进机关、进乡村、进社区、进学校、进企业、进单位等活动。

九、健全普法责任制。一切国家机关和武装力量、各政党和各人民团体、企业事业组织和其他社会组织都要高度重视法治宣传教育工作，按照“谁主管谁负责”的原则，认真履行普法责任。实行国家机关“谁执法谁普法”的普法责任制，建立普法责任清单制度。健全媒体公益普法制度，落实各类媒体的普法责任，在重要频道、重要版面、重要时段开展公益普法。把法治宣传教育纳入当地经济社会发展规划，进一步健全完善党委领导、人大监督、政府实施、部门各负其责、全社会共同参与的法治宣传教育工作体制机制。

十、加强组织实施和监督检查。各级人民政府要积极开展第七个五年法治宣传教育工作，强化工作保障，做好中期检查和终期评估，并向本级人民代表大会常务委员会报告。各级人民代表大会及其常务委员会要充分运用执法检查、听取和审议工作报告以及代表视察、专题调研等形式，加强对法治宣传教育工作的监督检查，保证本决议得到贯彻落实。

（《人民日报》2016年4月29日第6版）

中央宣传部、司法部关于在公民中开展法治宣传教育的第七个五年规划（2016—2020年）

在党中央、国务院正确领导下，全国第六个五年法制宣传教育规划（2011—2015年）顺利实施完成，法治宣传教育工作取得显著成效。以宪法为核心的中国特色社会主义法律体系得到深入宣传，法治宣传教育主题活动广泛开展，多层次多领域依法治理不断深化，法治创建活动全面推进，全社会法治观念明显增强，社会治理法治化水平明显提高，法治宣传教育在建设社会主义法治国家中发挥了重要作用。

党的十八大以来，以习近平同志为总书记的党中央对全面依法治国作出了重要部署，对法治宣传教育提出了新的更高要求，明确了法治宣传教育的基本定位、重大任务和重要措施。十八届三中全会要求“健全社会普法教育机制”；十八届四中全会要求“坚持把全民普法和守法作为依法治国的长期基础性工作，深入开展法治宣传教育”；十八届五中全会要求“弘扬社会主义法治精神，增强全社会特别是公职人员尊法学法守法用法观念，在全社会形成良好法治氛围和法治习惯”。习近平总书记多次强调“领导干部要做尊法学法守法用法的模范”，要求法治宣传教育“要创新宣传形式，注重宣传实效”，为法治宣传教育工作指明了方向，提供了基本遵循。与新形势新任务的要求相比，有的地方和部门对法治宣传教育重要性的认识还不到位，普法宣传教育机制还不够健全，实效性有待进一步增强。深入开展法治宣传教育，增强全民法治观念，对于服务协调推进“四个全面”战略布局和“十三五”时期经济社会发展，具有十分重要的意义。为做好第七个五年法治宣传教育工作，制定本规划。

一、指导思想、主要目标和工作原则

第七个五年法治宣传教育工作的指导思想是：高举中国特色社会主义伟大旗帜，全面贯彻党的十八大和十八届三中、四中、五中全会精神，以马克思列宁主义、毛泽东思想、邓小平理论、“三个代表”重要思想、科学发展观为指导，深入贯彻习近平总书记系列重要讲话精神，坚持“四个全面”战略布局，坚持创新、协调、绿色、开放、共享的发展理念，按照全面依法治国新要求，深入开展法治宣传教育，扎实推进依法治理和法治创建，弘扬社会主义法治精神，建设社会主义法治文化，推进法治宣传教育与法治实践相结合，健全普法宣传教育机制，推动工作创新，充分发挥法治宣传教育在全面依法治国中的基础作用，推动全社会树立法治意识，为“十三五”时期经济社会发展营造良好法治环境，为实现“两个一百年”奋斗目标和中华民族伟大复兴的中国梦作出新的贡献。

第七个五年法治宣传教育工作的主要目标是：普法宣传教育机制进一步健全，法治宣传教育实效性进一步增强，依法治理进一步深化，全民法治观念和全体党员党章党规意识明显增强，全社会厉行法治的积极性和主动性明显提高，形成守法光荣、违法可耻的社会氛围。

第七个五年法治宣传教育工作应遵循以下原则：

——坚持围绕中心，服务大局。围绕党和国家中心工作开展法治宣传教育，更好地服务协调推进“四个全面”战略布局，为全面实施国民经济和社会发展“十三五”规划营造良好法治环境。

——坚持依靠群众，服务群众。以满足群众不断增长的法治需求为出发点和落脚点，以群众喜闻乐见、易于接受的方式开展法治宣传教育，增强全社会尊法学法守法用法意识，使国家法律和党内法规为党员群众所掌握、所遵守、所运用。

——坚持学用结合，普治并举。坚持法治宣传教育与依法治理有机结合，把法治宣传教育融入立法、执法、司法、法律服务和党内法规建设活动中，引导党员群众在法治实践中自觉学习、运用国家法律和党内法规，提升法治素养。

——坚持分类指导，突出重点。根据不同地区、部门、行业及不同对象的实际和特点，分类实施法治宣传教育。突出抓好重点对象，带动和促进全民普法。

——坚持创新发展，注重实效。总结经验，把握规律，推动法治宣传教育工作理念、机制、载体和方式方法创新，不断提高法治宣传教育的针对性和实效性，力戒形式主义。

二、主要任务

（一）深入学习宣传习近平总书记关于全面依法治国的重要论述。党的十八大以来，习近平总书记站在坚持和发展中国特色社会主义全局的高度，对全面依法治国作了重要论述，提出了一系列新思想、新观点、新论断、新要求，深刻回答了建设社会主义法治国家的重大理论和实践问题，为全面依法治国提供了科学理论指导和行动指南。要深入学习宣传习近平总书记关于全面依法治国的重要论述，增强走中国特色社会主义道路的自觉性和坚定性，增强全社会厉行法治的积极性和主动性。深入学习宣传以习近平同志为总书记的党中央关于全面依法治国的重要部署，宣传科学立法、严格执法、公正司法、全民守法和党内法规建设的生动实践，使全社会了解和掌握全面依法治国的重大意义和总体要求，更好地发挥法治的引领和规范作用。

（二）突出学习宣传宪法。坚持把学习宣传宪法摆在首要位置，在全社会普遍开展宪法教育，弘扬宪法精神，树立宪法权威。深入宣传依宪治国、依宪执政等理念，宣传党的领导是宪法实施的最根本保证，宣传宪法确立的国家根本制度、根本任务和我国的国体、政体，宣传公民的基本权利和义务等宪法基本内容，宣传宪法的实施，实行宪法宣誓制度，认真组织好“12·4”国家宪法日集中宣传活动，推动宪法家喻户晓、深入人心，提高全体公民特别是各级领导干部和国家机关工作人员的宪法意识，教育引导一切组织和个人都必须以宪法为根本活动准则，增强宪法观念，坚决维护宪法尊严。

（三）深入宣传中国特色社会主义法律体系。坚持把宣传以宪法为核心的中国特色社会主义法律体系作为法治宣传教育的基本任务，大力宣传宪法相关法、民法商法、行政法、经济法、社会法、刑法、诉讼与非诉讼程序法等多个法律部门的法律法规。大力宣传社会主义民主政治建设的法律法规，提高人民有序参与民主政治的意识和水平。大力宣传保障公民基本权利的法律法规，推动全社会树立尊重和保障人权意识，促进公民权利保障法治化。大力宣传依法行政领域的法律法规，推动各级行政机关树立“法定职责必须为、法无授权不可为”的意识，促进法治政府建设。大力宣传市场经济领域的法律法规，推动全社会树立保护产权、平等交换、公平竞争、诚实信用等意识，促进大众创业、万众创新，促进经济在新常态下平稳健康运行。大力宣传有利于激发文化创造活力、保障人民基本文化权益的相关法律法规，促进社会主义精神文明建设。大力宣传教育、就业、收入分配、社会保障、医疗卫生、食品安全、扶贫、慈善、社会救助和妇女儿童、老年人、残疾人合法权益保护等方面法律法规，促进保障和改善民生。大力宣传国家安全和公共安全领域的法律法规，提高全民安全意识、风险意识和预防能力。大力宣传国防法律法规，提高全民国防观念，促进国防建设。大力宣传党的民族、宗教政策和相关法律法规，维护民族地区繁荣稳定，促进民族关系、宗教关系和谐。大力宣传环境保护、资源能源节约利用等方面的法律法规，推动美丽中国建设。大力宣传互联网领域的法律法规，教育引导网民依法规范网络行为，促进形成网络空间良好秩序。大力宣传诉讼、行政复议、仲裁、调解、信访等方面的法律法规，引导群众依法表达诉求、维护权利，促进社会和谐稳定。在传播法律知识的同时，更加注重弘扬法治精神、培育法治理念、树立法治意识，大力宣传宪法法律至上、法律面前人人平等、权由法定、权依法使等基本法治理念，破除“法不责众”、“人情大于国法”等错误认识，引导全民自觉守法、遇事找法、解决问题靠法。

（四）深入学习宣传党内法规。适应全面从严治党、依规治党新形势新要求，切实加大党内法规宣传力度。突出宣传党章，教育引导广大党员尊崇党章，以党章为根本遵循，坚决维护党章权威。大力宣传《中国共产党廉洁自律准则》、《中国共产党纪律处分条例》等各项党内法规，注重党内法规宣传与国家法律宣传的衔接和协调，坚持纪在法前、纪严于法，把纪律和规矩挺在前面，教育引导广大党员做党章党规党纪和国家法律的自觉尊崇者、模范遵守者、坚定捍卫者。

（五）推进社会主义法治文化建设。以宣传法律知识、弘扬法治精神、推动法治实践为主旨，积极推进社会主义法治文化建设，充分发挥法治文化的引领、熏陶作用，使人民内心拥护和真诚信仰法律。把法治文化建设纳入现代公共文化服务体系，推动法治文化与地方文化、行业文化、企业文化融合发展。繁荣法治文化作品创作推广，把法治文化作品纳入各级文化作品评奖内容，纳入艺术、出版扶持和奖励基金内容，培育法治文化精品。利用重大纪念日、民族传统节日等契机开展法治文化活动，组织开展法治文艺展演展播、法治文艺演出下基层等活动，满足人民群众日益增长的法治文化需求。把法治元素纳入城乡建设规划设计，加强基层法治文化公共设施建设。

（六）推进多层次多领域依法治理。坚持法治宣传教育与法治实践相结合，把法律条文变成引导、保障经济社会发展的基本规则，深化基层组织和部门、行业依法治理，深化法治城市、法治县（市、区）等法治创建活动，提高社会治理法治化水平。深入开展民主法治示范村（社区）创建，进一步探索乡村（社区）法律顾问制度，教育引导基层群众自我约束、自我管理。发挥市民公约、乡规民约、行业规章、团体章程等社会规范在社会治理中的积极作用，支持行业协会商会类社会组织发挥行业自律和专业服务功能，发挥社会组织对其成员的行为导引、规则约束、权益维护作用。

（七）推进法治教育与道德教育相结合。坚持依法治国和以德治国相结合的基本原则，以法治体现道德理念，以道德滋养法治精神，促进实现法律和道德相辅相成、法治和德治相得益彰。大力弘扬社会主义核心价值观，弘扬中华传统美德，培育社会公德、职业道德、家庭美德、个人品德，提高全民族思想道德水平，为全面依法治国创造良好人文环境。强化规则意识，倡导契约精神，弘扬公序良俗，引导人们自觉履行法定义务、社会责任、家庭责任。发挥法治在解决道德领域突出问题中的作用，健全公民和组织守法信用记录，完善守法诚信褒奖机制和违法失信行为惩戒机制。

三、对象和要求

法治宣传教育的对象是一切有接受教育能力的公民，重点是领导干部和青少年。

坚持把领导干部带头学法、模范守法作为树立法治意识的关键。

完善国家工作人员学法用法制度，把宪法法律和党内法规列入党委（党组）中心组学习内容，列为党校、行政学院、干部学院、社会主义学院必修课；把法治教育纳入干部教育培训总体规划，纳入国家工作人员初任培训、任职培训的必训内容，在其他各类培训课程中融入法治教育内容，保证法治培训课时数量和培训质量，切实提高领导干部运用法治思维和法治方式深化改革、推动发展、化解矛盾、维护稳定的能力，切实增强国家工作人员自觉守法、依法办事的意识和能力。加强党章和党内法规学习教育，引导党员领导干部增强党章党规党纪意识，严守政治纪律和政治规矩，在廉洁自律上追求高标准，自觉远离违纪红线。健全日常学法制度，创新学法形式，拓宽学法渠道。健全完善重大决策合法性审查机制，积极推行法律顾问制度，各级党政机关和人民团体普遍设立公职律师，企业可设立公司律师。把尊法学法守法用法情况作为考核领导班子和领导干部的重要内容。把法治观念强不强、法治素养好不好作为衡量干部德才的重要标准，把能不能遵守法律、依法办事作为考察干部的重要内容。

坚持从青少年抓起。切实把法治教育纳入国民教育体系，制定和实施青少年法治教育大纲，在中小学设立法治知识课程，确保在校学生都能得到基本法治知识教育。完善中小学法治课教材体系，编写法治教育教材、读本，地方可将其纳入地方课程义务教育免费教科书范围，在小学普及宪法基本常识，在中、高考中增加法治知识内容，使青少年从小树立宪法意识和国家意识。将法治教育纳入“中小学幼儿园教师国家级培训计划”，加强法治课教师、分管法治教育副校长、法治辅导员培训。充分利用第二课堂和社会实践活动开展青少年法治教育，在开学第一课、毕业仪式中有机融入法治教育内容。加强对高等院校学生的法治教育，增强其法治观念和参与法治实践的能力。强化学校、家庭、社会“三位一体”的青少年法治教育格局，加强青少年法治教育实践基地建设和网络建设。

各地区各部门要根据实际需要，从不同群体的特点出发，因地制宜开展有特色的法治宣传教育。突出加强对企业经营管理人员的法治宣传教育，引导他们树立诚信守法、爱国敬业意识，提高依法经营、依法管理能力。加强对农民工等群体的法治宣传教育，帮助、引导他们依法维权，自觉运用法律手段解决矛盾纠纷。

四、工作措施

第七个法治宣传教育五年规划从 2016 年开始实施，至 2020 年结束。各地区各部门要根据本规划，认真制定本地区本部门规划，深入宣传发动，全面组织实施，确保第七个五年法治宣传教育规划各项目标任务落到实处。

（一）健全普法宣传教育机制。各级党委和政府要加强对普法工作的领导，宣传、文化、教育部门和人民团体要在普法教育中发挥职能作用。把法治教育纳入精神文明创建内容，开展群众性法治文化活动。人民团体、社会组织要在法治宣传教育中发挥积极作用，健全完善普法协调协作机制，根据各自特点和实际需要，有针对性地组织开展法治宣传教育活动。积极动员社会力量开展法治宣传教育，加强各级普法讲师团建设，选聘优秀法律和党内法规人才充实普法讲师团队伍，组织开展专题法治宣讲活动，充分发挥讲师团在普法工作中的重要作用。鼓励引导司法和行政执法人员、法律服务人员、大专院校法律专业师生加入普法志愿者队伍，畅通志愿者服务渠道，健全完善管理制度，培育一批普法志愿者优秀团队和品牌活动，提高志愿者普法宣传水平。加强工作考核评估，建立健全法治宣传教育工作考评指导标准和指标体系，完善考核办法和机制，注重考核结果的运用。健全激励机制，认真开展“七五”普法中期检查和总结验收，加强法治宣传教育先进集体、先进个人表彰工作。围绕贯彻中央关于法治宣传教育的总体部署，健全法治宣传教育工作基础制度，加强地方法治宣传教育条例制定和修订工作，制定国家法治宣传教育法。

（二）健全普法责任制。实行国家机关“谁执法谁普法”的普法责任制，建立普法责任清单制度。建立法官、检察官、行政执法人员、律师等以案释法制度，在执法司法实践中广泛开展以案释法和警示教育，使案件审判、行政执法、纠纷调解和法律服务的过程成为向群众弘扬法治精神的过程。加强司法、行政执法案例整理编辑工作，推动相关部门面向社会公众建立司法、行政执法典型案例发布制度。落实“谁主管谁负责”的普法责任，各行业、各单位要在管理、服务过程中，结合行业特点和特定群体的法律需求，开展法治宣传教育。健全媒体公益普法制度，广播电视、报纸期刊、互联网和手机媒体等大众传媒要自觉履行普法责任，在重要版面、重要时段制作刊播普法公益广告，开设法治讲堂，针对社会热点和典型案（事）例开展及时权威的法律解读，积极引导社会法治风尚。各级党组织要坚持全面从严治党、依规治党，切实履行学习宣传党内法规的职责，把党内法规作为学习型党组织建设的重要内容，充分发挥正面典型倡导和反面案例警示作用，为党内法规的贯彻实施营造良好氛围。

（三）推进法治宣传教育工作创新。创新工作理念，坚持服务党和国家工作大局、服务人民群众生产生活，努力培育全社会法治信仰，增强法治宣传教育工作实效。针对受众心理，创新方式方法，坚持集中法治宣传教育与经常性法治宣传教育相结合，深化法律进机关、进乡村、进社区、进学校、进企业、进单位的“法律六进”主题活动，完善工作标准，建立长效机制。创新载体阵地，充分利用广场、公园等公共场所开展法治宣传教育，有条件的地方建设宪法法律教育中心。在政府机关、社会服务机构的服务大厅和服务窗口增加法治宣传教育功能。积极运用公共活动场所电子显示屏、服务窗口触摸屏、公交移动电视屏、手机屏等，推送法治宣传教育内容。充分运用互联网传播平台，加强新媒体新技术在普法中的运用，推进“互联网＋法治宣传”行动。开展新媒体普法益民服务，组织新闻网络开展普法宣传，更好地运用微信、微博、微电影、客户端开展普法活动。加强普法网站和普法网络集群建设，建设法治宣传教育云平台，实现法治宣传教育公共数据资源开放和共享。适应我国对外开放新格局，加强对外法治宣传工作。

五、组织领导

（一）切实加强领导。各级党委和政府要把法治宣传教育纳入当地经济社会发展规划，定期听取法治宣传教育工作情况汇报，及时研究解决工作中的重大问题，把法治宣传教育纳入综合绩效考核、综治考核和文明创建考核内容。各级人大要加强对法治宣传教育工作的日常监督和专项检查。健全完善党委领导、人大监督、政府实施的法治宣传教育工作领导体制，加强各级法治宣传教育工作组织机构建设。高度重视基层法治宣传教育队伍建设，切实解决人员配备、基本待遇、工作条件等方面的实际问题。

（二）加强工作指导。各级法治宣传教育领导小组每年要将法治宣传教育工作情况向党委（党组）报告，并报上级法治宣传教育工作领导小组。加强沟通协调，充分调动各相关部门的积极性，发挥各自优势，形成推进法治宣传教育工作创新发展的合力。结合各地区各部门工作实际，分析不同地区、不同对象的法律需求，区别对待、分类指导，不断增强法治宣传教育的针对性。坚持问题导向，深入基层、深入群众调查研究，积极解决问题，努力推进工作。认真总结推广各地区各部门开展法治宣传教育的好经验、好做法，充分发挥先进典型的示范和带动作用，推进法治宣传教育不断深入。

（三）加强经费保障。各地区要把法治宣传教育相关工作经费纳入本级财政预算，切实予以保障，并建立动态调整机制。把法治宣传教育列入政府购买服务指导性目录。积极利用社会资金开展法治宣传教育。

中国人民解放军和中国人民武装警察部队的第七个五年法治宣传教育工作，参照本规划进行安排部署。

（摘自《人民日报》2016 年 4 月 18 日第 11 版）

为全面建成小康社会营造良好法治环境

——司法部、全国普法办负责人就“七五”普法规划答记者问

近日，中共中央、国务院转发《中央宣传部、司法部关于在公民中开展法治宣传教育的第七个五年规划》（以下简称《规划》），对“七五”普法作了全面部署。4月15日，司法部、全国普法办负责人就《规划》有关问题回答了记者提问。

“七五”普法规划出台背景

问：为什么要制定“七五”普法规划？

答：“六五”普法规划在党中央、国务院正确领导下顺利实施完成，取得了显著成效，在建设社会主义法治国家中发挥了重要作用。去年下半年以来，中宣部、司法部在广泛深入调查研究，充分听取各方面意见的基础上，制定了《关于在公民中开展法治宣传教育的第七个五年规划（2016—2020年）》。

制定“七五”普法规划是全面贯彻党的十八大和十八届三中、四中、五中全会精神，深入贯彻习近平总书记系列讲话精神的重要举措。党的十八大以来，以习近平同志为总书记的党中央对全面依法治国作出了重要部署，对法治宣传教育提出了新的更高要求，明确了法治宣传教育的基本定位、重大任务和重要措施。

制定“七五”普法规划，是全面依法治国的必然要求。全民普法和守法是依法治国的长期基础性工作。把全民普法工作深入持久地开展下去，进一步增强全民法治观念，推动全社会树立法治意识，对于

全面依法治国具有重要意义。

制定“七五”普法规划，是服务“十三五”时期经济社会发展、全面建成小康社会的客观需要。深入开展法治宣传教育，有利于进一步发挥法治的引领和规范作用，为全面实施“十三五”规划、全面建成小康社会营造良好的法治环境。

明确 7 项普法任务

问：“七五”普法有哪些主要任务？

答：《规划》提出了 7 个方面的主要任务：深入学习宣传习近平总书记关于全面依法治国的重要论述，宣传党中央关于全面依法治国的重要部署，使全社会了解和掌握全面依法治国的目标任务和总体要求；突出学习宣传宪法，把宪法学习宣传摆在首要位置，在全社会普遍开展宪法教育，提高全社会的宪法意识；深入宣传中国特色社会主义法律体系，把宣传以宪法为核心的中国特色社会主义法律体系作为法治宣传的基本任务，在传播法律知识的同时更加注重弘扬法治精神、培育法治理念、树立法治意识；深入宣传党内法规，突出宣传党章，大力宣传各项党内法规；推进社会主义法治文化建设，把法治文化纳入现代公共文化服务体系，推动法治文化与地方文化、行业文化、企业文化融合发展；推进多层次多领域依法治理，深化基层组织和部门、行业依法治理，深化法治城市、法治县（市、区）等法治创建活动；推进法治教育与道德教育相结合，大力弘扬社会主义核心价值观。

普法重点是领导干部和青少年

问：“七五”普法的对象和要求有哪些？

答：《规划》明确提出，法治宣传教育的对象是一切有接受教育能力的公民，重点是领导干部和青少年。

《规划》强调坚持把领导干部带头学法、模范守法作为树立法治意识的关键，完善国家工作人员学法用法制度，把宪法法律和党内法规列入党委（党组）中心组学习内容，列为党校、行政学院、干部学院、社会主义学院必修课，把尊法学法守法用法情况作为考核领导班子和领导干部的重要内容。

《规划》强调坚持从青少年抓起，切实把法治教育纳入国民教育体系，制定和实施青少年法治教育大纲，在中小学设立法治知识课程，确保在校学生都能得到基本法治知识教育。

《规划》要求各地区各部门因地制宜开展有特色的法治宣传教育，突出加强对企业经营管理人员、农民工等群体的法治宣传教育。

谁执法谁普法

问：“七五”普法规划提出了哪些工作措施?

答：《规划》主要从3个方面提出了工作措施。

一是健全普法宣传教育机制。健全完善的工作机制是深入开展法治宣传教育的客观要求。《规划》强调各级党委和政府要加强对普法工作的领导，宣传、文化、教育部门和人民团体要在普法教育中发挥职能作用，积极动员社会力量开展法治宣传教育，建立健全工作考评激励机制。

二是健全普法责任制。法治宣传教育是全社会共同的责任，《规划》要求实行国家机关“谁执法谁普法”的普法责任制，建立法官、检察官、行政执法人员、律师等以案释法制度，健全媒体公益普法制度，落实“谁主管谁负责”的普法责任，强调各级党组织要切实履行学习宣传党内法规的职责。

三是推进法治宣传教育工作创新。《规划》强调深化法律进机关、进乡村、进社区、进学校、进企业、进单位的“法律六进”主题活动，推进“互联网+法治宣传”行动，加强对外法治宣传工作。

（《人民日报》2016年4月18日第11版）